IRIS GEHRMANN

EINMAL MARATHON IN NEW YORK!

VON NULL AUF ZWEIUNDVIERZIG
Wie ich in einem Jahr zur Marathonläuferin wurde

Mit einem Vorwort von Dr. Thomas Wessinghage

SCHWARZKOPF & SCHWARZKOPF
VERLAG

Wer kämpft, kann verlieren.
Wer nicht kämpft, hat schon verloren.
Bertolt Brecht

Ich widme dieses Buch meiner Familie. Eure Liebe und Stärke hat mich inspiriert, meine Gefühle und Gedanken in Worte zu kleiden, und ich bin froh, meine Läufe in Zukunft mit euch zu teilen, weiterhin mein Bestes zu geben und hier zu beschreiben, wie wir dieses Jahr gemeinsam gemeistert und erlebt haben. Danke, dass ihr immer für mich da wart und seid und es mir nachseht, wenn ich in vielem Probleme sehe (die sich oftmals in Luft auflösen) und euch damit verrückt mache.
Iris Gehrmann

Vorwort

Von Dr. Thomas Wessinghage

Liebe Leserin, lieber Leser,

es war ein aufregendes, spannendes und sogar mitreißendes Jahr, das jetzt hinter uns – den Teilnehmern an der Aktion »Von Null auf 42« liegt. Wer hätte erwartet, dass alles so gut verläuft? Nur die größten Optimisten konnten erwarten, dass jeder am Ziel ein »Finisher« sein würde.

Diese Zweifel galten natürlich nicht Iris. Sie war von Anfang an eine »Bank«. Sportliche Figur, motiviert, leistungswillig. Und doch hatte Iris zu kämpfen, mehr als ihr lieb war, musste große Schwierigkeiten überwinden, bis auch sie letztendlich das ersehnte Ziel erreicht hatte.

Lesen Sie Iris' Geschichte aus ihrer eigenen Feder. Die bewegende Geschichte einer Sportlerin, die bereit ist, sich voll und ganz für ihren Traum einzusetzen.

Ich war und bin begeistert von dieser Story und von diesem Buch. Und keineswegs nur, weil ich selbst darin vorkomme...

Herzlichst Ihr
Thomas Wessinghage

1. Teil:

Ich möchte davonlaufen!

Steckbrief:

Ich bin 44 Jahre alt, halbtags berufstätig, Hausfrau und Mutter zweier Kinder. Wieder mal ein ganz normaler Morgen, meine Tochter ist bereits in der Schule, mein Sohn in Frankreich auf einem Schüleraustausch. Mein Ehemann Thomas, ebenfalls 44 Jahre, ist schon im Büro. Frühstückstisch abräumen, Bettenmachen, Bügelbrett aufbauen und vor der Arbeit (heute Spätdienst) meiner meistgehassten Hausarbeit nachgehen: BÜGELN. Schnell die Videos durchsehen, vielleicht kann mich ja etwas von dieser Scheußlichkeit ablenken? Denkste, nichts dabei. Nun ja, dann eben den Fernseher einschalten, das Bügeleisen auch, durch die Programme zappen, stopp – das ist ja interessant! Menschen, ganz normale Durchschnittsbürger, sollen innerhalb eines Jahres Marathon laufen. Die spinnen, mein Mann hat dafür sechs Jahre gebraucht. Mit fachlicher Unterstützung möglich, sagen die gerade. Ach New York Marathon, warum nicht gleich auf der Chinesischen Mauer? Schnell notiere ich mir noch die Internetadresse bevor ich zur Arbeit gehe.

Donnerstag, 05.09.02

Erste E-Mail abgeschickt: Selbsterfahrung, inneren Schweinehund überwinden usw., das Übliche. Kann mich einfach nicht entfalten, wenn mein Mann neben mir sitzt.

Freitag, 06.09.02

Frühdienst. Habe den Kolleginnen von meiner Bewerbung erzählt. Große Begeisterung, sie wollen auch mitmachen. Mensch, wir drei in New York, welch ein Spaß, was für ein tolles gemeinsames Erlebnis. Schreib mal auch für uns eine Bewerbung! Nö, mach ich natürlich nicht, jeder muss seine eigenen Beweggründe darlegen. Meinem Chef habe ich ganz locker nebenbei davon erzählt und – bin belächelt worden.

Nach der Arbeit noch mal ordentlich gesammelt und nachgedacht. Warum habe ich gestern wieder einmal aus dem Bauch heraus gehandelt, will ich wirklich teilnehmen, ist das überhaupt mit der Familie und dem Job zu koordinieren, oder schieße ich wieder einmal spontan übers Ziel hinaus? Nein ich will, warum sollen meine Bedürfnisse immer hinten anstehen, warum soll ich wieder den einfachsten Weg einschlagen und verzichten. Jetzt kann mir die Familie auch einmal etwas zurückgeben, indem sie mich bei meinem Projekt unterstützt und mir Freiräume schafft fürs Training. Aber ob die das auch wollen? Egal, ich WILL.

Also Computer an, Nachtrag zur Bewerbung schreiben und abschicken, bevor jemand kommt, der alles besser weiß oder mich belächelt und mich aus meiner Euphorie reißt.

Als Thomas von der Arbeit kommt, zeige ich ihm meinen Nachtrag. Er ist etwas schockiert, dass ich die Bewerbung schon abgeschickt habe. So hat er unsere Beziehung nicht gesehen, und er ist etwas betrübt, dass ich derart empfinde. Obwohl er in der Bewerbung nicht so gut wegkommt, nimmt er mich in den Arm und sagt mir seine volle Unterstützung zu. Ich merke natürlich, dass er mich innerlich belächelt und sicherlich denkt, ich hätte aus dem Bauch heraus gehandelt (stimmt ja auch, er kennt mich gut) und springe noch ab. Aber so gut kennt er mich wohl doch nicht, jetzt bleibe ich dran.

Die Kolleginnen haben ihre Bewerbungen auch abgeschickt. Aber nachdem sie erfahren haben, wie wenig Teilnehmer gesucht werden, sind sie eher skeptisch. Ich nicht, ich muss dabei sein. Jeden Tag schalte ich den Computer an, um E-Mails abzufragen. Geduld ist nicht meine Stärke! Ich lebe in einem Gefühlschaos, immer wieder spukt mir meine Bewerbung im Kopf herum.

Donnerstag, 12.09.02

Endlich eine E-Mail, mit einem Fragebogen. Ich habe sie neugierig gemacht, na dann sollen sie mich mal etwas genauer kennen lernen. Die Fragen sind schon ganz schön persönlich. Ich muss wohl oder übel ein bisschen Seelenstriptease betreiben. Die Kolleginnen haben noch keine Nachricht und resignieren. Jetzt erfahren auch die restlichen Familienmitglieder, Mutter, Schwiegereltern und Geschwister, von meinem Vorhaben. Immer wieder fahren meine Gefühle Achterbahn. Juchhu, ich bin dabei, aber auch: Bist du denn bescheuert, so einen Stress auf dich zu nehmen! Aber irgendwann meldet sich ganz deutlich mein Bauch und langsam auch mein Kopf:

Na klar, ich will, ich will, ich will! Also entblättere ich mich mal langsam und beantworte die Fragen. Das ist gar nicht so einfach. Wie ich denn bin, wollen sie wissen, und was ich schon geleistet habe. Ich ruf die Familie an, eine gute Freundin, und mein Mann soll auch seine Meinung äußern. Shit, alle sehen mich verschieden, völlig widersprüchlich. Das ist eine interessante Erfahrung, beunruhigt mich aber auch ganz schön. Bin ich denn so anders oder verdreht? Ich bin doch kein Chamäleon, ich bin ich und benehme mich doch auch wie ich. Oder nicht? Einige raten mir zu überlegen, was die hören möchten, und dann etwas zu schreiben. Nö, das bin nicht ich. Entweder die nehmen mich so, wie ich bin, oder sie kriegen mich nicht. Ich beobachte mich einige Tage und entscheide, ehrlich und offen zu antworten. Bei meinen Schwächen komme ich nicht sehr gut weg, aber ich habe ja zum Glück auch Stärken.

Montag, 16.09.02

Ich schicke den Fragebogen zurück.

VON NULL AUF 42 – Fragebogen

Name:	Gehrmann
Vorname:	Iris
Straße:	xxxxxxx
PLZ/ Ort:	Berlin
Telephon:	xxxxxxx
Handy:	
Fax:	ohne
E-Mail:	xxxxxxx
Geburtsdatum:	29.05.1958
Staatsangehörigkeit:	deutsch
Größe:	160 cm
Gewicht:	53 kg
Beruf:	Zahnarzthelferin
Familienstand:	verheiratet
Kinder:	Junge: 14 J./ Mädchen: 11 J.

Zuerst wollen wir noch einmal ganz ausführlich wissen, weshalb Sie bei diesem Projekt teilnehmen wollen bzw. was Sie in Ihrem Leben ändern möchten. Je konkreter der Anlass, desto besser (denn »den inneren Schweinehund überwinden« oder »Grenzen überschreiten« wollen alle Bewerber):
Ca. 20 Jahre lang haben meine Mutter und meine Schwester mein Leben bestimmt oder organisiert – ach, sagen wir ruhig überwacht und kritisiert. Dann habe ich den Mann geheiratet, den ICH wollte. Manchmal kommt es mir so vor, als ob dies das Einzige ist, was ich je selbst bestimmt habe und auch durchsetzen konnte. Ab dann hat er alle wichtigen Entscheidungen getroffen. Welches Dressing beim Abendbrot auf den Salat kommt, darf ich natürlich entscheiden. Ach ja, unsere Kinder durfte ich austragen und gebären. Ging wohl nicht anders. Mein Tagesablauf wird davon bestimmt, was für die einzelnen Familienmitglieder zu erledigen ist. Ich habe bis jetzt immer versucht, es allen recht zu machen. Jeder um mich herum sollte glücklich sein. Ich glaube, mir wird langsam klar, ich bleibe auf der Strecke. Ich möchte nicht mehr hintenan stehen. Ich möchte etwas ganz allein für mich machen. Vor 3 Jahren bin ich in den Beruf zurückgekehrt. Bei jeder Bewerbung wurde mir gesagt, ich sei zu alt (40 Jahre, nicht mehr leistungsfähig und zu teuer). Für 630,- DM oder ein Taschengeld wäre ich natürlich leistungsfähig genug gewesen. Ich bin aber froh, eine Arbeit (in meinem hohen Alter) und nette Kolleginnen zu haben. So, genug gejammert, ihr gebt also auch Oldies eine Chance? Mein Mann hat mich schon belächelt. Dennoch – ich könnte etwas Einmaliges, total Verrücktes machen, mich durchsetzen, mir selbst beweisen, dass ich über mich hinauswachsen kann, meinen Körper und meinen Geist bezwingen und mich »freilaufen« von meiner Familie und den damit verbundenen Zwängen. Ich arbeite 20 Wochenstunden und könnte alle Termine einhalten. Ich glaube, mein Selbstbewusstsein ist irgendwo verloren gegangen. Wie ich schon sagte, ich bin an einem Punkt angelangt, an dem ich mich wehren möchte, wirklich selbst Entscheidungen treffen, die mir wichtig sind, und etwas egoistischer werden, eben selbstbewusster.

Wie würden Sie sich selbst beschreiben? Was sind Ihre Stärken und Schwächen? Was ist typisch für Sie?
Meine Stärken sind: Humor, Kreativität, Hilfsbereitschaft, Disziplin, Ordnung und Teamfähigkeit. Meine Schwächen sind: Übertreibungen, Impulsivität, manchmal Pessimismus und Engstirnigkeit, Marzipan und Gummibärchen. Typisch für mich ist, dass ich oft sehr emotional reagiere. Mich selbst beschreibe ich so, wie ein Lied von Peter Cornelius (Segel im Wind). Ich habe die Kraft einer Löwin und doch treibe ich manchmal wie ein Segel im Wind.

Skizzieren Sie bitte Ihren Lebenslauf mit wichtigen beruflichen und privaten Eckdaten:
Eltern geschieden, aufgewachsen mit einer Schwester und einem Halbbruder, Schulbildung mittlere Reife, 1976-1977 Ausbildung zur techn. Zeichnerin (aus gesundheitl. Gründen abgebrochen), 1977-1979 Ausbildung zur Zahnarzthelferin, 1980-1988 Zahnarzthelferin, 1984 Heirat, 1988 Geburt von Patrick, 1991 Geburt von Fabienne, 1988-1994 Inanspruchnahme der Erziehungszeiten, 1995-1998 Kinderarzthelferin, 1999- Zahnarzthelferin

Was hat Sie in Ihrem Leben bisher am stärksten geprägt?
Wenn ich genau darüber nachdenke, ist es wohl die Scheidung meiner Eltern, dadurch bin ich sehr harmoniebedürftig und stelle meine Interessen und Wünsche häufig zurück. Auch die Chefin, die mich nach meiner Ausbildung eingestellt hat und bei der ich bis zur Geburt meines ersten Kindes gearbeitet habe, hat Einfluß auf mich ausgeübt. Sie hat mich trotz des schlechten Zeugnisses eingestellt und gesagt, sie gäbe nichts auf Zeugnisse, sondern bilde sich ihr eigenes Urteil. So habe ich gelernt, dass jeder eine Chance verdient, wenn er sie auch zu nutzen versteht. Sicher wäre ich in ihre Praxis zurückgekehrt, wenn die Chefin nicht während meines Erziehungsurlaubes verstorben wäre.

Erzählen Sie uns von Ihren Hobbys und womit Sie sich in Ihrer Freizeit beschäftigen, was Sie daran fasziniert ... oder warum Sie keine Freizeit haben:

Ich lese sehr gerne, gehe ins Kino oder in Musicals. Treffen mit Freunden hat einen hohen Stellenwert. Wir kochen gemeinsam nach neuen Rezepten oder testen Cocktailbars und Restaurants.

Wie war Ihr bisheriges Verhältnis zum Sport? Betreiben Sie eine Sportart regelmäßig?
Ich bin seit einem Jahr Mitglied im Fitnessclub und gehe sporadisch in den einen oder anderen Kurs. Viel Spaß habe ich beim Spinning oder Step. Seitdem bin ich auch ein Saunafan.

Haben Sie bereits Lauferfahrung, wenn ja welche?
Wenn mein Mann einen Marathon oder Halbmarathon läuft, bin ich an der Strecke, um ihn zu motivieren. Da beide Kinder Leichtathletik betreiben, bin ich schon einige Male mit meiner Tochter 2 km gelaufen.

Leiden Sie an einer chronischen Krankheit oder sind Sie sonst körperlich beeinträchtigt?
Ich habe nach einer OP (ca. 1980 Oberschenkel rechts) eine Beinverkürzung links, die aber mit einer Schuhabsatzerhöhung keine Probleme bereitet.

Welchen Wunsch möchten Sie sich in Ihrem Leben unbedingt erfüllen?
Ich würde gern ein Buch schreiben, jetzt hätte ich auch ein geeignetes Thema (z.B. Tagebuch von Null-auf-42).

Welche der nachfolgend genannten Städte wäre aus Ihrer Sicht für das Casting am günstigsten?
Berlin

Jetzt weise ich den Chef darauf hin, dass es eventuell ernst wird, und frage, ob er mir wirklich seine Unterstützung zusagen könne. Er ist skeptisch, dass ich die Aufnahme schaffen werde, aber wenn die Kolleginnen einverstanden sind, wird er mir auch keine Steine in den Weg legen und mich meinen Urlaub nach den Terminen nehmen lassen.

Mittwoch, 25.09.02

Endlich eine E-Mail! Ein Dankeschön für meine Bewerbung und die Mitteilung, dass noch 17.000 andere Menschen so verrückt sind und sich beworben haben. Wer weiterkommt, wird in den nächsten Tagen eine Nachricht erhalten. Also weiter hoffen und bangen. Die Kolleginnen haben keine Dankesnachricht erhalten, glauben aber an mich, und das macht mich glücklich und optimistisch.

Meine Mutter darf nun auch den Bewerbungsbogen und den Fragebogen lesen. Ich glaube, sie ist etwas pikiert. Sie meint, ich wäre zu offen und sagt wieder einmal ironisch, sie bedaure mich sehr für meine Familie. Na und, ich möchte mit Ehrlichkeit und Offenheit weiterkommen. Wer kann denn schon ein Jahr lang schauspielern und sich so lange verstellen. Ich empfinde so, und das kann jetzt jeder wissen. Vielleicht verletze ich die Gefühle einiger Menschen, die mir nahe stehen, doch ich möchte jetzt schonungslos mein Ziel verfolgen, und das ist nun einmal der Wunsch, mich »freizulaufen« von der Familie und einigen Zwängen und hausgemachtem Stress. Mein Wunsch ist es, den Marathon in New York zu laufen.

Langsam wird auch mein Mann von meiner Euphorie und von meiner Unruhe angesteckt. Jeden Tag checken wir die E-Mails. Ich verbiete ihm, eine eventuelle E-Mail für mich zu öffnen, ich möchte die Erste sein, die sie liest.

Montag, 30.09.02

Die E-Mail ist da, ein Adrenalinstoß, meine Hände zittern, als ich die Maus in die Hand nehme. Hilfe, ich hab Angst! Keiner darf zuschauen, als ich die E-Mail öffne. Gänsehaut, aber zum Glück schon im zweiten Satz die gute Nachricht. Ich bin zum Casting eingeladen. Ja, ja, ja, ich bin mir 100%ig sicher, dass ich teilnehmen möchte, ich habe Unterstützung von allen Beteiligten, ich bin flexibel bei den Terminen und ich freue mich riesig. Nächste Seite der Schock! Was, am 13. Oktober zum Casting? Da sind doch Herbstferien! Wir haben Last Minute gebucht. Kreta, wie kann ich da in Berlin beim Casting sein! Mir wird schlecht, ich zittere, ich will da hin. Ich will dabei sein. Tausend Gedanken schießen durch meinen Kopf. Urlaub stornieren, Stornogebühren, Krankheit vortäuschen, Familie enttäuschen, schon wieder Familie, hier geht es um mich. Also erst einmal der Familie sagen, dass ich zum Casting eingeladen bin. Die Freude ist groß und – davon bin ich überzeugt – auch echt. Thomas vermutet bei meinem Verhalten schon ein Aber und hinterfragt auch gleich. Auch bei ihm ist die Enttäuschung groß. Wir überlegen hin und her, er bemerkt, wie wichtig mir die Teilnahme ist. Es ist schon irre, unter 17.000 Bewerbern ausgewählt worden zu sein. Ich bin schon recht weit gekommen und werde nicht von mir aus aufgeben. Wir überlegen, ob ich einen Flug aus Griechenland nehmen könnte, um einen Tag in Berlin zu verbringen, und nach dem Casting wieder zurückfliege. Zu teuer, außerdem sind in den Herbstferien keine Flüge mehr frei. Meine Hoffnung sinkt, Ratlosigkeit macht sich breit. Dann wieder mein Bauch: DU WILLST!! STRENG DICH AN!? Vielleicht würdet ihr ohne mich in den Urlaub fliegen? Lange Gesichter bei Thomas und meiner Tochter Fabienne. Ich verzichte auf den Urlaub, das Projekt ist mir sehr wichtig, ich würde immer überlegen, vielleicht hättest du es geschafft und nun hast du es selbst vergeigt. Mein Kopf ist irgendwie leer. Ich bin traurig. Fabienne streichelt meine Hände und Thomas grübelt. Man soll absagen, wenn man den Termin nicht wahrnehmen kann. Ich kann das nicht, ein paar Tage brauche ich noch, um zu überlegen, wie ich das Unmögliche möglich machen kann.

Thomas liest noch mal alle Unterlagen durch, die sich angesammelt haben, studiert jede E-Mail und hat die Idee. Ruf an und frage, wann und wo die anderen Castings stattfinden. Er versichert mir, irgendwie werden wir es schaffen, dass ich an einem anderen Casting teilnehme. Ich hätte eh nicht locker gelassen.

Also rufe ich an. Am anderen Ende Skepsis. Sie müssen auf eigene Kosten anreisen. Ihnen erwächst auch dann kein Anspruch auf

Teilnahme, das einzige Casting, das in Frage kommt, wäre Stuttgart, nicht gerade um die Ecke und einen Tag, bevor wir in den Urlaub fliegen. Egal, ich würde auch zum Mond fliegen, ich will dabei sein. Schnell Rücksprache mit meinem Mann, ohne dass ich betteln muss, gibt er sein OK. Also alles mit der Agentur klar gemacht. Sie erwarten mich in Stuttgart. Einen Anfahrtsplan schicken sie mir per E-Mail.

Abends überlegen wir, ob wir mit dem Auto Freitagabend losfahren und in Stuttgart übernachten. Eine lange und anstrengende Fahrt wäre es schon. Außerdem müssten wir gleich nach dem Casting zurückfahren. 1300 km in 24 Std., um dann noch schnell die Koffer zu packen und am nächsten Tag in den Urlaub zu fliegen. Es ist wahrscheinlich besser, mit dem Zug zu fahren. Also schnell im Internet die Zugverbindungen rausgesucht, ganz schön teuer und langwierig. Weniger hektisch wäre es zu fliegen, Freunde raten uns unter www.flydba.com zu suchen. Wir überlegen noch einmal, wenn wir mit dem Auto fahren, müssen wir Benzin und Übernachtung zahlen, Bahntickets sind teuer und es dauert länger, am besten und günstigsten und vor allem für alle Beteiligten nervenschonend wäre es, wenn ich allein fliege. Wir buchen für den 5. Oktober Berlin – Stuttgart, Hin- und Rückflug.

Mein Mann kennt natürlich im gesamten Bundesgebiet Kollegen. Schnell ruft er einen netten Kollegen in Stuttgart an. Ja, Arno wird mich vom Flughafen abholen und zum Casting ins Mercure Hotel fahren. Mir ist das eigentlich recht peinlich. Er kennt mich ja kaum, und schließlich ist er auch ein Familienvater. Ich weiß ja, wie es bei uns ist, das ganze Familienleben spielt sich überwiegend am Wochenende ab. Aber es bleibt dabei, Arno und Thomas haben das Date perfekt gemacht.

Freitag, 04.10.02

Wir haben uns mit unseren Freunden Elke und Thomas getroffen, um zu kochen. Es wurde natürlich gleich eine kleine Feier für mich daraus. Die beiden zittern und hoffen nämlich immer mit uns.

Samstag, 05.10.02

7.00 Uhr. Thomas bringt mich zum Flughafen Tegel und wartet, bis ich eingecheckt habe. Beim Start kralle ich mich an die Armlehnen, denn ich habe schreckliche Flugangst. Alles geht gut. 8.50 Uhr Ankunft in Stuttgart. Über Bordlautsprecher spielen sie den Song »New York, New York«. Also wenn das kein Zeichen ist! Ich bin als Erste durch die Sperre, schließlich habe ich kein Gepäck. Beunruhigt schaue ich mich um. Niemand sieht aus wie Arno. Unschlüssig laufe ich hin und her. Ich rufe zu Hause an. Mein Mann hat sich noch einmal hingelegt und ist nicht gerade begeistert. Ich soll Arno auf dem Handy anrufen, er hat mir die Nummer in mein Handy eingespeichert. Ich wähle und schaue mich dabei weiter um. Neben mir klingelt ein Handy, es ist das von Arno. Er steht direkt neben mir und hat mich auch nicht erkannt. Na ja, das lockert die Spannung in mir auf und ich muss lachen. Seine Tochter hat ihn begleitet. Wir fahren zu ihnen nach Hause, dort wartet seine Frau Iris (meine Namensschwester) mit dem Frühstück auf uns. Alle sind sehr freundlich und es gibt leckere Brötchen. Eigentlich habe ich gar keinen Hunger, mein Magen ist wie zugeschnürt. Aber es wäre ja auch peinlich, wenn er beim Casting zu knurren anfängt. Ich esse also ein Brötchen und besichtige das tolle Haus und den schönen Garten. Ich erzähle von meiner Schwäche für Gummibärchen. Arno will gleich noch einen Abstecher ins Gummibärenland mit mir unternehmen, doch ich bin zu aufgeregt.

Gegen 12.30 Uhr setzt mich Arno vor dem Hotel ab und wünscht mir viel Glück. Im Hotel wird mir an der Rezeption gesagt, dass das Casting im ersten Stock stattfinde. Ich klopfe zaghaft an die Tür und stelle mich vor. Dann muss ich im Wartebereich Platz nehmen. Ich gehe zur Toilette, mache mich noch einmal frisch und ziehe ein anderes T-Shirt an, das ich vorsorglich mitgenommen habe. Schließlich habe ich im Flieger vor Angst geschwitzt und jetzt vor Aufregung. In meiner Tasche finde ich eine Kette und einen lieben Brief von Thomas. Er wünscht mir viel Glück und drückt mir die Daumen. Die Kette ist wunderschön, so eine habe ich mir schon lange gewünscht. Sie hat einen Katzenanhänger. Ich liebe Katzen. Sie wird mir Glück bringen, ich hänge sie gleich um.

Nach und nach treffen die anderen Teilnehmer ein. Misstrauisch wird man beäugt, auch ich riskiere einige Seitenblicke. Die Figur wird abgecheckt, das Alter und die Ausstrahlung. Mit einer Kandidatin komme ich ins Gespräch, sie ist mir sympathisch, aber dann stellt sich schon die Agenturchefin Frau Lisa Körtelt vor und erklärt uns den Ablauf. Da sie weiß, dass ich am nächsten Tag in den Urlaub fliege und so schnell wie möglich zum Flughafen zurück möchte, nimmt sie mich als Erste dran.

Etwas befangen betrete ich den Raum. Auf der einen Seite steht in der Mitte ein Stuhl, dort soll ich Platz nehmen. Gegenüber setzt sich Frau Körtelt, neben sich eine Kamera. Sie ist ganz locker und erzählt, wie toll meine Bewerbung ankam. Bald sind wir ins Gespräch vertieft und ich vergesse sogar die Kamera. Ich bin sehr offen und ich glaube, das findet sie gut. Ich erzähle noch einmal von meiner Bewerbung, der Motivation, über meine Familie und mein Leben insgesamt. Nach ca. einer halben Stunde bin ich entlassen. Ich nicke glücklich und entspannt den anderen Teilnehmern zu und lasse mir von der Rezeption ein Taxi bestellen.

Als ich an der Straße warte, erscheint die Assistentin von Frau Körtelt und erklärt, irgendetwas mit der Kameraaufzeichnung habe nicht geklappt. Ich muss noch einmal nach oben. Ach du Schreck! Schon wieder ein kleiner Adrenalinstoß. Alles noch mal von vorn? Aber als ich oben ankomme, ist doch alles o. k. Mein Taxi hat zum Glück gewartet. Ich lasse mich vom Taxifahrer zum S-Bhahnhof Goldberg bringen. Von dort fahre ich eine Station bis Rohr und dann bis zum Flughafen. Der frühere Flug nach Berlin ist schon weg und so warte ich bis 18.45 Uhr auf den letzten Flug. Nicht so schlimm, das Wetter ist sehr schön sonnig. Ich setze mich auf die Terrasse und rufe in Berlin an. Thomas erhält seinen Dank für die Kette, erfährt den gesamten Ablauf und dass ich ein gutes Gefühl habe. Allerdings wird es wieder eine lange Wartezeit bis nach unserem Urlaub. Wir sollten Ende Oktober Bescheid bekommen, ob wir dabei sind. Von den 17.000 Bewerbern waren ungefähr 200 zu den Castings eingeladen und von denen werden ca. 20 ausgewählt, um zum Training nach Damp an die Ostsee zu fahren. Vorher sollte man sich noch ein sportmedizinisches Attest besorgen.

Montag, 21.10.02

Heute ist mein erster Arbeitstag nach dem Urlaub. Meine Kollegin holt mich am Nachmittag aus dem Sprechzimmer. »Eine Frau Körtelt ist am Apparat«, pures Adrenalin jagt durch meinen Körper. Aufgeregt melde ich mich. Und?! »Frau Gehrmann, Sie sind dabei.« Ich bin im ersten Moment sprachlos, und das kommt bei mir selten vor. Natürlich freue ich mich riesig und die Kolleginnen gratulieren mir. Mein Chef ist ganz schön baff. Nun wird es wirklich ernst.

Als ich die Praxis verlasse, sitzt Thomas in unserem Auto. Ich will gerade den Schlüssel aus meiner Tasche kramen, da lässt er den Motor an. Ich erschrecke mich tierisch, da ich ihn noch nicht gesehen habe. Na warte! Er ist fröhlich. Ich steige ein und schreie aus vollem Hals, so laut ich kann, los. Jetzt zuckt er zusammen und denkt, ich wäre vollkommen durchgeknallt. Aber ich umarme ihn und rufe, ich bin dabei, ich bin dabei! Auch er ist ganz aus dem Häuschen.

Am Abend ruft mich ein Markus Vetter an. Er, der Regisseur, und eine Redakteurin würden mich am Freitag von der Arbeit abholen und mich zu Hause besuchen. Sie wollen sich ein Bild von mir machen. Wo und wie ich arbeite, wie ich wohne und lebe. Mein Mann meint scherzhaft, die wollen mal eben abchecken, ob wir Prolls sind, oder ob man uns im Fernsehen zeigen kann. Der Regisseur sagt, wir werden uns ein bis zwei Stunden unterhalten und dann vielleicht etwas essen gehen oder einen Pizzaservice in Anspruch nehmen. Er meint, ich könne ja auch was kochen. Na klar, warum denn nicht?

Mit Thomas werden einige Rezepte erörtert und ich entscheide mich für eine Tom Ka Gai-Suppe mit Baguette. Natürlich lachen alle, die davon hören, oh sie kennen mich so gut. Denn jeder sagt, und ... habt ihr schon den Feudel geschwungen und die Wohnung geputzt?

Freitag, 25.10.02

Pünktlich 12.45 Uhr klingelt es an der Praxistür. Ich lausche ins Treppenhaus. Iiih, hier riecht es nach Zahnarzt, höre ich. Wonach soll es denn sonst riechen? Die beiden vom Südwestrundfunk (SWR) sind sehr nett. Ich zeige ihnen die Praxisräume und dann fahren wir zu mir nach Hause.

Es findet eine Besichtigung der Wohnung statt und anschließend setzen wir uns in die Essecke, um zu reden. Jetzt erfahre ich auch, dass noch gar nichts entschieden ist. Scheiße! Zehn Leute sind noch übrig, nachdem nun doch ungefähr 500 bei den Castings waren. Aber von den letzten zehn werden nur sechs an die Ostsee fahren. Die sechs, die dann auch nach New York kommen. Schon wieder fahren meine Gefühle Achterbahn. Ich möchte etwas über die »anderen« erfahren. Alle sind nett, sympathisch und 100%ig geeignet. Na, toll! Ich bin innerlich wieder ganz kribbelig. Schön cool wirken und ruhig bleiben. Bestimmt suchen sie eine tolle Karrierefrau oder Leute, die mächtig weit oben auf der Chefetage stehen. Ich bin doch viel zu unscheinbar und langweilig. Mein Kopf schwirrt und unmögliche Gedanken steigen in mir auf. Scheiße, da sind sie wieder, meine Minderwertigkeitsgefühle. Achtung, du bist unter den letzten zehn, entspanne dich.

Einige Abläufe werden mir erklärt. Der Gesundheits-Check-up findet demnach auch in Damp statt und soll bereits ein Teil des Filmes werden. In zwei oder drei Teilen à 45 Min. wird die Dokumentation voraussichtlich gesendet werden. Aber so richtig wissen die beiden anscheinend auch noch nicht, wie es weitergeht. Bekommen wir Laufbekleidung, Schuhe usw.? Sie geben mir einen Vertrag zur Ansicht. Langsam bekommen alle Hunger. Ich biete die Suppe an. Tom Ka Gai??

***Rezept:** Ein Beutel Tom Ka-Paste (aus dem Thailaden)*
500 ml Kokosmilch
500 g Hähnchenbrustfilet
4 rote Paprikaschoten
300 g frische Champignons

250 ml Kokosmilch zum Kochen bringen, 500 g Hähnchenbrustfilet (klein geschnitten) und die Tom Ka-Paste hinzufügen. Das Ganze kochen lassen, bis das Hühnerfleisch gar ist. Zwei Tassen Wasser, die geschnittenen Champignons und die gewürfelten Paprika mit der restlichen Kokosmilch hinzufügen. Alles kurz weiter garen, die Paprika sollte noch knackig sein. Nach Geschmack mit Zitronensaft oder Zitronengras würzen, sofort servieren. Dazu empfehle ich frisches Baguette und einen leichten Weißwein.

Was ist das, wollen sie wissen. Ich verrate nichts. Hier wird gegessen, was auf den Tisch kommt! Sie helfen beim Tischdecken und schneiden das Brot. Da beide nicht nur den Anstandsteller essen, sondern sich eine weitere Portion holen, schmeckt es wohl.

Um 14.00 Uhr gesellt sich mein Mann zu uns. Er hat auch noch einige Fragen. Aber wir schweifen ein bisschen vom Thema ab. Es ist eine lockere Runde und wir lachen viel. Nachdem Thomas uns Tee serviert hat, verabschieden sich die beiden gegen 15.30 Uhr. Schade, denn meine Tochter kommt um vier nach Hause.

Ich muss jetzt wieder fast eine Woche warten, denn sie wollen spätestens Donnerstag nächster Woche sagen, wer dabei ist. Frau von Ehrenstein wird die Teilnehmer persönlich anrufen und in Kenntnis setzen.

Montag, 28.10.02

Meine Woche beginnt schlimm. Ich kann mich im Dienst nicht richtig konzentrieren. Die Kolleginnen bügeln meine kleinen Fehler aus, ermahnen mich aber. Thomas meint, wenn sie mich nehmen, bekomme ich bis spätestens Mittwoch Bescheid. Absagen werden sicher erst Donnerstag erteilt. Das hilft mir gar nicht. Er macht mich ganz schön nervös. Meine Nerven sind gespannt und die Familie fasst mich mit Glacéhandschuhen an. Ich freue mich, dass sie so rücksichtsvoll sind. Mein Mann teilt mir mit, dass er Anfang November auf eine Dienstreise muss. Keck erwidere ich, dass ich da selber nicht in Berlin bin, sondern in Damp.

Dienstag, 29.10.02

Wieder kein Anruf, meine Glückshormone sinken gegen Null.

Mittwoch, 30.10.02

Laut Thomas bin ich draußen. Jetzt plötzlich tröstet er mich, bestimmt haben sie sich noch nicht alle Teilnehmer angesehen oder sie haben noch Redaktionssitzung oder, oder, oder! Ich fühle mich miserabel und tröste mich solange mit Gummibärchen, bis mir auch noch schlecht ist.

Donnerstag, 31.10.02

Endlich, 17.30 Uhr, Telefon für mich. Meine Kollegin ist auch aufgeregt. Frau von Ehrenstein, diese Woche war die reinste Folter, kaum zu ertragen. Genauso wie wahrscheinlich ich. Sie entschuldigt sich für den späten Anruf. Es war viel zu erledigen. Ich bin dabei. Bei den letzten sechs. Alle jubeln mit mir. Am Montag werde ich Genaueres erfahren. Die Wartezeit hat ein Ende.

Zum Feierabend wird eine Flasche Sekt geköpft. Eigentlich wollten Thomas und ich zum Fitness gehen. Er holt mich ab und muss mit uns feiern. Er umarmt mich, tanzt in der Praxis herum und stößt mit uns an. Wir quatschen und ergehen uns in Phantasien in und um New York. Meinen Spinningkurs kann ich vergessen, erstens hat er schon begonnen und außerdem habe ich einen kleinen Schwips. Zu Hause freut sich auch meine Tochter Fabienne für mich. So, nun werden die Eltern, Geschwister, Schwiegereltern und natürlich unsere Freunde, Thomas und Elke, angerufen. Auch mein Sohn Patrick, der seit 2 ½ Monaten in Frankreich an einem Schüleraustausch teilnimmt. Alle sind ehrlich begeistert. Jetzt ist mir nicht nur vom Sekt schwindelig. Heute Nacht werde ich gut schlafen.

Freitag, 01.11. 02

Halloween, Fabienne geht auf eine Party, ich auch. Ich allerdings auf eine Tupperwareparty bei Elkes Nachbarn. Ich schwelge in diversen Plastikschüsseln und plaudere mit den anderen Frauen. Plötzlich stürzt ein Mann auf mich zu, fotografiert mich mit einer Digitalkamera und gratuliert mir. Elke hat natürlich getratscht. Minuten später muss ich mein erstes Autogramm auf eben diesem Foto geben.

Die spinnen, aber es ist ein lustiger Abend. Schon wieder muss ich Sekt trinken. Darf ich das jetzt überhaupt noch? Als Sportler?! Egal, abschwören kann ich morgen auch noch.

Samstag, 02.11.02

Stress! Vor dem Frühstück ein erster gemeinsamer Lauf mit Thomas. Nach dem Frühstück Fabienne von ihrer Halloweenparty abgeholt und ins Kaufhaus gestürmt. Schließlich kann ich das Lauftraining an der Ostsee nicht nackig absolvieren. Thomas kennt sich aus mit Funktionsbekleidung und Fabienne achtet auf den Chic. Nachdem wir etliche Euro weniger im Portemonnaie und »Schuhgröße 45 haben«, geht es ab nach Hause. Hier bekomme ich schon wieder Gewissensbisse. So viel Geld für mich! War das nötig? Fordere ich nicht das Schicksal heraus? Was, wenn ich den Gesundheits-Check-up nicht bestehe? Na und, dann laufe ich halt für mich allein weiter. Zumindest bin ich jetzt »très chic«. Meine Bahntickets sind im Briefkasten, und meine Glückshormone lassen mich nicht länger zweifeln. Thomas freut sich schon darauf, dass wir irgendwann mal zusammen Marathon laufen werden. Er sagt, er würde sich auch zurückhalten, um mit mir gemeinsam zu laufen. Ha, er kann froh sein, wenn ich auf ihn warte!

Sonntag, 03.11.02

New York Marathon – im Fernsehen. Ich bin aufgeregt, der Start ist toll und die Skyline, als sie über die Verazzano Bridge laufen, ist einfach spitzenmäßig. Hoppla! Alle 10 Min. höre ich was von schwieriger Strecke und schweren Anstiegen. Worauf habe ich mich denn da eingelassen? Die Spitzenläufer gehen ab wie Raketen, also ich nenne das Sprinten. Jetzt kotzt auch noch einer, das will ich mir wirklich antun? Wenn die Cracks schon kotzen, wie soll es mir dann erst ergehen? Es wäre mir sehr peinlich, mich vor laufender Kamera zu übergeben. Aber ich werde ja einen Top Trainer haben. Ach, Dr. Wessinghage, der auch an der SWR-Produktion beteiligt sein wird, läuft auch mit. Schade, dass sie ihn nicht zeigen.

Jetzt müssen wir zum Flughafen, meinen Sohn abholen.

Mama kommt am Montag noch schnell, um für mich zu bügeln. Schließlich hat Patrick einen riesigen Berg Wäsche aus Frankreich mitgebracht.

Mittwoch, 06.11.02

Kofferpacken. Gummibärchen dürfen nicht fehlen, und dann ab zum Bahnhof. Schade, Thomas kann mich nicht bringen. Ich nehme also den Bus. Eigentlich bin ich enttäuscht, ich hatte meinen Mann zur Verabschiedung auf dem Bahnhof erwartet. Manchmal macht er so tolle Sachen und überrascht mich.

Mit einer halben Stunde Verspätung komme ich in Kiel an. Mein Handy klingelt, und Herr Vetter informiert mich, dass sie am Ende des Bahnsteiges auf mich warten. Eine blonde Frau würde ich dann schon sehen. Ich begrüße die Blonde und Herrn Vetter. Jetzt merke ich, dass die Blonde eine von den Kandidaten ist. Ich dachte, sie gehört zum Team. Die Kamera hält alles fest. Befangen begrüße ich die anderen Teilnehmer. Wir gehen alle zusammen eine Tasse Kaffee trinken, da wir noch auf eine Frau warten müssen. Ich bin etwas irritiert. Mein erster Eindruck von unserem Haufen: ich, die kleine zickige Hausfrau, zwei Dickerchen, eine Dame und ein Clown. Jetzt fahren wir zusammen ins Ostseehotel nach Damp. Die Blonde nimmt ihr eigenes Auto. Wir anderen fahren mit dem Kameramann und dem Regisseur in einem Auto vom SWR.

Wie schrecklich, schon im Auto werden die Kamera und das Mikro eingeschaltet. Ganz schön gelenkig, der Kameramann. Der Regisseur versucht, unser Gespräch in Gang zu halten. Immer wieder stellt er Fragen oder animiert einen von uns, etwas zu erzählen. Jetzt sollen wir über die Teilnehmerin im anderen Auto reden. Wir kennen uns doch noch gar nicht. Trotzdem ist es irgendwie lustig und wir rücken schon etwas zusammen. Komisch, wie schnell man sich wildfremden Menschen öffnen kann. Aber eigentlich sind mir alle mehr oder weniger sympathisch. Endlich, jetzt wird die vornehme Dame in ihrem eigenen Wagen genervt. Das Team steigt um in den PKW, um auch dort ein bisschen Small Talk zu halten.

Scherzhaft meint einer unter uns, sicher werden wir im Krankenhaus untergebracht, und tatsächlich, wir fahren auf die Reha-Klinik zu. Ich glaube es nicht. Wir werden doch nicht in einem Krankenhaus wohnen, oder?

Aufatmen, der Fahrer hatte falsche Instruktionen. Wir fahren also zum Ostseehotel. Dort wird natürlich wieder die Kamera im Foyer aufgebaut und wir müssen dreimal ins Hotel kommen und an die Rezeption gehen, um uns anzumelden. Daran müssen wir uns wohl gewöhnen ... bitte alles noch einmal schön langsam und von vorn. Wie in der Schule, jeder tritt einzeln vor, füllt seine Anmeldung aus, bekommt den Zimmerschlüssel und einen Übersichtsplan vom Ostseebad Damp.

Die Zimmer sind sehr schön, groß und geräumig mit Doppelbett, Balkon und Fernsehen. Auf dem Bett liegt ein weißer, flauschiger Bademantel. Auf einem Tisch steht frisches Obst. Ich glaube, hier kann ich entspannen. Schade, jetzt würde ich mich gern etwas hinlegen, aber die Zeit reicht nur zum Kofferauspacken, denn in 30 Min. treffen wir uns zur Besprechung. Schnell noch eine Hand voll Gummibärchen, denn das Frühstück ist schon lange her.

Geschlossen wird die Gruppe in ein Restaurant oder einen Speisesaal geführt. Der Projektleiter Rolf Schlenker stellt das Team vor und sagt ein paar einführende Worte. Harold Woetzel gratuliert uns, dass wir es geschafft haben. Irgendwo habe ich den schon mal gesehen, oder? Ach ja, einen Hauch von Mr. Bean vermittelt er mir. Still lächle ich vor mich hin. Langsam haben wir alle Hunger und fangen an zu murren. Sofort wird für unser leibliches Wohl gesorgt und ein paar Snacks geordert. Nun ja, ich hatte mich auf Taccos gefreut, aber das passt wohl hier nicht so richtig. Gemüsestreifen und ein frischer Dip werden uns serviert. Nachdem wir den Vertrag be sprochen haben, werden wir etwas Richtiges essen gehen, wird uns mitgeteilt.

Die »schöne Vornehme« und die »kleine Dicke« stellen richtig kritische Fragen. Von wegen Beschneidung der persönlichen Freiheit usw. Es geht um Rechte, zeitlich und räumlich unbegrenzt, Rechteeinräumung, Print-Medien und Verpflichtungen. Mann, die werden uns schon nicht über den Tisch ziehen, denke ich. Was haben wir schon zu verlieren. Eigentlich können wir bei dieser Betreuung nur gewinnen, oder?

Jetzt kommt der letzte Kandidat, ein Moderator vom SWR. Das kürzt das ganze Gelaber ab und wir gehen essen.

Abends im Bett lasse ich meine neue »Familie« Revue passieren. Da ist Anneliese, sie möchte Anna gerufen werden, ist etwas altklug und hat, denke ich, Lebenserfahrung. Ein bisschen überdreht ist sie auch, also für mich zumindest, und irgendwie alternativ angehaucht. Ein paar Kilo weniger würden ihr sicherlich besser stehen. Sie scheint willensstark zu sein, ich denke, sie kann es schaffen.

Frank, raue Schale weicher Kern, immer ein lockerer Spruch und etwas nervig manchmal. Ich glaube, er verkennt den Ernst und ist sich nicht im Klaren, was auf uns zukommt. Er wird sicherlich öfter kurz vor dem Aufgeben stehen und ob er letztendlich durchhält, halte ich im Augenblick für fraglich.

Jürgen, genannt Mücke. Ein Kumpeltyp, etwas melancholisch, aber auf lange Sicht sicher einmal ein guter Freund, mit dem man auch ernste Gespräche führen kann. Ob er es schafft? Ich habe leichte Zweifel, er ist schon etwas älter, übergewichtig und sieht ein bisschen fertig aus, obwohl er sich locker gibt. Vielleicht hat er eine Midlife-Crisis.

Anna-Freda, eine Dame? Eine Barbie? Auf jeden Fall eine Einzelgängerin, kühler blonder Norden, etwas zugeknöpft, möchte sich nicht preisgeben. Vielleicht im Laufe der Zeit. Aber kein »Gruppentier«, sicher schwer zu integrieren, aber interessant. Vielleicht taut sie noch auf. Wir haben ja ein Jahr lang Zeit, uns richtig kennen zu lernen.

Michael, der Moderator, unser Küken, Teddybärtyp, schwer einzuschätzen. Und ich? Wo sehe ich mich in der Gruppe? Irgendwo mittendrin. Wie empfinden mich die anderen? Was soll's, morgen früh ist die Nacht vorbei und wir müssen um 06.15 Uhr am Strand laufen. Also gute Nacht.

Hallo, wo bin ich denn hier? Anna hat früh am Morgen das Radio volle Pulle an. Sie wohnt genau unter mir. Rücksichtslos, wir sind schließlich die Einzigen, die so früh raus müssen. Ich habe schlecht geschlafen. Das Zimmer war zu warm und die Klimaanlage hat die ganze Nacht gerauscht. Außerdem bin ich nicht gerade der geborene Frühaufsteher. Trotzdem, unter die Dusche und rein in die Laufklamotten. Mein Magen knurrt, aber wir müssen nüchtern bleiben. An der Rezeption sind die anderen fast vollzählig versammelt.

Am Strand wird die Kamera aufgebaut und wir erhalten unsere Instruktionen. Schön hier und gar nicht kalt. Im Gegenteil, angenehm frisch, und das Meer sieht phantastisch aus.

Ein paarmal laufen wir den Strand hinunter, immer noch einmal für die Kamera. Erste Schwierigkeiten, Anna kann nicht mehr. Anna-Freda und ich traben locker voraus. Die anderen sagen, wir laufen im Einklang, wie Zwillinge. Hinter uns wird gemeckert, wir sollen zusammenbleiben, langsamer, wartet doch mal. O.k., o.k.!

Rolf bringt uns mit dem Auto wieder den Strand hinunter, und auf ein Neues. Jetzt war es wohl gut. Kamera aus.

Es kommt mir vor, als hätten wir Stunden am Strand zugebracht. Das Team muss erst einmal eine Runde Taschentücher ausgeben, denn vom kalten Wind laufen unsere Nasen. Eigentlich sollten ja nur wir laufen.

Ein Dr. Riebe gesellt sich zu uns. Er möchte uns Blut abnehmen. Spritzen sind nicht mein Ding. Großzügig lasse ich die anderen vor. Das gesamte große Blutbild wird abgenommen. Und immer ist die Kamera dabei. Das Objektiv ist bereits blutverschmiert. Kleiner Scherz. Wer fertig ist, darf zum Frühstück gehen. Das ist ausgesprochen lecker, ein tolles Büfett, und einige von uns schlagen richtig zu.

Nach dem Frühstück wird ein Ruhe- und Belastungs-EKG durchgeführt. Ein Typ von der Zeitschrift »Running« teilt Fragebögen aus und fotografiert wie verrückt, während ich auf dem Fahrrad schwitze. Er soll mal lieber erst einen Sport-BH sponsern, damit der Rest von mir auch in Form bleibt. Michas EKG wird dreimal wiederholt. Sein Herz macht ganz komische Hüpfer. Anschließend treffen wir Dr. Thomas Wessinghage, der uns in das Projekt einführt und anhand von Dias über den diesjährigen New York Marathon berichtet. Mein erster Eindruck: Sieht nicht schlecht aus der Knabe, den würde ich auch nicht von der Bettkante schubsen ... aber ich habe ja einen gutaussehenden Mann. Obwohl der auch seit sieben Jahren läuft, macht er anscheinend irgendetwas falsch. Denn er ist längst nicht so schlank wie Wessinghage. Auch der Doktor muss seinen Vortrag für die Kameraeinstellung wiederholen. Seitdem wir hier sind, besteht unser Dasein aus Wiederholungen, warum soll es ihm besser ergehen als uns. Herr Wessinghage ist nett und aufgeschlossen, aber ich denke, er ist auch ein aalglatter Geschäftsmann. Wenn er uns hinkriegt, hat er eine tolle Werbung für sein Laufzentrum des Nordens.

Anschließend Mittagessen, ein riesiger Berg Spaghetti erwartet uns. Auch das Dessert ist nicht zu verachten.

Danach ein Selbsteinschätzungslauf auf der Strandpromenade. Mit Herzfrequenzmessern und anschließendem Lactat-Test. Jeder soll 2 km am Stück laufen und sein Tempo selbst bestimmen. Als wir die Pulsuhren anlegen, zeigen sie bei allen sehr unterschiedliche Werte. Anna wird von allen überholt, scheint aber überhaupt nicht frustriert zu sein. Frank läuft, wie ich glaube, viel zu schnell, er kommt mir mit hochrotem Kopf entgegen. Mücke winkt mir lässig zu, schnauft jedoch ganz heftig. Michael ist auch außer Atem. Anna-Freda sieht cool und relaxt aus. Meine Herzfrequenz ist sehr hoch, 185. Ich fühle mich jedoch gut und bin nicht außer Puste. Einen Piks ins Ohrläppchen, und weiter geht es zum sportmedizinischen Funktionstest.

Zwei Krankengymnasten werden uns untersuchen. Während wir warten, massiert Frank Marcus die Schultern. Marcus stöhnt wie ein brünstiger Stier. Ich lege Veto ein, schließlich ist er weder gelaufen, noch hat er sich anderweitig sportlich betätigt. Also massiert Frank nun meine Halswirbelsäule. Das macht er wirklich gut. Anschließend kommen noch meine Waden dran, so, nun bin ich wieder fit. Scherzhaft sage ich, dass ich nächstes Mal ein Zimmer mit ihm teilen werde, wenn er mich jeden Abend massiert. Harold hakt gleich ein und würde das am liebsten perfekt machen. Nein, nein, das war ein Scherz! Michael und ich werden zuerst untersucht. Wie bitte? Ich soll mich bis auf die Unterwäsche ausziehen. Hier? Vor laufender Kamera und all den anderen. Es hieß doch, wir sind nicht bei »Big Brother«, sondern bei einem Wissenschaftssender. Ich möchte mich nicht ausziehen. Seit heute Morgen konnten wir nicht mehr duschen. Ich fühle mich verschwitzt und äußerst unwohl in meiner Haut. Außerdem habe ich noch immer keinen anständigen Sport-BH. Frank und Mücke lästern schon, weil ich mich so ziere. Also muss ich da wohl durch. Augen zu und los. Ich bin sehr angespannt, das findet auch der Krankengymnast. Er tastet mich ab, verbiegt meine Knochen und die Kamera ist nur Zentimeter von uns entfernt. Na toll!

Anna-Freda nutzt die Gunst der Stunde und macht sich frisch. Tja, Iris, Pech gehabt. Auch das überstehe ich. Danach haben wir endlich frei. Einige wollen in die Sauna. Das ist mir noch zu früh, mich vor den anderen ganz auszuziehen. Für heute hatte ich genug Intimität. Ich möchte ins Meerwasserschwimmbad. Die anderen sind begeistert und begleiten mich. Schock! Wo wir schon mal da sind, meint Dr. Riebe, könnten wir Aquajogging probieren. Die Kamera ist wieder dabei. Eine Bahn wird extra für uns abgeteilt und wir bekommen große Styroporgürtel um. Bei einigen reicht der Gürtel gerade so um die Taille. Dann dürfen wir ins Wasser. Anna-Freda ist nicht dabei, denn sie möchte nicht im Badeanzug gefilmt werden. Sicherlich ist sie wieder ganz allein am Strand gejoggt und in die Ostsee gesprungen. Das ist ihr Geheimrezept. Anna ist super, hier im Wasser überholt sie uns alle. Ich habe so meine Schwierigkeiten mit dem Gürtel. Immer wieder liege ich auf dem Rücken. Vom Joggen im Wasser kann bei mir keine Rede sein. Mücke sieht ein bisschen nach gestrandetem Wal aus. Trotzdem haben wir viel Spaß zusammen.

Auch Marcus kommt zu uns ins Wasser. Frank taucht Michael unter, die »Jungs« toben wild herum. Drei von uns dürfen noch zum Masseur. Da bin ich dabei! Michael und Frank lassen sich auch massieren. Der Masseur ist etwas enttäuscht und hat nicht so richtig Lust, immer wieder fragt er nach dem Kamerateam. Unser Kameramann ist erkrankt, und außerdem hatten wir alle einen langen Tag. Irgendwann muss auch mal Schluss sein. Mücke und Marcus gehen lieber in die Sauna.

20.30 Uhr, Abendessen im Vital-Restaurant. Und wieder gibt es toten Fisch, der hier scheinbar bei keiner Mahlzeit fehlen darf. Soll ja sehr gesund und kalorienarm sein, aber er ekelt mich an. Mit Todesverachtung würge ich ihn herunter. Das Dessert kann ich diesmal nicht genießen. Der Fisch will wieder raus. Ich gehe früh ins Bett.

Am nächsten Morgen dürfen wir länger schlafen. Ich war schon früh auf, der Fisch wollte nicht, dass ich länger schlafe. Nachdem er mich auf umgekehrtem Weg verlassen hat, fühle ich mich wieder wohl.

Donnerstag, 07.11.02

Beim Frühstück werden wir von der Ernährungsberaterin erwartet. Bis die Kamera soweit ist, hängt unser Magen in den Kniekehlen. Misstrauisch beäugt sie unsere Frühstücksteller. Bei Frank und Micha ist sie vollkommen von den Socken, dabei hat Frank noch schnell seinen Schinken unter einer Brötchenhälfte versteckt. Am Büfett verrät sie uns, was wir in Zukunft beachten müssen, was wir vermeiden sollten und was noch erlaubt ist. Alles, was den beiden schmeckt, ist verboten. Apfelsaftschorle soll ein gutes Ausgleichsgetränk sein. Auch Bananen wären gut. Beides verabscheue ich. Bananen machen glücklich, sagt Harold. Aber ich dachte, wir sollen sie essen, oder?

Franks Teller füllt sich gar nicht. Er nimmt es mit Humor, schließlich hat er schon gefrühstückt. Micha tut so, als würde er sich gesund ernähren, dann bringt Frank einen Teller mit all den Sünden, die Micha sich gestern gegönnt hat. Die Ernährungsberaterin ist fassungslos. Ach ja, Anna ist Vegetarierin, aber deswegen ist sie auch nicht schlanker und besser ernährt. Wir müssen uns alle umstellen. Nur bei Anna-Freda gibt es nichts zu meckern. Wie ich schon sagte, sie ist halt ein bisschen außerhalb der Gruppe. Ich muss meine Gummibärchenattacken beherrschen lernen und regelmäßiger essen. Frank macht wieder seine Späßchen, und das hebt die Stimmung bei den meisten von uns.

Auf dem Stundenplan stehen Stretching und Krafttraining. Wir sind wieder einmal in Verzug und hinken unserem Stundenplan um Stunden hinterher. Genau wie gestern. Wahrscheinlich wurde ein Jahr Training vorgesehen, weil die Filmleute es nicht in einem halben Jahr schaffen können. Es heißt, wir gehen zuerst ins Fitnesscenter, dann heißt es, zuerst an den Strand, dann wieder umgekehrt.

Die Kamera wird wieder abgebaut, wir gehen an den Strand. Ich habe mich sage und schreibe drei- oder viermal umgezogen. Wir gehen also an den Strand. Jede Übung wiederholen wir geduldig für unseren Regisseur. Jetzt sagt er doch, er will mehr »Action«. Stretching ist nun mal kein Stepptanz, Marcus. Hier am Strand macht es trotzdem viel Spaß und heute scheint auch noch die Sonne.

Für das Krafttraining bleibt keine Zeit mehr. Wir sind wieder einmal zu spät dran. Also gleich zum Herzecho und zur Lungenfunktionsprüfung.

Beim Kardiologen seilt sich Anna-Freda wieder ab. Der Warteraum ist ihr zu eng. Stickig ist es schon, aber ich vertiefe mich in mein Buch »Männer sind anders, Frauen auch«. Während die anderen untersucht werden, lese ich und kann so abschalten. Beim Herzecho werden nur die Männer gefilmt, schließlich muss der Oberkörper unbekleidet sein. Haben die Filmleute etwa doch ein Herz für uns sensible Frauen? Nein, sicher nicht, denn jetzt kriechen sie doch tatsächlich in dieses winzige Loch, um mich beim Lesen zu filmen. Ich schalte ab, blende die ganze Bande aus und kann mich tatsächlich entspannen.

Beim Lungenfunktionstest geht es sehr hektisch zu. Wir sind ja auch wieder im Verzug. Mücke muss den Test dreimal für die Kameraeinstellung wiederholen, er ist völlig echauffiert, als er die Kammer verlassen darf. Die MTA ist auch schon ganz erschöpft. Als ich drankomme, muss ich so lachen, dass die Nasenklammer abfällt. Aber meine Ergebnisse sind zufrieden stellend.

Beim Mittagessen erzählt Wessinghage uns etwas über Lactat-Werte und über sportliche Aktivitäten, z.B. Laufen. Herzfrequenzen, Pulswerte, Energiestoffwechsel, anaerobe und aerobe Energiestoffwechsel und »steady state«. Alles sehr verwirrend. Auf unseren Tellern sieht es wiederum höchst aufgeräumt aus, ein bisschen gedünstetes Gemüse und Reis, leider etwas fade. Ich denke, »unsere« Männer werden heute nicht satt.

Nach dem Essen treffen wir uns zum Lactat-Stufentest und zum Motion Quest. Während die Kamera aufgebaut wird, gehe ich zu Sascha und hole mir einen Trainingsplan. Ich soll im Kraftausdauerbereich trainieren. Rückenstrecker, Latissimus, Gluteus, Abduktor, Adduktor Lower Back usw. Mir schwirrt der Kopf. Er erklärt mir die Übungen für zu Hause. Zum Glück bin ich Mitglied im Fitness-Studio und kann mir dort alles noch einmal erklären lassen.

Das Team wuselt um uns herum. Ich nehme Marcus auf die Seite, weil ich ein ernstes Wort mit ihm reden möchte. Ich erkläre ihm, wie ich mich gestern bei den Untersuchungen gefühlt habe. Dass ich darauf vorbereitet sein möchte, wenn ich in Unterwäsche gefilmt werde, und ein bisschen mehr Einfühlungsvermögen erwarte. Mit einer Frau im Team wäre es anders gelaufen. Er guckt mich treuherzig an, und ich glaube, er hat kapiert. Natürlich möchte er, dass wir uns vor der Kamera wohl fühlen, das kommt ja auch dem Film zugute.

Endlich bin ich dran. Mit dem Herzfrequenzmesser geht es aufs Laufband. Dr. Wessinghage, bzw. Thomas, denn wir dürfen ihn duzen, stellt die Geschwindigkeit ein: 6,0 (min/km), und ich soll locker laufen. Nach 4 Min. stoppt das Band und mir wird aus dem Ohrläppchen Blut entnommen. Meine Herzfrequenz liegt bei 151 (Lactatwert 2,8 mmol/l). Weiter, die Geschwindigkeit wird erhöht; 8,0. Wieder 4 Min., ich fange an zu schnaufen, Herzfrequenz 174, stop – Blutentnahme (3,3 mmol/l). Noch einmal schneller und wieder 4 Min., Thomas telefoniert währenddessen mit seinem Sekretariat, um unsere Werte vom Selbsteinschätzungslauf zu erfragen. Stop, ich kann nicht mehr. Mein Kopf ist hochrot, das Herz schlägt mir bis zum Hals (Herzfrequenz 191) und die Beine sind schwer. Nach der letzten Blutentnahme bin ich fertig, im wahrsten Sinne des Wortes.

Dr. Riebe macht mit uns die anderen Tests. Unser Fettgehalt wird gemessen, unsere Füße und unser Gangbild vermessen und in den Computer eingegeben. Der errechnet nun unseren Laufstil. Fußstatus, statische Beinachse, Rotationsstellung, Beweglichkeit im Sprunggelenk usw., das alles beinhaltet die Bewegungsanalyse. Der Computer spuckt auch gleich noch eine Liste mit Laufschuhempfehlungen aus.

Bei einigen von uns sind während der Untersuchungen Auffälligkeiten festgestellt worden, die werden jetzt mit jedem Einzelnen besprochen. Wir haben abgestimmt, dass die Kamera und das Mikrofon dabei aus bleiben und dass die Gespräche unter vier Augen stattfinden sollen.

Wir anderen gehen duschen und uns umziehen.

Wir treffen uns an der Rezeption, um zu Zippel's Läuferwelt nach Kiel zu fahren. Dort wollen wir gemeinsam Joggingschuhe kaufen. Auf der Fahrt sind alle sehr schweigsam. Die Untersuchungsergebnisse haben uns wohl etwas nachdenklich gemacht. Wir müssen nicht nur laufen lernen, sondern auch Konsequenzen aus einem Lebensstil ziehen, der unser aller Gesundheit nicht förderlich ist.

Nach dem Einkauf wollen wir lieber in Kiel zu Abend essen. Keiner von uns hat Lust auf Fisch oder gesundes Gemüse im Vital-Restaurant. Anna-Freda schlägt ein echtes Szene-Restaurant vor. Wir melden uns telefonisch an, schließlich sind wir 13 Personen.

Bei Zippel's müssen wir natürlich wieder x-mal den Laden betreten, bis die Kamera zufrieden ist. Zuerst werden die Männer bedient. Moment mal, wer hat das eigentlich entschieden? Kein Gentleman in unserem Team? Noch nie was von Ladys first gehört? Egal, ich stöbere schon wieder nach Sport-BHs. Die Männer werden schnell fündig. Die Beratung ist ja auch wirklich gut und das Sortiment ist riesig groß. Schon wieder bin ich als Letzte dran. Alle Schuhe, die in Frage kommen, sind entweder nicht in meiner Größe da oder bestehen den Test auf dem Laufband nicht. Mein Fuß ist zu schmal oder der Schuh zu weit. Mein Knie oder Sprunggelenk macht Ausweichbewegungen usw. Ich bin schon ganz traurig. Außerdem haben alle großen Hunger und werden immer ungeduldiger. Die haben ja auch schon ihre Schuhe. Frank macht seine Späßchen, von wegen typisch Frau, kann sich nicht entscheiden. Er setzt einen Sport-BH als Mütze auf, um mich zum Lachen zu bringen. Einige vom Team kaufen auch Schuhe. Bei mir hilft alles nichts, das Zippel's-Team wird versuchen, mir Schuhe aus der Filiale in Flensburg zu schicken. Zum Schluss bekommen alle noch ein Paar Laufsocken. Dann wird der Abgang geprobt, und wir verlassen mit unserer Zippel's-Tüte und stolz geschwellter Brust den Laden. Ich bekomme die Tüte von Marcus in die Hand gedrückt, schließlich muss alles perfekt sein für die liebe Kamera.

Nun schnell zum Restaurant. Ein echter Schicki-Micki-Laden. Sieht toll aus, könnte aber von außen gesehen auch ein Tropenhaus sein. Riesiger verglaster Wintergarten mit großblättrigen Grünpflanzen, dazwischen kleine Sitzgruppen. Wir sind vom Ambiente angetan, aber nicht von den Preisen. Für uns wurde eine Tafel im Kaminzimmer hergerichtet. Der Kamin vermittelt wohlige Kuscheligkeit, der Tisch ist hübsch gedeckt, aber davon wird man nicht satt. Es dauert eine Ewigkeit, bis wir bedient werden. Nachdem die Getränke serviert sind, warten wir lange auf die Bedienung, damit wir das Essen ordern können. Keiner kümmert sich um uns. Einige verlieren die Geduld. Da wir uns beschweren, wird vorab schon einmal Baguette und Butter gebracht. Hungrig und gar nicht vornehm stürzen wir uns darauf. Anna-Freda hat ein schlechtes Gewissen, es war ihre Empfehlung, und sie geht in die Küche, um Raukesalat mit Parmesan zu bestellen. Dreizehnmal, nein das geht nicht, soviel hat er nicht parat. O.k., dann für alle Nudeln mit Steinpilzsoße. Auch das ist nicht möglich. Hallo? Wo sind wir denn hier gelandet? Man kann doch keine so große Gesellschaft annehmen, wenn man sie nicht mit Essen versorgen kann. Unser Unmut wird lauter und das Gesicht der Bedienung immer länger. Wir nehmen also zwölfmal Raukesalat, der mit irgendeinem Grünzeug gestreckt wurde, und ich bekomme einen Gartensalat, da ich keinen Parmesankäse mag. Wider Erwarten schmeckt der Salat sehr gut, was wir auch ständig erwähnen, damit die Bedienung sich entspannt. Die Speisekarte ist kurz wie ein Furz, und nicht alle von uns finden das, was sie erwartet hatten. Fisch gibt es wieder in allen Variationen, das hätten wir auch im Vital-Restaurant haben können. Frank würde am liebsten gegenüber in die Pizzeria gehen und macht keinen Hehl aus seiner schlechten Laune. Seine Witze über Gastronomiebetriebe gehen etwas zu weit. Er berichtet von Sendungen, bei denen man sieht, wie ins Essen gespuckt oder in den Kaffee uriniert wird. Danke, das reicht! Ich bin auch nicht so glücklich. Endlich haben alle gewählt, ich verzichte auf den Hauptgang.

Die Unterhaltung plätschert so dahin, und alle versuchen krampfhaft, die angespannte Situation zu meistern. Beim Essen kommt wieder Stimmung auf, Frank erzählt Anekdoten und alle lachen herzhaft. Ich werde vorsorglich für meine Glückshormone sorgen und bestelle Mousse au Chocolate. Jetzt ist auch Harold zufrieden, er hatte schon befürchtet, ich würde in Hungerstreik treten. Ich glaube, er ist ein bisschen sauer, weil ich seine Ähnlichkeit mit Mr. Bean immer wieder erwähne. Es gefällt ihm nicht, dass Marcus mich an Hugh Grant erinnert. »In Notting Hill«, stelle ich richtig, und auch nicht äußerlich, sondern innerlich. Und prompt meint Harold, Marcus soll sich um seine »Julia« kümmern. Also hat er die Schmachtschnulze auch gesehen. Mücke und ich fahren schon mit ein paar Leuten vom Team ins Hotel. Die anderen warten noch auf den Fahrer.

Samstag, 09.11.02

Am Morgen dürfen wir länger schlafen. Ich entschließe mich, am Strand zu laufen, obwohl es regnet.

Ich laufe dieselbe Strecke wie beim Selbsteinschätzungslauf und dann noch ein wenig am Strand entlang. Meine Gedanken schweifen ab, und plötzlich merke ich, dass mein Kopf ganz leer wird. Thomas würde jetzt sagen, das ist er doch immer. Ein ganz neues Gefühl, ich wusste nicht, dass man an gar nichts denken kann, dass man sich wirklich freilaufen kann. Das wollte ich ja erreichen, aber so schnell? Einfach irre, diese Erfahrung. Der Regen pikt im Gesicht und der Wind ist heftig, aber daran werde ich mich gewöhnen. In der kalten Jahreszeit muss bei Wind und Wetter trainiert werden, je früher ich mich daran gewöhne, desto besser. Ich fühle mich frisch, glücklich und habe gesunden Appetit.

Im Frühstücksraum treffe ich auf Anna und Mücke. Sie warten auf ihr Interview, das heute Morgen stattfinden soll. Natürlich stimmt die Zeitplanung wieder absolut nicht. Ich bin schon sehr verwundert über die Abläufe. Schließlich sind es Profis, die uns hier mit der Kamera begleiten, und es ist auch nicht ihre erste Dokumentation. Langsam gewöhnen wir uns an das Hin und Her. Ich frühstücke in Ruhe, natürlich nur gesunde und erlaubte Sachen. Die anderen sind, so scheint's, auch diszipliniert.

Draußen stürmt und regnet es heftig. Wir treffen uns im Therapiezentrum im »Schockraum« (der Raum, in dem ich mich vor der

Kamera ausziehen musste, deshalb Schockraum, rein emotional gemeint). Wir werden noch einmal von allen Seiten fotografiert, wie beim Erkennungsdienst, das weiß ich von meinem Mann. Nur Fingerabdrücke werden nicht abgenommen. So kann dokumentiert werden, wie unsere Körper sich verändern werden. Für ein Interview erscheint uns die Umgebung zu steril. Wir stimmen ab, ob wir eventuell draußen besser rüberkommen. Der Regen hat ein bisschen nachgelassen, und wir entschließen uns rauszugehen.

Wir packen die Koffer, während die anderen interviewt werden. Es ist doch ganz schön ungemütlich, und alle frieren. Das Team ist sehr geduldig mit uns, versorgt uns mit Grog, Tee und guter Laune. Sie müssen schließlich die ganze Zeit draußen verbringen. Wir können uns zwischenzeitlich immer wieder aufwärmen.

Nachdem alles im Kasten ist, sehen wir uns noch kurz beim Mittagessen. Anna-Freda und Michael brechen zuerst auf. Dann folgen Marcus und Harold. Marcus zeigt wieder seine Tollpatschigkeit. Er dreht sich ruckartig um, stößt mit der Bedienung zusammen und beschert ihr ein Obstquarkdessert auf dem Busen. Die Lacher sind auf unserer Seite.

Wir verabschieden uns herzlich voneinander. Auch Florian, ich nenne ihn Benjamin, weil er der Jüngste im Team ist, und der Ersatzkameramann werden gedrückt. Zurück bleiben Anna, Frank und wir Berliner, Mücke und ich.

Wir fahren gemeinsam mit dem Taxi nach Kiel zum Bahnhof. Mücke und Frank sitzen hinten bei mir, und ich habe das Gefühl, Mücke sitzt auf meinem Schoß. Ganz schön eng, aber kuschelig warm.

Am Bahnhof trinken wir gemeinsam einen Cappuccino, tauschen Telefonnummern und lassen uns von der Bedienung fotografieren.

Der Zug von Frank und Anna fährt ab. Mücke kauft ein paar Blumen für seine Frau. Sie haben heute irgendeinen Jahrestag und er freut sich wie ein kleiner Junge.

Gentlemanlike will er meinen Koffer in den Zug heben, dabei fallen seine Blumen zwischen Bahnsteig und Zug auf die Gleise. Kurzentschlossen wirft er mir seinen Mantel zu und springt unter den Zug. Ich bin entsetzt und reiche ihm die Hand, damit er wieder hinaufkommt. Die Blumen sind gerettet, das Sakko ruiniert. Ach was, das kann man in die Reinigung bringen. Sein Coach (seine Frau) hat ihm Platzkarten besorgt. Wir machen uns dick, was ihm nicht schwer fällt, und nehmen das ganze Abteil in Beschlag. Es ist gemütlich, und wir unterhalten uns angeregt. Immer wieder erinnern wir uns gegenseitig daran, dass wir es geschafft haben, dass wir dabei sind. Es ist unfassbar. Wir sind glücklich und erschöpft. Die Tage in Damp waren doch recht anstrengend für unsere untrainierten Körper.

Mücke weiß, dass er ein schier unmögliches Pensum zu absolvieren hat, dass er sehr viel Disziplin beweisen muss und dass er in seiner Frau einen großartigen Coach haben wird. Er ist zuversichtlich und jetzt glaube auch ich, dass er es schaffen kann. Ich freue mich für ihn. Wir wollen in Verbindung bleiben und vielleicht mal zusammen laufen.

Am Bahnhof Zoo erwarten uns unsere Familien. Irgendwie haben sie sich gegenseitig erkannt und schon bekannt gemacht.

Meine Tochter strahlt vor Stolz und überreicht mir eine Rose. Mein Mann schenkt mir einen Kalender von New York. Ich werde geküsst und geherzt. Im Auto erwartet mich die nächste Überraschung. Sie haben eine CD für mich gebrannt. Laut ertönt »Stand up for the Champions« und »New York, New York«. Ich freue mich riesig. Zu Hause geht es weiter, über der Treppe hängt ein Schild »New York, du schaffst es«. Das hat mein Sohn sich ausgedacht. Auch er ist sehr stolz auf seine Mama. Es wird bleiben, bis ich aus New York zurück bin, und mich jeden Tag neu motivieren. Weiter, auf dem Abendbrottisch liegen noch zwei Geschenke. Eine Handytasche, die am Oberarm befestigt wird, und ein Pfefferspray zur Abwehr von Hunden. Denn alle wissen, ich habe eine Heidenangst, allein zu laufen. Jetzt kann ich Hunde und böse Buben abwehren oder telefonische Hilfe in Anspruch nehmen.

Ich bin so glücklich. Alle unterstützen mich und sind stolz, obwohl ich noch gar nichts geleistet habe. Doch, ich habe schließlich 16994 andere rausgekickt!!

Sonntag, 10.11.02

Heute schlafe ich aus. Thomas trifft seine Lauftruppe. Auch die sind froh, dass ich alle Hürden genommen habe, und freuen sich schon auf einen gemeinsamen ersten Trainingslauf.

Meine Mutter hat uns zum Essen eingeladen, Kochen ist nicht Thomas' Ding. Er und die Kinder haben aber dafür die Wohnung gestern tipptopp in Ordnung gebracht. Alle Aufgaben wurden gerecht verteilt. Schön, das lass ich mir gefallen!

Bei meiner Mutter gibt es Brathähnchen mit Kartoffeln und Rotkohl satt. Das essen wir alle sehr gern. Ich halte mich ein wenig zurück, denn mein neuer Ernährungsplan sieht solche Völlerei nicht vor. Mutti ist pikiert. Du wirst ja wohl nicht deine Ernährung umstellen? Schließlich wirst du keine Spitzensportlerin, sondern willst lediglich einen Marathon laufen.

Lediglich einen Marathon? Natürlich werde ich dafür meine Ernährung umstellen, wir haben schließlich ein Ernährungsprotokoll mitbekommen, und ich habe vor, es gewissenhaft zu führen.

Zuhause rufe ich gleich in meinem Fitnessclub an und frage nach Freddy. Er ist Krankengymnast und könnte mir einen Trainingsplan nach den Damper Anweisungen zusammenstellen. Ich soll gleich noch vorbeikommen. Er gibt mir auch noch Biounterricht, zeigt mir jeden Muskel und schmeißt mit Fachwörtern nur so um sich. Geduldig geht er mit mir jede Übung durch und erklärt mir alle Kraftmaschinen. Die Nachwirkungen des verlängerten Wochenendes fordern ihren Tribut. Totmüde falle ich ins Bett.

2. Teil:

Das Training

Montag, 11.11.02

Wohl oder übel beginnt mein »neues Leben«. Thomas und die Kinder verlassen früh die Wohnung, und ich muss mein erstes Training absolvieren. Ich laufe eine kleine Runde, Jugendfarm, 4 km. Das Wetter macht mir zu schaffen, kalter Wind und leichter Schneeregen. Warum hat mich das Wetter an der Ostsee nicht gestört? Hier ist von Entspannung und Glückshormonen keine Spur mehr. Ich habe es geschafft, ohne Gehpausen und mit mäßigem Tempo. Im Fahrstuhl treffe ich meinen Nachbarn, er guckt etwas erstaunt. So etwas kennt er nur von meinem Mann. Ach ja, ich wollte ab jetzt auf den Fahrstuhl verzichten. Vielleicht morgen, die Oberschenkel sind etwas schwer. Meine Durchschnittszeit pro Kilometer liegt bei 8:30 Min. Ich glaube, das ist normale Gehgeschwindigkeit.

Auf der Arbeit wird gelästert. Na, schon gelaufen? Trainiert? Was, Pfannkuchen bringst du mit? Sicher nur für uns! Ist doch für dich jetzt tabu, oder?

Ich erkläre, wie gut mir der Lauf heute Morgen getan hat, und merke, es ist keine Lüge. Es geht mir gut und ich bin erfrischt. Abends legt mein Mann eine Trainingstabelle im Computer für mich an. Richtig professionell mit Durchschnittspuls, Laufstrecke, Zeit und Herzfrequenz.

Am Montag ist schon das Paket von Zippel's angekommen. Wie schön, die Schuhe passen, anbei ein freundlicher Brief vom Zippel's-Team.

Dienstag, 12.11.02

Am Abend ruft mein »kleiner« Bruder an. Er scheint zum ersten Mal in 33 Jahren so richtig stolz auf mich zu sein und freut sich mit mir, dass ich es geschafft habe. Er ist sehr sportlich und weiß, was ich mir aufgeladen habe, doch er ist zuversichtlich, was mein Durchhaltevermögen betrifft.

Mittwoch, 13.11.02

Mein Sohn ist schon zu Hause. Die Sonne scheint, und ich habe richtig Lust loszujoggen. Ich wähle eine neue Strecke, Wilhelmsruh, 5 km. Es geht prima, stolz überhole ich vier Fußgänger. Mein Sohn fragt, ob ich abgebrochen habe, ich wäre so schnell zurück. Entrüstung – natürlich nicht! Ich bin durchgelaufen. Duschen, Fabienne zur Leichtathletik bringen, zu Aldi und wieder nach Hause. Computer an, ein paar Zeilen für mein Buch schreiben usw. Shit, der Tag müsste jetzt viel mehr Stunden haben. Die Bügelwäsche und die Waschmaschine warten auch noch. Ich beklage mich bei Thomas, dass die Zeit mir davonläuft. Sein Kommentar: Es ist alles eine Frage der Organisation. Damit bringt er mich auf die Palme, das war schon immer sein Motto. Aber er übernimmt es, Fabienne abzuholen.

Beim Abendbrot eine winzige Krisensitzung, wer hat welche Aufgaben zu übernehmen, damit mir mehr Zeit bleibt.

Donnerstag, 14.11.02

Mit Thomas zum Fitnessclub. Jeder absolviert sein eigenes Programm. Hinterher gehen wir noch in die Sauna und ich fühle mich pudelwohl.

Freitag, 15.11.02

Elke ruft mich an. Ich erzähle ihr in Stichpunkten, was alles geschehen ist und wie es zu Hause mit der Organisation klappt. Sie ist zurückhaltend. Schön und gut, meint sie, aber es ist erst eine Woche rum und es folgen noch ca. fünfzig. Wo sie Recht hat, hat sie Recht. Das war ein kleiner Dämpfer für mich.

Bis jetzt habe ich keinen Muskelkater in den Beinen, nicht mal den Ansatz davon. Super! Aber im Bereich der Hüften habe ich leichte Beschwerden. Ich denke, es sind die Abduktoren.

Heute laufe ich gemeinsam mit Thomas meine erste Trainingseinheit von ca. 45 Min. Die Runde heißt Dunghaufen, so riecht sie auch, oder sind wir das? Nein, natürlich nicht. Unsere Trainingsklamotten sind frisch gewaschen. Es sind ungefähr 6 km, und die letzten 200 Meter legen wir noch an Tempo zu. Zur Zeit laufe ich noch durchschnittlich 7:30 Min. pro Kilometer. Ich denke, das ist eigentlich ein schnelles Gehen für den geübten Läufer. Ich gewöhne mich langsam auch an Apfelschorle. Nur die Bananen überzeugen mich noch nicht. Ich habe ja Thomas, der mich glücklich macht.

E-Mails fliegen hin und her. Rolf schreibt: We're on the road! Die Telefonliste kommt an. Micha schickt uns einen Sendemitschnitt und Marcus verabredet telefonisch schon ein nächstes Date mit uns. Die Morningshow von Micha habe ich natürlich schon live gehört.

Auch Jens von der Running-Zeitschrift hat sich gemeldet und möchte einen Fototermin mit Mücke und mir vereinbaren.

Irgendwie ist alles so hektisch und entzieht sich meiner Kontrolle. Ich werde mit Terminen überhäuft, Fabienne muss auch zum Kieferorthopäden, Elternabende müssen eingeplant werden, Thomas fährt auf eine Dienstreise und ich wollte mir einen vernünftigen Arzt suchen. Mein Gefühl sagt mir, alles wächst mir über den Kopf, und ich bin ständig müde und schlapp. Hoffentlich sind das nur Anfangsschwierigkeiten. Es ist wahrscheinlich wirklich eine Frage der Organisation, ich werde Checklisten für die Familie erstellen.

Ein Zettel von mir am Geschirrspüler, wer Zeit hat, bitte ausräumen! Abends o.k., hat ja geklappt.

Samstag, 16.11.02

Heute haben allerdings nur die Türen geklappt und sonst gar nichts. Fabienne will nicht die Brötchen holen, Patrick stolpert über die leere Selterskiste, schiebt sie vor die Wohnungstür und wartet ab, ob irgendwer eine neue aus dem Keller holt. Thomas vergisst Kleinigkeiten, die mich aber nerven. Ich bin sauer und mache keinen Hehl daraus. Stört aber anscheinend niemanden. Abends gehe ich zum Fitness. Wieder zu Hause, nehme ich alle noch einmal ins Gebet und bitte um Unterstützung. Betretene Gesichter – heilige Versprechungen. Wir werden sehen. Man wächst mit seinen Aufgaben.

Montag, 18.11.02

Termin beim Frauenarzt. Anschließend Eier vom Bauern in Lübars holen, bei Lidl einkaufen, nach Hause hetzen, Waschmaschine und

Geschirrspüler anstellen und in die Trainingssachen. Ich laufe die Wilhelmsruhstrecke. Die Sonne scheint, und ich denke, dass ich zu schnell laufe, denn meine Herzfrequenz ist schon bei 140. Ich fühle mich gut, bin aber etwas kurzatmig. Kann mich nicht auf meinen Laufrhythmus konzentrieren und überlege dauernd, was ich vergessen haben könnte. Manchmal denke ich, in diesem Jahr wird mein Leben ein einziger Balance-Akt sein.

Spätdienst, keine Zeit, die Bettwäsche zu mangeln, Trockner programmieren, ein paar Seiten für mein Buch schreiben und für abends das Bügelbrett aufstellen. Donnerstag will Marcus mit dem Filmteam kommen, schon früh am Morgen. Hoffentlich nicht wieder 100 Wiederholungen, die Kinder würden zu spät zur Schule kommen, und bestimmt bringen sie meinen ganzen Tagesablauf durcheinander.

Als ich die Werte in den Trainingsplan eintrage, merke ich, dass ich meinen schlechtesten Lauf hatte. Hebt nicht gerade meine Stimmung. Zum Trost spendiere ich mir Gummibärchen. Thomas beruhigt mich. Dieselben Strecken läuft man je nach Tagesform mit bis zu 5 Min. Unterschied.

Mittwoch, 20.11.02

Morgen kommt das Team, also noch schnell vor der Arbeit die Wohnung auf Vordermann gebracht. Nach dem Frühdienst in die Trainingssachen, und los geht's. Das Wetter ist sonnig, 6°C, die kalte Luft pikt ein bisschen beim Atmen in den Bronchien. Irgendwie habe ich heute einen guten Rhythmus. Mir fallen ganz komische Sachen ein, an die ich lange nicht gedacht habe. Zum Beispiel, dass ich in der Grundschule laut Sportlehrer viel Talent zum Laufen hatte. Meine Mutter hat mir sogar Spikes gekauft, obwohl sie jeden Groschen zweimal umdrehen musste. Oder mein sechster Geburtstag, ich wünschte mir sehnlichst einen Puppen-Buggy, doch die waren damals recht teuer. Ich war ganz enttäuscht, als ich ihn nicht auf dem Geburtstagstisch fand. Meine Mutter hatte ihn in unserem Zimmer vor mein Bett gestellt. Ich glaube, sie hat uns drei Kindern zuliebe auf so manches verzichtet. Komisch, dass mir so etwas jetzt einfällt, während ich jogge. Im Laufe des Trainings für New York werde ich wahrscheinlich mein ganzes bisheriges Leben aufarbeiten.

Kurz mit Mücke telefoniert, die Fernsehleute kommen wirklich so früh. Seit heute Morgen ist das Team schon bei ihm und wie immer ist es lustig. Na ja, dann muss ich doch noch schnell die Treppe saugen und das Wohnzimmer wischen. Das Telefon klingelt – Mücke. Er hat gemerkt, dass es mir nicht gut geht und dass ich angespannt bin. Er beruhigt mich und sagt, wenn die Familie Stress macht, kann ich mich bei ihm ausweinen. Er und seine Frau sind sehr verständnisvoll und werden bestimmt gute Freunde werden.

Donnerstag, 21.11.02

5.35 Uhr, der Wecker klingelt, und das Team ist noch nicht da. Thomas geht ins Bad und ich koche Tee für uns. Er lästert, deine Fernsehleute sind schon wieder nicht in der Zeit. Genau wie in Damp, immer waren wir in Verzug. 6.10 Uhr, ich muss Patti wecken. Jetzt klingelt es. Thomas ist gleich nicht mehr so locker und Patrick verschwindet schnell im Bad. Begrüßung – Frühstücksbrote für die Kinder schmieren und die Teeflaschen füllen. Thomas verabschiedet sich und Fabi wird geweckt. Sie möchte mein Müsli zum Frühstück. Patti sagt Tschüss und ist schon etwas genervt, weil er das drei- oder viermal wiederholen muss.

Ich frühstücke mit Fabienne und sie ist sehr schweigsam, so etwas ist selten, meistens steht ihr Mund nicht still. Nach dem Frühstück ziehe ich meine Joggingsachen an und wir werden die »Dunghaufenrunde« laufen. Das Team wird mir mit dem Auto folgen. Natürlich treffen wir vor dem Haus die schrägsten Nachbarn – peinlich. Auch unser Treppenhaus ist nicht gerade vorzeigbar.

Zuerst mache ich ein paar Dehnübungen, die uns in Damp gezeigt wurden. Es ist sehr kalt, überall Reif auf den Büschen und Gräsern. Hoffentlich bekommen wir keinen Ärger mit der Polizei, denn hier darf man nur mit dem Fahrrad fahren. Zuerst laufe ich locker und entspannt, dann soll ich im hüfthohen Gras laufen. Meine Herzfrequenz steigt auf 170 Schläge pro Minute, das ist hart an der Grenze. Wenn ich mir hier einen Fehltritt leiste, bin ich raus aus dem Projekt. Außerdem würde kein vernünftiger Sportler hier joggen.

Die erste kleine Steigung macht mir zu schaffen. Ich soll vorlaufen und wieder zurück auf die Kamera zu. Also laufe ich heute die Strecke bestimmt doppelt. Schön und gut, eine Trainingseinheit weniger für diese Woche. Die Sonne geht auf und es gefällt mir sehr gut. Die Luft ist klar und frisch, aber heute kann ich meine Gedanken nicht schweifen lassen, ich muss mich zu sehr konzentrieren. Außerdem ist es recht unangenehm, wenn man ein Auto im Nacken hat. Es verleitet mich auch dazu, schneller zu laufen. Wieder zurück mache ich Entspannungs- und Dehnübungen.

Während das Team frühstückt, gehe ich unter die Dusche, räume die Waschmaschine aus und stelle den Trockner an. Nachher muss ich noch bügeln – würg.

Fabienne kommt sicher gleich mit ihren Freundinnen aus der Schule.

Natürlich kichern sie sich wieder halbtot und verschwinden schnell in ihrem Zimmer. Wider Erwarten erschallt keine ohrenbetäubende Musik. Die Kinder möchten Spaghetti zum Mittag. Während die Nudeln und die Soße köcheln, werde ich interviewt, und prompt brennt beides an.

Den Kindern schmeckt es trotzdem.

Auch zur Arbeit werde ich begleitet. Die Kolleginnen sind etwas angespannt, denn sie sind noch nicht so an die Kamera gewöhnt wie ich. Sie bewundern, wie locker und natürlich ich mich bewege. Kein Wunder, irgendwann lernt man die Kamera auszublenden.

18 Uhr, das Team holt mich ab und filmt noch ein bisschen. Jetzt sind alle viel lockerer. Dann begleiten sie mich und meinen Mann ins Fitnessstudio. Vom Studio bekomme ich ein T-Shirt mit großem Namensaufdruck. In den Umkleiden wird getuschelt. Ein Filmteam ist anwesend! Einige überlegen ernsthaft, wie sie sich in den Vordergrund spielen können.

An der Rudermaschine mache ich mein Aufwärmtraining. Thomas geht auf den Crosstrainer. Immer wieder werden mir komische Blicke zugeworfen. Warum wird gerade die gefilmt? Mit der Figur? Überall Fragezeichen auf den Gesichtern der »Muckimänner«. Hartnäckig drängen sie sich um die Maschinen neben mir, sie wollen unbedingt gefilmt werden. Ein paar Typen belagern ein Gerät, um den Rückenstrecker zu trainieren. Da sie nur herumstehen und quatschen, frage ich, ob ich jetzt drankommen könnte. Sie mustern mich kritisch. Einer lässt einen Machospruch los. O.k., ist ja nur Show, sie wird in einer Minute fertig sein. Ich bin genervt und kontere, dass ich hier ernsthaft trainiere, auch wenn eine Kamera dabei ist. Typischer Schwachkopf! Er hat nicht mal Muskeln. Sieht eher nach einem Männerstammtisch aus. Wir ziehen unser Programm durch und gehen duschen. In den Umkleiden müssen Thomas und ich immer wieder erklären, wieso, weshalb und warum ich gefilmt wurde.

Zu Hause haben die Kinder schon den Abendbrottisch gedeckt. Ich bin fertig und möchte eigentlich nur noch ins Bett. Aber wir sollen noch einmal unser Gespräch über die neue Rollenverteilung in der Familie für die Kamera wiederholen. Die Kinder sind jetzt auch entspannt und beteiligen sich lebhaft an dem Gespräch. Thomas meint, es sei eher eine Gerichtsverhandlung als ein Gespräch, und leitet das Thema durch geschickte Fragen langsam auf den Schulalltag über. Es ist schon wieder 21.30 Uhr, und die Kinder müssen ins Bett.

Freitag, 22.11.02

Nach dem Frühdienst bin ich groggy. Eigentlich müssten die Wochenendeinkäufe erledigt werden. Ich möchte nicht, ich ziehe die Telefonstecker aus der Wand und gehe schlafen. Um 15.30 Uhr wache ich von Geklapper auf. Thomas räumt den Geschirrspüler aus, hat Tee gekocht, nimmt mich in den Arm, und ich habe kein schlechtes Gewissen. Geht doch! Anschließend gehen wir zusammen einkaufen, morgen habe ich auch noch Notdienst in der Praxis. Und Sonntag schon wieder Fototermin mit der »Running«-Zeitschrift. Wann komme ich nur dazu, weiter zu schreiben? Der Tag müsste mindestens 48 Stunden haben. Hoffentlich spielt sich bald alles ein. Im Briefkasten ist das neue »Running«-Heft mit einem zweiseitigen Artikel über uns. Nett geschrieben und tolle Fotos aus Damp. Ich bin stolz, dass ich dazugehöre, das muss ich mir immer wieder sagen. Plötzlich schießt mir wieder der Gedanke durch den Kopf: Du bist dabei, du hast es geschafft und ich freue mich riesig. Auch wenn ich oft erschöpft bin, durchströmt mich ein Glücksgefühl und ich bin wieder obenauf. Meine Mutter ruft an und schimpft über den Stress, den ich mir mache. Warum besuchen sie euch zu Hause? Doch »Big Brother«, oder was? Bekommst du wenigstens Geld dafür? Nein, sie begreift nicht, dass ich das für mich mache und froh sein kann, dass ich dabei bin. Ich wusste ja vorher schon, dass es recht anstrengend werden würde. Ich werde es schaffen, denn ICH WILL!!

Samstag, 23.11.02

Ich habe einen Hänger! Vielleicht war der Notdienst zu anstrengend? Ich fühle mich allein gelassen. Wo sind die individuellen Trainingspläne? Mit welcher Herzfrequenz sollen wir trainieren? 14 Tage sind um und keine Nachricht aus Damp. Im Dezember wird das Training schon gesteigert, und ich weiß nicht, mache ich zu wenig oder zu viel. Ich verschicke eine E-Mail an alle »Familienmitglieder« (die Familie aus Damp) und hoffe auf baldige Nachricht. Vielleicht können sie mich wieder aufbauen.

Nach einigen Minuten schon ein erster Anruf. Ausgerechnet Anna-Freda, die Zugeknöpfte gibt mir Zuspruch und muntert mich auf. Sie hat die gleichen Probleme und ist auch ein wenig von der Organisation enttäuscht. Wir spenden uns gegenseitig Trost und kichern wie Schulmädchen. Natürlich reden wir auch über Damp. Unsere Männer ermahnen uns, nicht über die anderen zu tratschen. Vielleicht werden wir doch noch Freundinnen.

Sonntag, 24.11.02

Wir sind auf dem Weg zu Mücke. In seinem Wohnzimmer ist schon ein Tross von ca. acht Leuten versammelt. Sie gucken gerade die Aufzeichnung vom NDR über Anna an. Leider hatte ich den Videorecorder falsch programmiert und wir konnten die Sendung zu Hause nicht sehen. Alle begrüßen uns freundlich, ein herzliches Hallo, als ob wir schon immer dazugehören. Mücke hat schon sechs Kilo runter, im Gesicht wirkt er schmaler. Auch Jens Bodemer von »Running« ist dabei. Wir laufen eine Runde und Mücke legt zwei Gehpausen ein, aber das ist o.k. Seine Freunde, alle unterschiedlich fit, nehmen sich zurück oder schwitzen mit ihm, je nach körperlicher

Verfassung. Schließlich müssen wir uns einander anpassen. Damit habe ich keine Schwierigkeiten, aber natürlich bin ich ganz tief in mir ein wenig stolz, dass ich schon relativ fit bin. Nun ja, schließlich umgeben mich zu Hause nur routinierte Läufer, und ich habe etliche Kilo weniger drauf als er.

Anschließend schmeißt Mücke den Grill an. Es gibt Würstchen, Backkartoffeln, Quark und gedünsteten Fisch. Alles schmackhaft und gesund. Natürlich auch Apfelsaftschorle. Alles in allem war es ein netter Event, und alle hoffen, dass wir das bald wiederholen.

Dreimal die Woche Lauftraining und zweimal Fitness ist ganz schön heavy. Aber was macht man nicht alles, um mit den anderen nach New York zu fahren. Frank hat endlich die CD von seiner »Knacki-Band« geschickt, er arbeitet im Gefängnis und betreut dort eine Band. Dazu noch ein Video. Hätte nicht gedacht, dass die so gut und sympathisch rüberkommen. Schöne Aufnahmen dabei, hoffentlich werden wir auch so toll dargestellt. Ich habe immer noch Angst, dass die mich und meine Familie als »Asos« darstellen, weil wir im Märkischen Viertel wohnen. Da bestehen bei vielen noch Vorurteile.

Endlich sind die persönlichen Unterlagen aus Damp gekommen. Jetzt kann ich mit meiner richtigen Herzfrequenz trainieren. Komisch, habe ich aus dem Gefühl heraus schon getan. Also kann man sich doch ganz gut auf sein Gefühl verlassen. Ansonsten bin ich so gesund, dass es schon beängstigend ist. Alle Werte innerhalb der Norm. Prima, dann kann ich ja richtig loslegen.

Freitag, 29.11.02

Ein Brief vom Laufmagazin »Running«. Ich bin als Teilnehmerin des Projekts »Von Null auf 42« Gegenstand des öffentlichen Interesses geworden, und als »relative Person der Zeitgeschichte« soll ich eine Einwilligungserklärung abgeben, dass ich im sachlichen und räumlichen Zusammenhang mit dem Projekt fotografiert und abgebildet werden darf.

Eigentlich bin ich wie immer, und die Öffentlichkeit hat mich zum Glück noch nicht zur Kenntnis genommen.

Montag, 02.12.02

Jetzt im Dezember wird das Training auf vier- bis fünfmal die Woche gesteigert. Das bedeutet für mich jeden Tag Sport, Laufen oder Fitness. Ich habe schon drei Kilo abgenommen, obwohl ich nicht gehungert habe. Im Augenblick bin ich mental schlecht drauf. Das Laufen macht keinen Spaß, und ich muss mich ziemlich heftig überreden, überhaupt zu trainieren. Gestern habe ich ernsthaft überlegt zu schummeln. Wer merkt denn schon, wenn ich nicht laufe. Aber als ich die E-Mails abgefragt habe, hatte ich eine Nachricht von Anna. Sie schafft schon eine Stunde. Das bekomme ich auch schon hin, nur die Lust fehlt. Das ist jetzt wie ein Tritt in den Hintern. Also los. Ich dope mich mit einer Hand voll Gummibärchen und laufe los. Wenn ich erst einmal meinen Trott gefunden habe, läuft es ganz von selbst. Aber auch am nächsten Tag überlege ich zu schwänzen. Bin ich denn verrückt, wenn ich jetzt schon schummle, merkt es Dr. Wessinghage garantiert beim nächsten Check-up. Da hilft alles nichts. Ich habe noch ca. 50 Wochen vor mir. Die Kinder haben in den letzten Tagen eine unausgeglichene Mutter und Thomas eine ewig schlappe und müde Frau. Irgendwie bin ich wie gelähmt. Mein Tag scheint im Zeitlupentempo abzulaufen. Trotzdem reicht es hinten und vorne nicht, um alles zu schaffen, was ich mir vorgenommen habe. Dieses Jahr habe ich noch nicht einmal Weihnachtsgeschenke eingekauft. Das ist sonst immer schon im November erledigt gewesen. Heute bin ich nach dem Laufen einfach wieder ins Bett gegangen und habe geschlafen, bis ich zur Arbeit musste. Außerdem habe ich immer wieder leichte Beschwerden in der linken Hüfte. Es gibt keine Fortschritte. Meine Herzfrequenz verbessert sich nicht und schneller werde ich auch nicht. Es ist alles so frustrierend. Vielleicht bin ich auch nur zu ungeduldig? Als ich nach Hause kam, hatten die Kinder schon gesaugt und abgewaschen. Das hat mich gefreut, und doch hatte ich ein schlechtes Gewissen.

Die Kolleginnen sagen zwar, ich sei ruhiger und ausgeglichener, aber davon merke ich nichts. Wahrscheinlich bin ich nur zu müde, um zu motzen.

Endlich ist die Polar-Pulsuhr von Thomas Wessinghage eingetroffen, nun ja, eigentlich hatte ich ein etwas besseres Modell erwartet. Da die Polar-Beat nur die Herzfrequenz anzeigt, muss man zusätzlich noch eine Stoppuhr am anderen Arm tragen, das ist etwas lästig.

Michael hat eine E-Mail geschickt. Er darf nicht mehr trainieren, denn er hat eine Herzmuskelentzündung. Eigentlich gut für ihn, dass wir so gründlich untersucht wurden. Vielleicht hätte er es zu spät bemerkt, jetzt kann er sich auskurieren. Natürlich ist es traurig, wenn er uns nicht nach New York begleiten kann. Wir sollen am Ball bleiben und für ihn trainieren. Komisch, sein Pech hat mich neu motiviert, heute bin ich meinen Rundkurs fast neun Minuten schneller gelaufen. Vielleicht schafft er es trotzdem und holt uns noch ein. Ich wünsche ihm, dass er gesund wird und wieder bei uns einsteigen kann.

Freitag, 06.12.02

Heute habe ich große Probleme mit der Muskulatur im linken Hüftgelenk. Es schmerzt bei jedem Schritt. Thomas hat sich zu meinem Personal-Trainer aufgeschwungen und sagt, ich soll die Schmerzen ignorieren, irgendetwas wird immer zwicken, und wenn man Rücksicht darauf nimmt, würde man nie mehr laufen können. Also beiße ich die Zähne zusammen und absolviere mein Programm. Wir sind wieder eine Minute schneller, aber auch die warme Dusche lindert die Beschwerden nicht. Abwarten, mit Dolobene-Gel eincremen und auf der Couch lümmeln, dann kann ich morgen vor dem Frühstück hoffentlich wieder laufen.

Pech gehabt, heute Morgen sind die Schmerzen so stark, dass ich kaum aus dem Bett komme. Thomas verbietet mir das Joggen. Ich habe schlechte Laune, weil ich nicht trainieren kann. Am späten Nachmittag hat Thomas ein Einsehen und wir gehen zum Fitness. Bei den Übungen habe ich keine Beschwerden, nur wenn ich Treppen steige. Anschließend gehen wir noch zur Entspannung in die Sauna. Ich schicke eine E-Mail an Thomas Wessinghage und Dr. Riebe und erbitte Rat, ob und wie ich weiter trainieren darf.

Sonntag, 08.12.02

Thomas ist schon mit seiner Truppe beim Joggen. Ich bin immer noch müde, reiße mich aber zusammen und springe in die Trainingsklamotten. Quatsch, von Springen kann keine Rede sein, ich quäle mich in die Sachen. Draußen ist es saukalt, das Thermometer zeigt –5°C. Ich werde meine Beschwerden ignorieren und ganz langsam laufen. Nach ca. 2 km treffe ich Thomas mit seiner Gruppe, er verabschiedet sich von den Kumpels und schließt sich mir an. Die Stimmung zwischen uns ist angespannt. Nachdem er mich schon gestern mit Ratschlägen überschüttet hat, natürlich nur zu meinem Wohl, bin ich genervt. Er meint es sicherlich gut und will mich unterstützen, aber ich kann es nicht ertragen, wenn ich irgendetwas nicht unter Kontrolle habe, und jetzt habe ich keine Kontrolle über meinen Körper. Misstrauisch beobachtet er mich, ob ich mich auch nicht übernehme oder zu schnell laufe. Ich ignoriere ihn und bin stur, weiche jeder Konversation aus. Er entschuldigt sich, dabei bin ich doch der »Stänker«. Nach 25 Min. muss ich die erste Gehpause einlegen, der dumpfe Schmerz wird immer stärker. Er rät mir zum Abbruch, doch stur, wie ich bin, beginne ich wieder zu traben. Shit, nach 5 Min. schon wieder eine Gehpause. Es hat keinen Sinn. Frustriert kehre ich um, Tränen laufen über mein Gesicht. Wenn er jetzt irgendetwas sagt, bringe ich ihn um. Sein Glück, er schweigt und läuft ruhig neben mir her. Der Wind ist eisig, genau wie meine Stimmung.

Nach einem heißen Bad wird es auch nicht besser. Ich rufe in Damp an. Man rät mir zu Aqua-Jogging und Elektromassagen. Toll, als Otto Normalverbraucher wird mir kein Arzt zum Jahresende so etwas auf Rezept verordnen. Die Budgets sind doch schon längst überzogen.

Draußen ist herrlicher Sonnenschein, am liebsten würde ich mich im Bett verkriechen, eine Tasse heißen Kakao trinken und mich mit meinen heißgeliebten Gummibärchen trösten.

Thomas hat anscheinend den sechsten Sinn, umgehend serviert er mir heißen Kakao. Da keine Gummibärchen da sind, ich wollte ja abstinent werden, tröste ich mich zusätzlich mit Schokolutschern.

Montag, 09.12.02

Ich gehe erst einmal zum Arzt. Ich erzähle von dem Projekt, er nimmt sich richtig Zeit, obwohl ich keinen Termin habe. Nach einer eingehenden Untersuchung und einem Ultraschall bekomme ich Tabletten und den Rat, nur ganz langsam und schonend zu trainieren. Ein Muskelansatz am Oberschenkel ist überanstrengt.

Eine E-Mail von Herrn Schlenker, ich soll die »Damper« sofort telefonisch kontaktieren. Dr. Riebe rät mir, mit dem Training auszusetzen, bis die Schmerzen weg sind. Ich bin verstimmt, die anderen mailen, wie prima es läuft, dass sie schon eine Stunde schaffen, und ich sitze zu Hause und bade in meinem Leid.

Ich bin zickig, zudem muss ich diese Woche voll arbeiten, hätte also sowieso keine Zeit zum Trainieren, trotzdem mache ich mir und den anderen das Leben schwer. Thomas weiß schon gar nicht mehr, wie er mich behandeln soll. Spendet er mir Trost oder macht er seine Scherze, alles bekomme ich in den falschen Hals. Die Krise ist bei meinem Sturkopf vorprogrammiert. Die Kinder bemerken den Stress, seilen sich immer öfter ab und übernachten bei Schulfreunden. Toll, jetzt vertreibe ich schon die Kinder!

Um Streit oder der Aussprache aus dem Weg zu gehen, verabschiede ich mich immer früher und gehe ins Bett. Kommt Thomas nach, gehe ich wieder nach unten und schaue fern.

Ich fühle mich nicht wohl in meiner Haut und mein Mann sicherlich auch nicht. Ich müsste wieder einmal in meinem Buch »Männer sind anders, Frauen auch« lesen. Vielleicht gibt es da ja eine Gebrauchsanweisung, wie ich aus dieser Sackgasse herauskommen kann?

Freitag, 13.12.02

Eine E-Mail: ein Neuer an Bord. Dieter heißt er, und er kommt aus dem Schwarzwald. Ein Bierbrauer, schade, ein Gummibärchenhersteller oder ein Chocolatier wäre mir lieber. Aber er sieht nett aus und hat eine freundliche Art, sich anzumelden.

Samstag, 14.12.02

Nach einer Woche Pause laufe ich mit Thomas eine kleine Runde in gemäßigtem Tempo. Es ist saukalt, –5°C, vor lauter Kälte spüre ich meine Oberschenkel nicht. Trotzdem lausche ich nach innen, um ja kein Muskelzucken zu verpassen. Auch Thomas beäugt mich misstrauisch und erkundigt sich alle fünf Minuten nach meinem Befinden.

Er will sicher nur mein Bestes, aber er nervt. Noch vor dem Frühstück eskaliert unser Streit, und ich verlasse wütend die Wohnung. Nur weg! Keinen mehr sehen! Kein Mitleid! Keine Kritik und keine Aufmunterung. Ich brauche eine Auszeit. Schade, vor mir kann ich nicht davonlaufen. Ich fahre zu meiner Mutter. Wir frühstücken zusammen, hier treffe ich auch meinen Bruder, lade meinen Frust ab und bekomme endlich weder Mitleid noch Trost. Manchmal braucht man eben nur einen Zuhörer, der weder urteilt noch berät. Anschließend mache ich noch einen Einkaufsbummel. Gegen 18.00 Uhr bin ich wieder zu Hause.

Auf meine Bitte hin hat Thomas seine Gefühle und Gedanken zu Papier gebracht: *Iris, es sind jetzt erst knappe sechs Wochen. Die harten Zeiten bei der Marathon-Vorbereitung kommen erst noch. Und doch haben wir jetzt schon ständig Streit. Deine Reaktionen verunsichern mich. Sage ich etwas, ist es oft das Falsche, sage ich nichts, ist es auch nicht richtig. Ich habe zwar damit gerechnet, dass das Projekt unsere Beziehung auch belasten wird, jedoch nicht schon so schnell. Aber wir sollten trotz aller Belastung die positiven Dinge aus der Situation ziehen.*

Zunächst einmal, und das sage ich nicht nur einfach so daher, bin ich sehr sehr stolz auf dich, dass du dich überhaupt für dieses Projekt beworben hast. Dass du es dann auch geschafft hast, unter die letzten Sechs gekommen zu sein, hat mich auch sehr glücklich gemacht. Ich bewundere dich auch dafür, wie souverän du mit den Medien umgehst, auch wenn du immer sagst, dass du es eigentlich gar nicht gut findest. Du machst das sehr gut. Ich könnte das nicht. Ich denke auch häufig bei mir, dass dir bestimmte Dinge eigentlich selbst gut gefallen, aber aus welchen Gründen auch immer, du zu dir selbst sagst – das gehört sich nicht, das darf so nicht sein – und es dann nach außen hin ablehnst. Ich denke, du solltest zu deinen Gefühlen und Empfindungen stehen.

Wir haben ja noch nicht gemeinsam das Buch zu Ende gelesen, »Männer sind anders, Frauen auch«, aber wir sollten es unbedingt tun.

Worüber ich mich auch sehr ärgere: Deinen Motivationsbrief und auch deine Äußerungen zur Motivation für das Projekt hatte ich etwas anders verstanden, als es jetzt für mich rüberkommt. Bei deinem Telefonat für das Interview ist es mir wieder deutlich aufgefallen und hat bei mir großes Unbehagen ausgelöst. Innerlich war ich ganz schön wütend. Es liegt vielleicht auch an der ganzen gegenwärtigen Situation, und objektiv betrachtet ist es vielleicht nicht so, wie ich es empfinde oder werte.

Ich hatte deine Motivation so verstanden: Erstens hättest du immer wieder ganz persönlich festgestellt, dass man anscheinend in der Gesellschaft als Über-vierzig-Jährige als nicht mehr leistungsfähig angesehen wird – deutlich würde dies für dich immer wieder bei der Suche nach einem Job – und dadurch habe dein Selbstwertgefühl gelitten. Über den Marathon könntest du der Gesellschaft und nicht zuletzt dir selbst beweisen, dass man auch in deinem Alter sehr wohl leistungsfähig sei. Zweitens hättest du das Gefühl, immer nur für andere da sein zu müssen, insbesondere für die Familie. Eigene Interessen hättest du deshalb immer zurückgestellt. Dadurch seiest du selbst unzufrieden und wolltest versuchen, dir über das Projekt endlich die Freiräume zu nehmen, die du bisher nicht zu nehmen gewagt hättest. So wie du auch geschrieben hast – dich freizulaufen.

Für mich kommt es jetzt aber so rüber, als wenn ich dir diese Freiräume nie zugestanden hätte, sondern über dich bestimmen und dich kontrollieren würde. Ich dir also überhaupt keine Möglichkeit gegeben hätte, dich zu entfalten. Ich also der typische Macho bin. Mich von vorne bis hinten bedienen lasse und nur meinen Interessen fröne, während sich meine Frau für die Familie abrackert.

Ich habe dir immer wieder gesagt, wie wichtig es ist, auch mal alle Viere gerade sein zu lassen. Ich meine auch, dich immer wieder ermuntert zu haben, eigene Hobbys wahrzunehmen. Ja, sicherlich auch mit mir zusammen. Ich bin ja auch gern mit dir zusammen.

Es ist, so meine ich jedenfalls, ein Gefühl von dir und nicht objektiv so, dass du dich »unter mir« nicht entfalten konntest.

Es wäre schön, wenn es bei den Interviews auch so rüberkäme. Gerade jetzt verstehen wir uns ständig miss. Ich stehe zu dir, das sage ich dir nicht erst heute, sondern habe es dir schon ach wer weiß wie oft gesagt. Ich höre dann nur von dir – und du denkst es jetzt wahrscheinlich auch, während du die Zeilen liest –, aber ich merke nichts davon.

Doch, doch, ich stehe zu dir, aber ich will auch für dich das Beste – aus meiner Sicht. Es ist wahrscheinlich nicht die gleiche Sichtweise, die du hast. Es ist aber für mich unwahrscheinlich schwer, wenn irgendetwas aus meiner Sicht gut ist oder zu sein scheint, nachzugeben. Ich glaube, darin sind wir uns auch sehr ähnlich. Ich will mal an ein paar Beispielen versuchen klarzumachen, obwohl es sehr sehr schwierig für mich ist, das, was ich so empfinde, auch in die richtigen – nicht falsch zu interpretierenden – Worte zu fassen, was ich meine.

Freude, das ist auch so eine Sache.

Mensch, du hast es geschafft. Und ich denke bei mir, sie müsste sich doch freuen. Mit stolz geschwellter Brust durch die Welt gehen, vor Selbstbewusstsein strotzend. Aber nichts von dem. Und ich überlege, woran das liegt. Ein Grund könnte natürlich sein, schaffe ich es auch, wobei eine große Unsicherheit mitschwingt und die Freude nicht nach außen kommen kann. Vielleicht Selbstzweifel, habe ich mir zuviel zugemutet – oder mute ich der Familie zu viel zu? In dieser Beziehung kann ich dich beruhigen. Ich habe dir schon häufig gesagt, sei egoistischer! Die Kinder sind groß genug, die brauchen nicht immer bemuttert zu werden. Das (und ich lächle innerlich) hast du bei mir immer bemängelt, dass meine Mutter immer alles für mich getan hat. Jetzt machst du es aber ähnlich.

Ich bin auch häufig zu ungeduldig und mache es dann anstelle der Kinder selbst, aber richtig ist es nicht. Die Kinder lernen nur dann, wenn sie es selbst tun. Gleiches gilt für mich. Ich habe kein Problem damit, beispielsweise zu bügeln. Ich biete es dir auch öfter an. Du lehnst dann ab oder machst es dann zu einer Zeit selbst, wo ich nicht da bin oder nicht kann. Nehme es doch einfach an. Wenn ich es nicht machen wollte, würde ich es nicht anbieten. Nimm es einfach an. Du wirst nach ein paarmal merken, dass es gar nicht so schwer ist.

Genau das Gleiche gilt bei den Kindern. Räume ihnen nicht alles hinterher. Nur wenn sie merken, dass nicht alles wie von Geisterhand hinter ihnen hergeräumt wird – Frühstücksboxen und Trinkflaschen wie selbstverständlich abgewaschen werden, werden sie es selbstständig erledigen. Es kostet dich – wie ich auch häufig zu merken glaube – Überwindung, Dinge einfach mal liegen zu lassen oder dich einfach hinzulegen. Mach es, habe kein schlechtes Gewissen – du wirst sehen, das mit dem schlechten Gewissen legt sich. Vielmehr wirst du dich dann besser fühlen. Und dich freuen, wenn die Kinder oder auch ich von selbst Sachen erledigen.

Das ist doch deine Motivation zur Teilnahme an diesem Projekt: Dich abzunabeln, mal für dich selbst zu sein. Ohne schlechtes Gewissen. Ich möchte dir dabei helfen.

Und ich sage dir, du schaffst es. Wenn ich an meine ersten Läufe zurückdenke – drei Kilometer, und ich war total kaputt, habe gejapst. Wenn ich oben am Blankenfelder Berg angekommen war, musste ich gehen, weil ich nicht mehr konnte. Und es hat Wochen, wenn nicht sogar Monate gedauert, bis ich die Strecke, die du schon nach kurzer Zeit geschafft hast, in einem Stück bewältigen konnte. Ich hätte nicht geglaubt, dass du innerhalb so kurzer Zeit 8 km durchlaufen kannst. Auch wenn du jetzt einen Rückschlag hast, du stehst am Anfang. Ich glaube fest an dich und will dich unterstützen. Auch dabei solltest du kein schlechtes Gewissen haben. Glaube mir, es kommt mir sehr darauf an, dass es dir gut geht, dass du glücklich bist. Dann bin ich es auch. Wenn ich dich strahlen sehe und ich merke und sehen kann, dass du dich freust, mich zu sehen. Das habe ich in den letzten zwei Wochen nicht immer so empfunden. Hat aber sicherlich seine Ursache darin, dass du wegen der Verletzung usw. mit dir selbst unzufrieden warst. In dieser Phase hast du mir das Gefühl gegeben, dass ich an dieser Situation schuld sei. Äußerungen wie »Du hast ja gesagt, ich soll die Schmerzen ignorieren und weiterlaufen« haben das noch verstärkt. Ich wäre doch ein Idiot, wenn ich dich zum Training anhalten würde, wenn ich wüsste, dass es dir schadet.

Meine Reaktionen daraufhin – ich mische mich nicht mehr ein, sage gar nichts mehr dazu, ich halte mich ab jetzt aus allem raus, mach du dein Ding – sind Trotzreaktionen und helfen auch nicht weiter, sondern verschlimmern alles nur noch. Ich bin in diesen Momenten aber so gefrustet, Worte von mir drehst du um oder liest nur die negativen Dinge heraus, dass ich so reagiere. Im nächsten Moment bereue ich es aber auch und entschuldige mich dafür. Dies nimmst du aber oft nicht an, sondern haust von dir aus Gehässigkeiten raus. Und das schaukelt sich dann in einer Art hoch, die uns beide traurig und das Miteinander nicht besser macht.

Mensch, <u>du</u> (wir) hast (haben) die Chance, etwas ganz Außergewöhnliches zu erleben! Das sollten wir, bei allem Stress – und der wird bestimmt noch zunehmen – genießen. Trotz aller Anstrengungen, die noch notwendig sein werden, trotz Enttäuschungen vom Team, solltest du dir immer wieder sagen: Ich, ich Iris Gehrmann, ich und nicht eine andere – ist ausgesucht worden unter tausenden von Leuten, die vielleicht reicher oder ärmer, interessanter oder uninteressanter, hübscher oder hässlicher, kleiner oder größer, jünger oder älter sind als ich, um für eine Dokumentation nach Amerika reisen zu können und einen Marathon laufen zu dürfen. Ich habe mich durchgesetzt, aufgrund meiner Persönlichkeit, meines Aussehens, meiner Fähigkeiten, meiner Stärken und Schwächen. Ich bin dabei. Ich habe Selbstbewusstsein und werde es auch zeigen.

Wir müssen aber gemeinsam einen Weg finden, wie wir miteinander umgehen. Bei allem, was ich sage, solltest du wissen und immer bedenken, ich meine es gut mit dir, weil ich dich liebe, ich möchte dich nicht verletzen, sondern ermuntern.

Sage mir, wie du empfindest, oder schreibe es auf. Auch ist mir wichtig – siehe eigene Verunsicherung – zu wissen, was du von mir erwartes, oder eine Rückmeldung zu bekommen, wenn ich etwas in einer bestimmten Situation für dich richtig oder im Gegenteil falsch gemacht habe. Männer wissen es nämlich nicht von selbst, sondern müssen es gesagt bekommen. Und darum bitte ich dich! Im Positiven wie auch im Negativen. So nach dem Motto, es war gut, dass du mich nicht in den Arm genommen hast oder mich nicht angesprochen hast. Wie du es in deinem Buch aufgeschrieben hast. Dann kann ich auch mein eigenes Verhalten dir gegenüber besser einschätzen.

Ich liebe dich, glaube an dich, möchte wieder mit dir lachen, möchte dich in den Arm nehmen, mit dir laufen und, und, und ...

Thomas

Ich lese seine Aufzeichnungen in Ruhe und bin gerührt aber auch erschrocken und etwas verunsichert. Nachdenklich blicke ich auf die letzten Wochen zurück. Anscheinend haben wir in der letzten Woche aneinander vorbei geredet oder uns absichtlich?! missverstanden. Beim Abendbrot gibt es dennoch Widerworte, und Thomas geht beleidigt ins Bett. Ein Missverständnis jagt das andere, die Chance zur Versöhnung ist wieder vertan.

Sonntag, 15.12.02

Thomas schleicht aus dem Schlafzimmer, um mit seinen Freunden zu joggen. Ich stehe auf, decke den Frühstückstisch und warte darauf, dass er zurückkommt. Ich schleiche um ihn rum, er duscht und nimmt mich in den Arm. Ich erkläre ihm, er soll mich festhalten, und wenn es nötig ist, loslassen. Bestimmt sehr schwer umzusetzen, aber wir werden uns beide bemühen, denn wir wollen beide, dass ich den Weg nach New York bewältige. Wir hatten schon einige Krisen und Rückschläge in unserer Beziehung, aber mit gutem Willen haben wir stets eine Lösung gefunden.

Montag, 16.12.02

Da die Beschwerden noch immer akut sind, gehe ich zum Arzt. Er meint, eine leichte Besserung sei eingetreten und ich könne langsam wieder trainieren. Ein Telefonat mit den Dampern beschert mir das gleiche Urteil.

Mittwoch, 18.12.02

Das Wetter ist klar und die Sonne scheint, –4°C. Ich freue mich aufs Laufen. Nach ca. 3,5 km starke Beschwerden, ich muss abbrechen und nach Hause gehen. Ich bin frustriert. Die »Dicken« aus unserem Team laufen und laufen, ich dagegen muss immer wieder abbrechen. Alles wird düster, plötzlich scheint die Sonne nicht mehr. Gestern beim Fitness hatte ich keine Schmerzen. Morgen werde ich also wieder zum Fitness gehen und erst Freitag wieder laufen.

Freitag, 20.12.02

Ich kann Überstunden abbummeln und verlasse die Praxis eine Stunde früher. Ich habe große Lust zu joggen. Das Wetter ist auch wieder schön. Da Thomas und Patrick Weihnachtseinkäufe machen, gehe ich allein joggen.

Schon zu Beginn bemerke ich leichten Druck in der linken Hüfte. Tapfer ignoriere ich das, versuche nicht mehr bei jedem Schritt auf meinen Körper zu hören. Nach 3 km Frust die erste Gehpause. Was ist bloß los mit mir? Km 4, ich steigere wieder langsam das Tempo, Mist, es geht nicht! Ich muss den Rest tatsächlich im Gehen zurücklegen.

Meine Männer sind noch nicht zurück. Traurig gehe ich duschen. Als Patrick und Thomas kommen, kann ich die Tränen nicht zurückhalten. Thomas versteht die Welt nicht mehr und macht sich Sorgen. Patrick streichelt mir scheu über den Kopf.

Als auch noch meine Mutter anruft, bekomme ich einen richtigen Heulkrampf. Sie fragt, warum ich mir das antue, die Gesundheit sei das Wichtigste. Ich soll pausieren und erst im Januar wieder anfangen. Aber ich will doch laufen, ich will keine Schmerzen haben, ich kann mich selbst nicht leiden. Mein Trotzkopf kommt durch und alle, obwohl sie es gut meinen, können mich mal.

Nachdem die Tränen versiegt sind und ich mich etwas beruhigt habe, rufe ich Stefanie an. Sie soll ja unsere Ansprechpartnerin sein. Vielleicht kann sie mich trösten. Sie ist sehr lieb, streichelt meine Seele und mein Ego. Es tut gut, trotzdem schwimmen meine Augen schon wieder in Tränen. Sie wird sich bemühen, mir zu helfen.

Später ruft sie zurück. Ob ich am Montag das Team empfangen würde und sie mich zum Arzt begleiten dürfen. Einen Tag vor Heiligabend, das ist sicher hart für alle, die mich begleiten sollen. Ich bin einverstanden, denn tief im Inneren habe ich eine höllische Angst, dass dies das Aus für mich sein könnte. Stefanie beruhigt mich und schlägt vor, dass ich mit einer Freundin in die Cocktail-

Bar gehen sollte. Na klar, das würde sicher ablenken, wenn auch nicht unbedingt helfen, aber ich habe noch so viel zu erledigen. Kuchen backen, Buletten braten, Geschenke einpacken und, und, und.

Samstag, 21.12.02

Ich laufe mit Thomas locker und ruhig. Die Unterhaltung lenkt mich ab, und die Schmerzen setzen erst kurz vor zu Hause ein. Die letzten 600 m muss ich wieder gehen. Ich reiße mich zusammen, schließlich will ich nicht die Heulsuse der Nation werden.

Anna-Freda ruft an. Wir sind im Internet. Unsere Seite www.Von-Null-auf-42.de ist fertig. Gespannt klicken wir sie an. Schade, ich ärgere mich, denn nicht alles, was dort über mich berichtet wird, ist richtig. So haben mich beispielsweise keine Fußgänger überholt, und ich hatte auch keine motorischen Ausfallerscheinungen. Genauso wenig habe ich meinen Mann beim gemeinsamen Training abgehängt. Jetzt weiß ich, wie sich die Leute fühlen, die in den Schlagzeilen stehen. Man soll eben nicht alles, was in der Zeitung steht oder was man im Radio hört, glauben. Anscheinend wird immer noch etwas hinzugedichtet oder verdreht.

Sonntag, 22.12.02

Ich setze das Training ausund habe den ganzen Tag über keine Beschwerden. Peinlich, jetzt kommen sie morgen, um mich zum Arzt zu begleiten, und es geht mir gut.

Montag, 23.12.02

Ich muss etwas unternehmen, also stehe ich früh auf und laufe eine kleine Runde in ungebremstem Tempo. Leichte Beschwerden, aber es ist auch sehr kalt, da merke ich die Schmerzen meistens erst nach dem Duschen. Ich halte ohne Gehpausen durch. Nach dem Duschen sind die Schmerzen wieder da. Nun ja, mal sehen, was der Arzt zu sagen hat.

Wir fahren in die Praxis eines Orthopäden. Nachdem wir uns angemeldet haben, werden wir gleich in eines der Sprechzimmer geführt. Der Arzt macht einen ruhigen Eindruck und nimmt sich anscheinend viel Zeit. Ich schildere meine Beschwerden und die bisherige Therapie, nämlich Training aussetzen und Tabletten mit dem Wirkstoff Diclofenac.

Der Arzt untersucht mich eingehend, die Lendenwirbelsäule, das Hüftgelenk und das ISG-Gelenk sind frei und ich habe keine neurologischen Ausfälle. Eine Sonographie schließt Hüft- und Trochanterregion aus. Ein kleiner birnenförmiger Muskel (Piriformis) verursacht anscheinend diese Beschwerden. Eine osteopathische Untersuchung und eine Laufanalyse bestätigen den Verdacht des Arztes: Instabiles OSG (oberes Sprunggelenk), Knickfuß beidseitig und insuffiziente Fußmuskulatur beidseitig. Klingt ja scheußlich! Bin ich ein total kaputter Freak? Nein, selbst bei trainierten Läufern spielt dieser Muskel manchmal verrückt, und Knickfuß usw. sind schon bei jedem Dritten Zivilisationserkrankungen. Also alles ist in den Griff zu kriegen. Ich bekomme Termine für eine Osteopathische Therapie. Die Osteophatie besteht in Diagnostik und Therapie aus drei Bereichen und ist eine ganzheitliche Behandlungsmethode. Das Wissen über anatomische Strukturen und deren physiologische Funktionsweisen sind unabdingbare Basis eines Osteopathen. Die Systeme im Einzelnen sind:

- *Das parietale System (Skelett und Muskeln)*
- *Das viscerale System (alle inneren Organe)*
- *Das kranio-sakrale System (Verbindung zwischen Schädel und Kreuzbein durch die Hirnhäute, Aufrechterhaltung des kranio-sakralen Rhythmus)*

Jeder Einzelne dieser Bereiche kann Ursache von Krankheiten oder Schmerzen sein, die sich mit ihrer Symptomatik jedoch nicht immer im erkrankten Bereich bemerkbar machen müssen, sondern sich (durchaus häufig) in einem anderen System manifestieren können. Leider wird oft nur an den Symptomen gearbeitet, statt der Ursache des Problems nachzugehen. Hier also wird nicht nur der Schmerz behandelt, sondern die Ursache für meine Beschwerden gesucht. Als Sahnehäubchen bekomme ich zur ersten Erleichterung eine dicke fette Spritze gegen die Schmerzen in den Allerwertesten. Auuutsch!! Ich glaube, alle und nicht nur mein Mann haben mit mir gelitten. Das morgige Weihnachtsfest ist gerettet. Ich kann weiter trainieren, soll mich aber etwas schonen und die ganze Sache langsamer angehen. Nun bin ich heilfroh. Denn mittlerweile wäre eine Welt für mich zusammengebrochen und ich wäre ins Bodenlose gefallen. Meine Familie hätte Schwerstarbeit leisten müssen, um mich wieder aufzufangen.

Auch Dr. Thomas Wessinghage gibt telefonisch sein Okay. Er wird mir ein paar Übungen zum Muskelaufbau zuschicken und verspricht mir, dass alles gut wird. Ein Stein fällt mir vom Herzen. Jetzt kann Heiligabend kommen. Ansonsten hätte ich mich wieder völlig eingeigelt und Weihnachten im Bett verbracht.

Jetzt gefällt mir auch der Baum, den die Kinder geschmückt haben, die Kerzen leuchten festlich und ich komme so langsam in Weihnachtsstimmung. Das Filmteam fährt ab und irgendwie ist plötzlich alles wunderbar. Ich hatte schon befürchtet, das wäre das Aus für mich.

Von Thomas bekomme ich zu Weihnachten drei Schachteln, die ineinander passen. Zuerst öffne ich die kleinste, ein lieber Brief, in dem er mir mitteilt, dass es ein besonderes Jahr für uns alle sein wird, er mich voll und ganz bei meinem Marathonprojekt unterstützt und dass er mir seine ganze Liebe schenkt. Anbei noch ein kleiner Marzipanweihnachtsmann. In der nächstgrößeren Box finde ich Motivationsbärchen (Gummibärchen), für jeden Kilometer einen, und in der letzten größten noch mehr Motivationsbärchen, denn auch die Trainingskilometer müssen überstanden werden.

Die Kinder schenken mir Wellness-Tees und Entspannungsschaumbäder, denn auch Relaxen will gelernt sein.

Es ist schön, dass wir Protagonisten alle regen E-Mail-Kontakt miteinander hegen. Wir informieren uns über unsere Wehwehchen oder den Trainingsstand, Tiefen und Höhen.

Mittwoch, 25.12.02

Feiertag! Gaaanz langsam und vorsichtig laufe ich eine kleine Runde vor dem Frühstück. Ich lausche auf meine Muskeln. Kein Schmerz. Irgendwie bin ich recht ängstlich.

Donnerstag, 26.12.02

Auch ein kleiner ruhiger Lauf. Thomas dehnt meinen Piriformis, den bereits erwähnten, kleinen birnenförmiger Muskel in der Hüftregion. »Siehst du, jeder Arsch kommt ins Fernsehen. Sogar deiner.« Na ja, charmant wie immer, schließlich kennen wir uns schon ein paar Jährchen und ich habe mich an seinen Humor gewöhnt.

Freitag, 27.12.02

Ein Päckchen vom SWR. Super! T-Shirts, Laufschuhe, Winter-Tight und eine schöne Jacke von unserem Sponsor. Abends gehen wir zum Fitness und ich habe keine Beschwerden während des Trainings. Nehme jetzt aber die Dehnübungen vor und nach dem Sport sehr ernst.

Samstag, 28.12.02

Der erste längere Lauf seit drei Wochen. Kein Eis mehr, mildes Wetter, 5°C. Ich bin sehr unsicher, doch Thomas begleitet mich und das lenkt mich ab. Unser Tempo ist gemäßigt, wir können uns locker unterhalten Ich genieße diesen schönen ruhigen Lauf, erfreue mich an der Natur und bin glücklich. Ich halte ohne Gehpause durch. Die Post war auch da. Ein tolles Buch vom »Knacki«, so nennen wir Frank in der »Familie«, dann weiß jeder, wer gemeint ist. Es ist von Peter Becker, der mehrmals den Marathon im BIG APPLE absolviert hat, Tipps gibt und über seine Erfahrungen berichtet. Natürlich schwinge ich mich gleich in alter Manier (Tee und Naschereien in Reichweite) aufs Sofa und lese es in einem Rutsch durch. Er beschreibt auch viele kleine Anekdoten vom Randgeschehen und weckt so mein Interesse.

Silvester

Wir feiern bei unseren Freunden Elke und Thomas. Diesmal wird nicht gekocht, wir haben ein exotisches Büfett zusammengestellt. Jeder bringt etwas mit. Morgens um 2.30 Uhr verabschieden wir uns, denn wir wollen am Berliner Neujahrslauf teilnehmen, der traditionell am Brandenburger Tor beginnt, und so mein »Laufjahr« positiv einläuten.

Pech!! Ich habe Halsschmerzen, Kopfschmerzen und eine dicke Erkältung. Anscheinend war es doch ein bisschen sehr kalt, als wir uns zum Knallen und Anstoßen auf der Wiese vor dem Haus zusammengefunden haben. Thomas geht allein zum Lauf. Ich nehme ein Erkältungsbad, trinke heißen Tee und verkrieche mich in meinem Bett.

Freitag, 03.01.03

Ich bin ich wieder so weit, dass ich mit dem Training fortfahren kann. 8 km in einer Stunde. Ich habe das Gefühl, meine Beine kleben am Asphalt. Vor meinen Augen sehe ich rote und grüne Spiralen. Silvester ist doch schon vorbei. Oder habe ich was verpasst? Das ist wohl mein Kreislauf, der nur schlecht in Schwung kommt. Diese Strecke laufe ich sonst locker durch, heute jedoch muss ich eine Gehpause einlegen, und die Kilometer ziehen sich dahin. Heute glaube ich weniger denn je, dass ich den New York Marathon bezwingen werde. Die Zehn-Kilometer-Barriere scheint für mich unerreichbar und der Marathon in weiter, weiter Ferne. Ich habe es dann doch noch geschafft, in dieser Woche 28 km zu laufen, aber ich habe mich wirklich gequält, von Freude und Glückshormonen keine Spur.

Mal war der Boden seifig (Tauwetter), dann wieder überfroren oder von Neuschnee bedeckt. Ich habe zum ersten Mal seit Trainingsbeginn Muskelkater in den Oberschenkeln und in den Fußsohlen. Thomas meint, das kommt vom unsicheren Boden, so müsste ich immer die Bewegungen ausgleichen und würde mich verspannen.

Montag, 06.01.03

Wieder Neuschnee, nachdem die Kinder in der Schule sind, gehe ich laufen. Die Wege sind noch unberührt, keine Fußspuren und eine himmlische Ruhe. Ich genieße diese langen einsamen Trainingseinheiten, hänge meinen Gedanken nach und entspanne total. Einmal schnellt meine Herzfrequenz in die Höhe, ein riesengroßer Hund verstellt mir den Weg, und ich muss durch tiefes Gebüsch und über den Bahndamm klettern, um ihn zu umgehen. Doch schnell finde ich zu meinem Rhythmus zurück. Die schneebedeckten Bäume und Büsche sehen aus wie im Märchen und lassen mich meine Qual vergessen. Ich schaffe meinen Kurs ohne Gehpause und finde mein inneres Gleichgewicht wieder.

Mittwoch, 08.01.03

Das Wetter ist trübe und meine Stimmung auch. Mühsam ernährt sich das Eichhörnchen. Die Gefühle fahren Achterbahn, und die Stimmung wechselt fast täglich. Ich warte immer noch auf den »Kick«, von dem alle Läufer berichten. Aber ich bleibe dran.

Donnerstag, 09.01.03

Heute super Wetter, zwar -13°C, aber viel Sonne. Die Bäume und Sträucher sind vom Frost erstarrt. Der puderzuckerige Schnee glänzt, und ich bin total geblendet, im MD-Player habe ich tolle Musik. Ich laufe meine 6,6 km wie in Trance. Meine durchschnittliche Herzfrequenz liegt bei 160 und ich bin pro Kilometer 6,32 Min. gelaufen. Ich bin glücklich und stolz. Hoffentlich hält meine Euphorie diesmal etwas länger an.

Freitag, 10.01.03

Heute habe ich den ersten Termin beim Osteopathen. Er erklärt mir, dass meine Fußmuskulatur zu schwach ist, dadurch würde ich mit dem Knie Ausweichbewegungen machen, die zu den Problemen (Schmerz) in der Hüfte führen. Er zeigt mir Übungen, um die Fußmuskulatur zu stärken (Fuß verkürzen, d.h. Zehen ankrallen und auf die Zehenspitzen gehen). Durch myofasciale Techniken werden meine Verklebungen im Bindegewebe und in der Muskulatur beseitigt. Ich habe vollstes Vertrauen zu meinem Therapeuten und verstehe nicht, warum die Osteopathie, obwohl international anerkannt, nur in Deutschland noch nicht zu den anerkannten Therapieformen zählt. Meine Gewichtsabnahme findet er nicht so toll. Er meint, das wäre ein Zeichen von Übertraining. Ich soll darauf achten, nicht zu schnell abzunehmen, sonst kann mein Körper keine Fettzellen in Muskeln umwandeln. Ich zwinge mich, nach dem Training zu essen, auch wenn ich keinen Hunger habe.

Am Wochenende fahren wir nach Würzburg, vorher machen wir einen Abstecher nach Herzogenaurach, dort sitzt unser Sponsor. Ich muss einige Teile der Sportbekleidung wegen der Größe umtauschen.

Freitag, 17.01.03

Heute hatte ich die zweite Sitzung bei dem Physiotherapeuten. Sein Urteil ist vernichtend: Meine gesamte Beinmuskulatur und sämtliche Muskeln, die beim Laufen benötigt werden, sind entweder nicht vorhanden, verkümmert oder unterentwickelt. Ich schäme mich! Wie habe ich mich denn die letzten 40 Jahre fortbewegt? Anscheinend nicht aufrecht gehend und mit meinen Füßen! Bin ich gerobbt oder gekrabbelt? Ich weiß es wirklich nicht. Anscheinend ist es doch nicht so einfach, wie ich es mir anfangs vorgestellt habe. Ich muss also erst einmal laufen lernen. Ich hatte angenommen, das hätte ich mit ca. 1,5 Jahren abgeschlossen. Sogar die schrägen Bauchmuskeln benötigt man zum Joggen, gerade die, denke ich, habe ich auch zur Fortbewegung im Babyalter gebraucht (robben, rutschen, krabbeln). So täuscht man sich. Ich bin wirklich bei Null, und es ist ein anstrengender Weg auf 42. Mit den richtigen Armbewegungen kann man ungefähr 40 % Kraft für die Beine sparen, besonders bergauf. Ich wusste nicht, dass die Arme die Arbeit der Beine erleichtern können. Aber ich bin gewillt, alles zu erlernen, denn nur so werde ich ans Ziel meiner Träume gelangen.

Ich bin wieder einmal erschöpft und desillusioniert, aber meine Familie baut mich wieder auf. Sie glaubt an mich und zeigt es mir immer wieder mit kleinen Taten und Aufmerksamkeiten, so z.B. ein liebevoller Brief von meiner Tochter Fabienne.

Das gibt mir neuen Mut und die Kraft durchzuhalten, vielleicht hätte ich sonst schon aufgesteckt.

Sonntag, 19.01.03

Eigentlich hätte ich früh aufstehen müssen, um vor dem Frühstück zu joggen. Ich bin müde und drehe mich auf die andere Seite, um weiter zu schlafen. Mein Mann kommt vom Laufen zurück, weckt mich und mein schlechtes Gewissen. Nach dem Frühstück wird ein bisschen rumgegammelt, aber dann muss ich wohl oder übel mein Training absolvieren. Thomas ist so freundlich, mich zu begleiten. Ich möchte heute die Zehn-Kilometer-Hürde nehmen. Wir laufen locker los und es geht ganz gut. Immer muss ich an die Hürde denken, ich finde nicht meinen Trott. Ich konzentriere mich auf die Armbewegungen, meinen Laufstil und und und. Ich bekomme Seitenstechen und muss eine Gehpause einlegen. Irgendwie läuft es heute gar nicht. Ich möchte alles berücksichtigen, was mir Arzt und Therapeut vorgeschlagen haben, aber dann ist alles ganz verkrampft und ich finde nicht mein Tempo und die richtige Gangart. Immer wieder muss ich wegen dem Seitenstechen Gehpausen einlegen. Ich habe keine Lust mehr, nur noch Frust. Auf einer Strecke von 6 Kilometern vier bis fünf Gehpausen, das hatte ich noch nicht. Ich breche ab, und die Zehn-Kilometer-Hürde schwebt weiterhin über mir wie ein Damoklesschwert.

Montag, 20.01.03

Heute werde ich ganz ruhig und nur für mich allein die Hürde in Angriff nehmen. Zuerst laufe ich die Dunghaufenrunde (6,1 km), und wenn noch was drin ist, hänge ich Wilhelmsruh (5,15 km) ran. Als ich an unserer Haustür vorbeijogge, riskiere ich nur einen sehnsüchtigen Blick und laufe stolz weiter. Natürlich muss ich wieder einmal eine unfreiwillige Gehpause einlegen, weil ein doofer Hund mich in Angst und Schrecken versetzt. Aber ich halte durch und laufe beide Runden in einem Stück. Wunderbar! Endlich habe ich die erste Schallmauer durchbrochen, 11,25 km, und ich lebe noch! Zur Belohnung nehme ich den morgigen Tag Trainingsfrei, weder Fitness noch Running, nur Relaxen steht auf meinem Terminplaner.

Diese Woche habe ich super überstanden. Sogar mein Wochensoll von 40 km habe ich eingehalten. Ich fühle mich gut und entspannt. Am Sonntag findet im Fitnesscenter ein Spin-Special statt. Spinning ist ein intensives Ausdauertraining für Herz und Kreislauf auf speziell geformten Fahrrädern. Geeignet für alle Leistungsklassen. Besondere konditionelle und koordinative Fähigkeiten werden nicht vorausgesetzt. Spaß durch Training in der Gruppe. Beim Fatburner Spinning fährt man mit einer geringeren Intensität, um die Fettverbrennung zu erhöhen. Ich jedoch werde ca. 80 Min. und »open end« fahren. Zwei Soldaten der US Army sollen die Teilnehmer wie bei den Marines motivieren. Endlich mal was anderes als immer nur laufen. Ich habe mein Spinning seit fast drei Monaten vernachlässigt. Die beiden Typen haben das Format von Kleiderschränken. Sie schreien uns in Grund und Boden und sind merklich lauter als die Musik. Da ich angeblich nicht alles gebe und zu wenig schwitze, werde ich vom Rad gebeten ... und!! ?? 10 Liegestütze werden verlangt, das soll mich motivieren. Trotzdem haben wir alle unseren Spaß.

Allerdings wusste ich nicht, was das für Konsequenzen für mich haben würde. Hinterher bin ich total geschafft. Am Montagmorgen kommt das böse Erwachen. Mein Hintern fühlt sich an wie rohes Fleisch. Das Frühstück kann ich nur im Stehen einnehmen. Meine Beine gehorchen mir nicht. Nur unter größten Strapazen bin ich die Treppe ins Wohnzimmer hinuntergekommen. Meine Muskeln schmerzen wie noch nie. An mein normales Lauftraining ist nicht zu denken. Lediglich ein paar Dehnübungen traue ich mir zu.

Dienstag, 28.01.03

Heute habe ich unter großen Schmerzen 5 km geschafft. Ich hoffe, ich bekomme mein Wochenpensum hin und der Muskelkater lässt irgendwann in dieser Woche nach. Ach so, meine Sporteinlagen habe ich auch endlich bekommen. Eine ganz schön große Umstellung! Im Fußbett sind irgendwelche Knubbel und Dellen eingearbeitet. Ich soll die Schuhe erst zu Hause eintragen und dann langsam anfangen, damit zu joggen. Wird bestimmt ein großartiges Erlebnis, auf solchen »Eiern« zu laufen.

Mittwoch, 29.01.03

Ca. 6 km gelaufen, der Muskelkater ist noch stärker geworden. Zuerst wollten die Beine überhaupt nicht, aber langsam habe ich meinen Tritt gefunden. Die Unterstützung der Familie hat schon ganz schön nachgelassen. Die Kinder muss ich pausenlos an ihre kleinen Aufgaben erinnern, und ab und zu verfalle ich in alte Gewohnheiten und erledige die Aufgaben schnell selbst, z.B. wenn der Mülleimer wieder einmal überquillt oder die Betten in den Kinderzimmern nicht gemacht wurden. Thomas hat mich lange nicht beim Bügeln abgelöst, und die Einkäufe muss ich auch oft allein erledigen. Selbst das Heu und die Streu für die Mäuse habe wieder einmal ich besorgt.

Im neuen »Running«-Heft gibt es einen Artikel über mich. Ich finde mich gut porträtiert. Mein Brüderchen war ganz stolz und hat mich gleich angerufen. Meine Mutter hält sich etwas bedeckt, da ich durch das Training wenig Zeit habe. Ich denke, sie ist reserviert und ein bisschen eingeschnappt, aber meine freie Zeit ist sehr beschnitten, und manchmal denke ich, das schaffst du nicht, das kannst du nicht auf die Reihe bekommen. Ich habe es noch nicht gelernt, mir die Zeit für mich ohne schlechtes Gewissen zu stehlen. Dann bleibt so viel liegen, oder ich habe nach dem Training einfach keine Lust, Staub zu wischen oder zu bügeln. Ich bin dann ziemlich unausgeglichen und ungerecht zu den Kindern und zu Thomas. Er merkt natürlich, was los ist, und bestärkt mich darin, mir Freiräume zu gönnen. Leider verkrieche ich mich dann oft, lese und stopfe mich mit Motivationsbärchen voll. Ist wohl auch nicht das Gelbe vom Ei, aber es hilft. Ich warte immer noch auf den »Kick«, alle anderen Protagonisten sagen, Laufen macht ihnen Spaß. Komisch, entweder die schwindeln sich in die eigene Tasche, oder ich mache etwas falsch. Meistens empfinde ich das Training als Last. Obwohl manchmal während des Laufens Spaß aufkommt. Doch meistens muss ich mich wirklich zwingen, in die Trainingsklamotten zu springen. Viel lieber lümmele ich rum, lese und stopfe mich mit Schokolade und Süßigkeiten voll.

Freitag, 31.01.03

Heute bin ich mit den Sporteinlagen 8 km gelaufen. Nach 6 km habe ich es nicht mehr als unangenehm empfunden. Der Arzt hat gesagt, innerhalb von 14 Tagen werden sich meine Muskeln und der ganze Bewegungsapparat daran gewöhnt haben. Ich soll konsequent nur die Laufschuhe mit den Einlagen tragen und nicht hin und her wechseln. Mein Gewicht liegt jetzt so ziemlich konstant bei 50 kg.

Vom 3. bis 7. Februar hatte ich Urlaub. Das sah dann so aus: Mama, ich brauche neue Unterwäsche, Mama, meine Sportschuhe passen nicht mehr. Kannst du mir die Hose kürzen oder ich möchte mein Zimmer neu einrichten ... usw. ... usw.!!! Thomas möchte dann natürlich auch mehr Zeit mit mir verbringen. Gehen wir heut Abend ins Kino oder in die Sauna? Aber wenn ich mit den Kindern shoppen war, bin ich total geschafft. Die Schuhe sind nicht cool, die anderen sind zu rot oder zu eckig oder was weiß ich. So eine Tour dauert meist von 09.00 Uhr bis Ladenschluss. Und vorher hatte ich natürlich noch trainiert.

Meine Mutter wollte auch etwas mit mir unternehmen, und so gehen die Tage dahin. Ich bin k.o. und wenig erholt. Außerdem belasten mich zusätzlich familiäre Probleme. Meine Schwiegermutter bekommt eine neue Herzklappe, was mit 75 Jahren nicht gerade eine einfache OP ist. Die zweite Frau meines Vaters kämpft mit der dritten Chemo gegen den Krebs an, und mein Schwiegervater hat wieder einmal einen rheumatischen Rückschlag und kann sich kaum bewegen. Ich möchte gern allen Trost spenden, doch mir rennt die Zeit davon.

Mit den Einlagen komme ich jetzt gut zurecht. Die Fußsohlen sind etwas empfindlich, und im rechten Schienbein habe ich permanent Muskelkater. Aber meine Beschwerden in der Hüfte sind verschwunden. Nur ein Tausch? Ich hoffe doch nicht.

Samstag, 08.02.03

Heute nehme ich am SFB-Lauftreff teil. Einige hundert Laufbegeisterte treffen sich jeden Samstag um 14.00 Uhr an der Siegessäule, um gemeinsam zu laufen. Der Initiator hat mich persönlich dazu eingeladen. Nachdem er die Teilnehmer begrüßt hat, werde ich nach vorn gebeten. Natürlich schiebe ich Mücke vor, der hat ja keine Hemmungen. Unser Projekt »Von Null auf 42« wird kurz vorgestellt, anschließend geben wir ein Mini-Interview, indem wir berichten, wie wir davon gehört haben und warum wir daran teilnehmen möchten. Als ich von der Flucht vor dem Haushalt spreche, bekomme ich viel Applaus. Anscheinend sind einige Leidensgenossinnen unter den Zuschauern.

Mücke reiht sich bei den Läufern ein, die einen Schnitt von 7 Min. laufen. Ich gehe mit der 6.30-Gruppe. Wir laufen ca. 10 km und ich kann locker mithalten. Etwas ungewohnt ist es schon, in so einer großen Gruppe zu laufen. Ich empfinde es nicht gerade als angenehm, entweder jemand läuft direkt vor meinen Füßen oder ich werde angerempelt. Na ja! Gewöhnungsbedürftig, in New York bin ich sicher auch nicht die Einzige.

Die Freunde von Mücke und auch die Truppe meines Mannes bemerken immer wieder, ich wäre gemein, wenn Thomas wegen mir nicht in New York starten dürfe. Ich bin es wieder einmal leid, die »Böse« zu sein, und gebe mein Ok. Thomas ist überglücklich, dass er eine Startnummer haben kann und am Marathon in New York teilnehmen darf. Schon in dem Augenblick, in dem ich meine Zustimmung gegeben habe, merke ich, dass ich die Interessen der anderen wieder über meine eigenen gestellt habe. Die alten Verhaltensmuster haben mich wieder eingeholt. Im Grunde bin ich unglücklich darüber und unzufrieden mit mir selbst. Aber es macht mich auch glücklich, wenn mein Mann sich freut. Kann man glücklich sein, wenn man unzufrieden ist mit einer Entscheidung? Zumindest versuche ich es.

Dienstag, 11.02.03

Der Frust hat mich wieder einmal gepackt, besonders hart! Eigentlich wollte ich das Training heute ausfallen lassen. Es war schrecklich kalt und ungemütlich. Ich habe auch überlegt zu schummeln und einfach eine Zeit und eine Kilometerangabe in das Laufprotokoll einzugeben, ohne gelaufen zu sein. Die Versuchung war groß, doch dann kam die Sonne raus und ich dachte, komm schon, lass den Selbstbetrug. Jeder Schritt war eine Qual. Von Fun keine Spur, ich habe mich richtig in meine miese Laune reingesteigert. In meinem Kopf echote es immerzu: »Hoffentlich bin ich bald durch, bald hast du es hinter dir.« Meine Pulsfrequenz war relativ hoch, ich bekam schlecht Luft und fand gar keinen Trott. Zu Hause angekommen, musste ich mich erst einmal übergeben. Die Zeit war nicht mal schlecht, 6:33 pro Kilometer. Ich habe ein Entspannungsbad genommen und mich hingelegt. Das Granulat im Eingangsbereich und die Schmutzwäsche habe ich ignoriert. Mir war alles egal. Nach und nach ist die Familie eingetroffen und jeder kümmerte sich um sein »Ding«. Keiner hat bemerkt, dass es mir schlecht geht. Kurz vor dem Abendbrot beim Zusammenlegen der Wäsche bin ich in Tränen ausgebrochen. Mein Mann wollte mich trösten, doch ich wollte nur meinen Kummer rausheulen. Alle haben eins auf den Deckel bekommen, jeder hat sein Fett abgekriegt. Der Schlendrian hatte uns wieder eingeholt,und trotz der guten Vorsätze blieb ein Großteil der Hausarbeit an mir hängen. Eigentlich hatte ich weniger Zeit als je zuvor. In meinen ohnehin übervollen Tag – Bügeln, Putzen, Einkaufen usw. – kommt jetzt noch das Lauftraining. Ich bin sowieso gereizt, weil mir meine Entscheidung noch immer im Magen liegt, dass Thomas nun doch in New York startet. Beim Essen haben wir die Fronten noch einmal geklärt, und der eine oder andere hatte ganz schön daran zu knabbern. Ich glaube aber, dass wir alle die Kurve kriegen. Mal sehen, wie lange es diesmal klappt. Vielleicht bemerkt mein Mann ja auch noch, wie wichtig es mir ist, den New York Marathon allein zu laufen.

Mittwoch, 19.02.03

Ich habe das Büchlein von Joschka Fischer gelesen. Er sagte, eine einmal erreichte Distanz wollte er nie mehr unterschreiten. Was der geschafft hat, muss ich doch auch hinbekommen. Ich laufe meine 8-km-Runde und hänge noch mal 5,5 km dran. Zwischenzeitlich frage ich mich, wieso messe ich mich jetzt mit dem? Bin ich denn verrückt? Er war ja sehr diszipliniert, ich jedoch kann nicht einmal auf Sweets verzichten. Na und, glücklich und k.o. bin ich nach 13,5 km in 1:22:09 Std. zu Hause angekommen. Die Füße schmerzen, die Oberschenkel sind hart, aber ich habe über unseren Außenminister triumphiert, denn auch ich habe jetzt meine bisher größte Entfernung zurückgelegt. Aber nie mehr unterschreiten? Ich weiß nicht, aber ich will ja auch nicht in die Politik und brauche mich deshalb nicht an Grundsatzregeln zu halten.

Immer wieder treffen E-Mails von den anderen Protagonisten ein. Jeder hat mal Frust oder Erfolgserlebnisse, das baut auf. Wir halten alle über die Computer Kontakt und an den Wochenenden telefonieren wir miteinander. Da werden geheime Rezepte gegen Muskelkater und Wehwehchen ausgetauscht und »Sünden« gebeichtet.

Donnerstag, 20.02.03

Heute war ich wieder beim Arzt. Die Schmerzen im Schienbein werden durch eine Knochenhautentzündung hervorgerufen (Tibiakantensyndrom). Wieder einmal ein Muskelansatz, der überanstrengt ist. Da ich diese Malaise aber schon wochenlang mit mir rumtrage, entscheide ich mich für die Pferdekur, eine Spritze, vor dem Laufen Wärme und hinterher Eis (aufs Schienbein natürlich) und Gummibärchen für mein Ego.

Montag, 24.02.03

Der Physiotherapeut ist gar nicht mit mir zufrieden, obwohl ich jeden Tag, oder sagen wir fast jeden Tag meine Übungen absolviert habe. Meine Fußmuskulatur lässt immer noch zu wünschen übrig, mein Laufbild ist angeblich nicht rund und locker. Immer wenn ich von den Therapeuten oder Ärzten komme, bin ich frustriert. Ich werde jetzt nur noch einmal im Monat zur Therapie gehen, dann sollen mein Laufbild kontrolliert und die Sprunggelenke gelockert werden.

Donnerstag, 27.02.03

Doch wieder beim Doc. Wieder eine Spritze, wenn es nicht besser wird, sollen die Sporteinlagen kontrolliert und evtl. ein Knochensintigramm gemacht werden, ob irgendwelche Veränderungen am Knochen entstanden sind. Das macht mir ganz schön Angst. Ich dachte, Laufen sei gesund, die Zellen werden erneuert, der ganze Körper mit Sauerstoff versorgt und der Kopf wird frei. In meinem Kopf purzelt alles durcheinander, ich habe Angst um meine Gesundheit und langsam schleicht sich der Gedanke ein, ich hätte mich übernommen. Irgendwie bin ich kaputt und die Malaisen betreffen jetzt nicht mehr nur meinen Körper, sondern auch meine Psyche. Ich sehe Gefahr für meine Ehe, werde ich mit dem Projekt vielleicht auch meinem Mann davonlaufen und nicht nur den familiären

Zwängen? Ich ersticke an meinen Emotionen und kann sie trotzdem nicht äußern. Jeglicher Zuspruch geht mir auf die Nerven, aber genauso gereizt bin ich, wenn sich niemand nach meinen Fortschritten erkundigt. Wenn die Familie mich an das Eis oder die Elektrotherapie erinnert, fühle ich mich kontrolliert. Kümmern sie sich nicht, fühle ich mich verlassen. Was ist nur mit mir los?

Samstag, 01.03.03

Ein kurzer lockerer Lauf, so sollte es sein, aber nach nur 6 km bekam ich starkes Seitenstechen, das hatte ich vorher noch nie so richtig. Ich versuchte anders, bewusster zu atmen, legte Gehpausen ein, aber nichts hat geholfen. Eine Rundmail an alle Beteiligten geschickt und nachgefragt. Fast alle hatten schon Ähnliches erlebt.

Thomas Wessinghage antwortete: *Seitenstechen ist ein häufiges, aber nicht erschöpfend erforschtes Phänomen. Vermutlich hängt es mit Regulationsstörungen der Durchblutung von Leber und Milz zusammen, deren Ursache allerdings ist nicht genau bekannt. Nicht zu viel bzw. nichts Schwerverdauliches vor dem Laufen essen, bei Seitenstechen während des Laufes tief einatmen, Atem etwas anhalten, tief ausatmen. Oft hilft es auch, bergauf zu laufen (dadurch wird der Atem automatisch tiefer, der Schritt aber kürzer, d.h. geringere Erschütterungen wirken auf den Bauch ein).*

Sonntag, 02.03.03

Heute Premiere, ich schließe mich dem »Männerverein« meines Mannes an. Seine Lauftruppe wird einen Long-Jog mit mir absolvieren. Wir stehen saumäßig früh auf (06.45 Uhr), und das am Sonntag. Vier von den Fünfen sind schon da, mit viel Hallo werde ich freundlich begrüßt ... und ... ich brauche auch keine Geschlechtsumwandlung über mich ergehen lassen. Zuerst laufe ich locker bei den drei Cracks mit. Hans läuft ungefähr mein Tempo und fällt etwas zurück. Thomas, der gestern einen Crosslauf (viele Steigungen) hatte, passt sich unserem Tempo an und bleibt bei uns. Die drei anderen sind immer ca. 1 km voraus. Ich bin mit Thomas ungefähr 100 m vor Hans. Wir wollen zusammen 13 km zurücklegen. 10

km lang halte ich prima durch, dann kommen einige Steigungen und Hansi holt auf. Ich höre seine Schritte hinter uns knirschen und werde etwas unruhig. Der nächste Hund hält mich auf und Hans hat uns endgültig eingeholt. Die letzten Kilometer laufen wir gemeinsam. Micha, Jens und Peter waren 6 Min. schneller und warten schon auf uns. Ich bin stolz, dass ich mithalten konnte. Hans sieht aus, als ob wir durch strömenden Regen gelaufen wären, die anderen sind mäßig verschwitzt und ich bin wieder staubtrocken. Wir quatschen noch ein wenig und verabschieden uns. Die Männer laden mich ein, mich nächste Woche wieder anzuschließen, doch da bin ich in Damp zum zweiten Check-up. Sicherlich werde ich nun öfter mit den Männern joggen, vielleicht können wir ja eine Stunde später starten. Die fünf werde ich mir schon noch hinbasteln!

Donnerstag, 06.03.03

Thomas bringt mich trotz seiner schweren Erkältung zum Bahnhof. Zoologischer Garten steht nichts auf den Anzeigetafeln und die Bahn AG wollte heute streiken. Ich bin aufgeregt, Mücke hat ja mein Ticket und ich weiß nicht, wo er bleibt. Ich rufe ihn auf dem Handy an, er sagt, er sei gleich da.

Gemeinsam suchen wir nach einer Information, ob unser Zug planmäßig abfährt und von welchem Gleis. Über die Lautsprecheransage bekommen wir mit, dass jetzt die Züge abgefertigt werden, die eigentlich vor zwei Stunden hätten fahren sollen. Na prima, vielleicht bekommen wir unseren Anschlusszug in Hamburg nicht. Aber Mücke öffnet seine »Weinstube«, bei ihm kann sich jeder ausweinen und beruhigt mich. Schließlich fahren wir doch pünktlich ab. Ich höre ca. zwei Stunden lang, wie diszipliniert er sich ernährt. Als ich meine Gummibärchen auspacken will, bekomme ich einen Rüffel und einen halben Apfel von ihm.

In Hamburg warten schon Anna mit ihrem Mann und Dieter, endlich lernen wir den »Neuen« persönlich kennen. Er findet Gnade vor meinen Augen, denn er ist aufgeschlossen und scheint nett zu sein. Mücke ist abgelenkt, also kaufe ich mir schnell einen Müsliriegel. Frank trifft auch ein und nach großem Hallo besteigen wir den Zug nach Kiel. Übersprudelnd berichten alle von den vergangenen Monaten, in denen wir nur E-Mail-Kontakt hatten.

Ich zeige meine Eintragungen, die ich in unseren Trainingsplan geschrieben habe und ... werde ausgelacht. Wie in der Schule, sagen die anderen. An meiner persönlichen Laufdatenbank zeigen aber die meisten Interesse.

In Kiel wartet schon Anna-Freda auf uns. Bis wir uns gesammelt haben, nutzt Frank die Gunst der Stunde und kauft sich eine Currywurst. Anschließend fahren wir zusammen mit dem Bus nach Damp.

Nach dem Einchecken treffen wir uns zum Mittagessen. Es gibt wieder schrecklich gesunde Sachen: gedünsteten Fisch und Brokkoli mit Salzkartoffeln. Wir verzichten auf das Dessert, da Dr. Riebe uns schon zur »Laufschule« erwartet. Wir lernen das Lauf-ABC. Einige Begriffe und Übungen kommen mir von den Kindern her bekannt vor. Wir erfahren, wie wir unsere Schrittlänge vergrößern können und welche Übungen zur Kräftigung der Beinmuskulatur führen, so z.B. Kniehebelauf, Sprunglauf, Fußgelenkarbeit usw. Bei fast allen wird die Armbewegung bemängelt. Speziell bei mir. Ich würde wie eine Lokomotive laufen. Nun, daran werde ich arbeiten. Wir alle müssen unseren Laufstil noch etwas optimieren, um weniger Kraft aufwenden zu müssen.

Anschließend treffen wir die Ernährungsberaterin wieder. Mücke erkennt sie kaum wieder, sie ist begeistert, denn er hat ca. 17 kg abgenommen. Sie hat zwei Teller vorbereitet, auf dem einen sind Kohlenhydrate (fünf Scheiben Vollkornbrot, ein Kohlrabi, zwei Mandarinen, ein Apfel, eine Paprika, ein kleiner gemischter Salat und sechs kleine Kartoffeln), auf dem anderen Eiweiß (0,5 l Buttermilch, zwei Joghurt, 0,5 l fettarme Milch, zwei Scheiben Käse, eine Scheibe roher Schinken, eine Scheibe Aspikwurst). Alles zusammen wäre eine Tagesration von 2000 Kalorien. Dazu könne man 250 g Putenfleisch oder Hähnchenbrust, 250 g Fisch oder 125 g Fleisch essen. Auf Butter oder Margarine könne man verzichten, da wir ohnehin zu viel versteckte Fette essen. Anna-Freda und ich fragen nach, wie es mit Marzipantorte steht. Da wir schlank sind, dürfen wir uns ab und zu eine genehmigen. Frank und Dieter möchten wissen, wie Bier in ihren Ernährungsplan zu integrieren ist, stoßen damit aber auf wenig Gegenliebe.

Das Abendessen mit Thomas Wessinghage verläuft etwas angespannt, da er Anna-Freda sehr ironisch begegnet. Anna-Freda lässt sich von niemandem unter Druck setzen, nicht mal von sich selbst. Sie trainiert nach dem Spaß- und Wohlfühlprinzip und kommt damit offensichtlich gut zurecht. An ihre Schmerzgrenze mag sie noch nicht gehen. Wenn sie Lust hat, läuft sie, wenn nicht, fährt sie Rad oder macht Gymnastik.

Auf die Frage, ob jemand von uns schon ans Aufhören gedacht hat oder ob wir uns noch einmal für das Projekt entscheiden würden, antworten die anderen spontan, sie würden es noch einmal machen und Aufhören käme nicht in Frage. Ich sage, ich habe schon an meiner Entscheidung gezweifelt und würde beim nächsten Mal wohl länger überlegen.

Dieter hat für jeden ein Sixpack Bierproben mitgebracht. Von jedem Bier aus seiner Waldhaus-Brauerei ein Fläschchen. Die Männer langen kräftig zu und finden auch gleich ihren Favoriten. Bier ist nicht so mein Ding, nachdem ich ein Radler probiert habe, reicht es schon.

Freitag, 07.03.03

Am nächsten Morgen sind die Männer etwas derangiert. Sie haben bis zum frühen Morgen gezecht. Dr. Riebe macht mit uns die Video-Laufbandanalyse. Da viele andere Gruppen in Damp sind, müssen wir warten. Ich bin sehr verspannt, da ich schlecht geschlafen habe. Frank hat sein Massageöl dabei und sorgt für unsere Entspannung. Abwechselnd lassen wir uns von ihm die Nacken- und Schultermuskulatur massieren. Nebenher werden wir ein Gespräch mit einem Sportpsychologen führen. Er zeigt mir, wie wichtig es ist, auch mental auf den Marathon vorbereitet zu sein. Wenn ich die Sportschuhe anziehe, soll ich alle Sorgen und Probleme in eine große Schublade packen und zu Hause lassen, damit mein Kopf frei ist. Nur so könne ich optimal trainieren. Auch wenn ich physisch in der Lage wäre, den Marathon zu bestreiten, könne es geschehen, dass der Mann mit dem Hammer bei Kilometer 35 auf mich lauert. Nur wenn ich dem mental gewappnet bin, könne ich bestehen. Alles was er sagt, hat eigentlich auch mein Mann schon zu mir gesagt. Ich muss mit dem Gedanken ins Rennen gehen: »Du schaffst es.« Ich muss mir ein positives Feeling aufbauen. Ich muss mit meiner Familie reden, ihnen mitteilen, wie sie mich entlasten und mir helfen können. Ich darf nicht auf die anderen schauen, ich muss mich auf mich konzentrieren und sehen, was mir wichtig ist. Vor allem darf ich nicht zu ehrgeizig sein. Dann bekomme ich vielleicht auch den viel gerühmten »Runners-High« zu spüren. Der Weg ist das Ziel, und das werde ich nun nicht mehr aus den Augen verlieren. Ich hatte mich mit dem Gedanken beworben, dass ich nicht auf der Strecke bleiben (im Familienleben untergehen) wollte, jetzt liegt mir alles daran, auf der Strecke zu bleiben (auf der Strecke nach New York).

Anschließend waren wir bei der Bioimpedanzanalyse. Ich habe tatsächlich 3,7 kg Fett verloren und 1 kg Magermasse gewonnen. Allerdings bekam ich den Auftrag, mehr zu essen. Da mein Grundumsatz jetzt höher ist, muss ich auch mehr essen. Wenn ich weiterhin so rapide abnehme, habe ich keine Reserven für den Marathon. Das ist ein kleines Problem bei mir. Vor dem Laufen kann ich nichts essen und hinterher habe ich nur Durst. Ich soll mich also zwingen, regelmäßig Nahrung aufzunehmen.

Nach dem Mittagessen gehe ich mit Anna-Freda joggen. Ohne die Männer, wir beide ganz allein. Das Wetter ist herrlich und wir genießen unseren ruhigen, gemeinsamen Lauf. Keiner quatscht uns voll, keine doofen Sprüche, nur wir und die wundervolle Natur. Ab und zu fällt ein Wort, ansonsten hängen wir unseren Gedanken nach.

Im altbekannten »Schockraum« werden die FBI-Fotos wiederholt. Bei einigen fällt der Unterschied zum ersten Trainingslager sofort ins Auge. Mücke hat immerhin fast 20 kg weniger und ist kaum auf dem Monitor zu erkennen. Ich denke, bei mir ist nichts zu sehen, körperlich habe ich mich wahrscheinlich kaum verändert und in meinen Kopf kann keiner hineinschauen. Denn mental bin ich schon irgendwie anders.

Beim anschließenden Aquajogging hatten wir alle wieder viel Spaß. Einige sind noch in die Sauna gegangen und haben sich im Wirlpool entspannt.

Samstag, 08.03.03

Nach dem Frühstück haben wir einen Lactatstufen-Feldtest. Das heißt, wir laufen diesmal nicht auf dem Laufband, sondern eine vorher abgemessene Strecke an der frischen Luft. Bei der vorgegebenen Herzfrequenz kann ich die beiden ersten Runden nur gehen, dann traben und schließlich auch joggen. Mein Ohrläppchen wird wieder arg gequetscht, da ich mit meinem Blut laut Arne sehr geizig bin. Unsere Lactatwerte haben sich stark verbessert. Wir dürfen jetzt alle in einer höheren Herzintensität trainieren und sind sehr stolz auf unsere Erfolge. Bei der Besprechung mit Dr. Thomas Wessinghage kommt heraus, dass alle ihren Laufstil verbessert haben, wir aber durch die Bank etwas zur Kräftigung unserer Gesäßmuskulatur tun müssen. Alle haben mehr oder weniger einen leichten Beckenschiefstand unter Belastung. Mein Tibiakantensyndrom kommt von einer Fehlbelastung durch einen falschen Laufschuh. Ich bin unwissend mit einem gestützten Sportschuh gelaufen, dadurch wurde mein Bein in eine Pronation gebracht, die zur Fehlbelastung führte. Ich soll mit einem neutralen Schuh joggen.

Den Hafenmeister haben wir auch kennen gelernt und hatten unseren Spaß dabei. Wir dürfen ein Stückchen mit dem Seenotrettungskreuzer fahren. Mücke spielt unter Deck mit allerlei Hebeln herum. Plötzlich setzt sich das Schiff in Bewegung. Dieter bekommt einen Adrenalinstoß, schreit Mücke an und drückt den Hebel zurück. Unbemerkt von uns allen ist der Hafenmeister an Bord gekommen und hat den Motor gestartet. Also nicht Mücke hat den Kahn in Bewegung gesetzt, sondern er. Oben an Deck ist ebenfalls ein Steuerhaus. Wir lachen alle herzlich und genießen die kleine Rundfahrt.

Während wir einzeln noch mal Interviews geben, ist Anna mit Stefanie zum Friseur gefahren. Sie möchte sich ein bisschen umstylen und lässiger aussehen, sie ist körperbewusster geworden. Wir haben sie sofort mit guten Ratschlägen und Tipps überhäuft. Mal sehen, was der Friseur daraus macht. Alle sind überwältigt, Anna sieht einfach phantastisch aus. Mit viel guter Laune gehen wir in eine Szenekneipe, lassen uns ganz ungesunde Speisen kommen und hören gute Livemusik. Die Männer aus unserer Gruppe sind auch dem Bier nicht abgeneigt, die Stimmung schwappt teilweise über, und Anna-Freda wird richtig locker und tanzt auf dem Tisch. Ich denke, keiner außer mir zerbricht sich den Kopf darüber, dass wir morgen unseren 10-km-Contest haben. Warum sehe ich immer alles so verbissen? Ich möchte nicht die Spaßbremse sein.

Sonntag, 09.03.03

Wir treffen uns nach dem Frühstück zum 10-km-Lauf. Dieter und Frank laufen gemeinsam mit Thomas Wessinghage. Ich hefte mich an ihre Fersen. Dieter Riebe kümmert sich um Anna-Freda, Mücke und Michael. Unsere kleine »Rennschnecke« Anna schlägt ein etwas ruhigeres Tempo an. Ich merke, dass die Männer bezweifeln, dass ich die ganze Strecke über mithalten werde, aber bis jetzt ist das Tempo für mich o.k. Wir unterhalten uns angeregt, meine Herzfrequenz ist niedrig und ich fühle mich wohl. An einer kleinen Steigung möchte Frank das Tempo erhöhen, und Thomas lässt die Bemerkung fallen, wir wollen doch alle gemeinsam ankommen, oder!? Er mustert mich ab und zu von der Seite und erkundigt sich, wie es mir geht. Die ganze Zeit laufe ich in der zweiten Reihe, gleich hinter den Männern. Auf der Zielgeraden rücken sie etwas zusammen und wir laufen in einer Reihe gemeinsam ins Ziel. Ich bin stolz und nicht sonderlich k.o. Wir sind ca. 01:06:00 Std. gelaufen, das sind ungefähr 06:30 Min. auf den Kilometer. Die zweite Gruppe mit Dr. Riebe ist ca. 10 Min. nach uns da. Wir gehen schon duschen, um uns für die Pressekonferenz vorzubereiten, da Anna noch eine ganze Weile unterwegs sein wird.

Auf der Pressekonferenz werden wir vorgestellt und alle sind stolz, dass wir den 10-km-Lauf bestanden haben. Bei einem gesunden und trotzdem leckeren Büfett beantworten wir unzählige Fragen über unsere Motivation und zu unserer Person. Abschließend werden einige Fotos gemacht, dann fahren wir gemeinsam zum Bahnhof nach Kiel, von dort geht's ab nach Hause.

Am Bahnhof Zoo erwarten mich Thomas und Fabienne mit einem Stück Marzipantorte. Noch auf dem Bahnhof beginne ich zu essen. Mückes Frau Iris und sein Sohn sind auch dort. Als wir unseren Lieben erzählen, dass der SWR anscheinend nicht möchte, dass unsere Angehörigen nach New York mitkommen, werden die Gesichter um uns herum betreten. Alle fühlen sich unwohl in ihrer Haut, und wir verabschieden uns bald. Schon im Auto macht Thomas sich Luft und überhäuft mich mit Fragen. Ich fühle mich in die Enge getrieben, antworte ausweichend und ziehe mich in mich selbst zurück. Tage und Nächte reden wir darüber, ob ich Thomas mitnehme oder nicht. Ich bin hin und her gerissen und ziemlich verunsichert. Meinem Mann, der schon bei meiner Abreise nach Damp krank war, geht es noch immer nicht gut. Er hat meinen Sohn angesteckt, und der liegt jetzt auch mit Fieber im Bett.

Montag, 10.03.03

Heute fühlt sich auch meine Tochter Fabienne nicht wohl und bleibt zu Hause. Die Familie ist krank, der Kühlschrank ist leer, die Wäschetruhe ist übervoll, unsere Rennmäuse haben sich meiner Geburtenkontrolle entzogen und haben mehrere Junge; mein Leben hat mich wieder. Dann ruft Rolf Schlenker, der Projektleiter, bei uns an. Mücke hat eine bitterböse E-Mail geschickt, möchte vielleicht sogar aus dem Projekt aussteigen, denn seine Leute haben ihn angemeldet, trainieren mit ihm und wollen ihn in New York begleiten. Er ist nicht gewillt, diese Sache ohne seinen »Clan« durchzuziehen. Herr Schlenker meint, wir hätten uns missverstanden. Bei einer Dokumentation wird nichts vorgegeben. Wenn Familienmitglieder mitkommen, gehört dies zur Entwicklung und zur Geschichte des Einzelnen. Wir klären die strittigen Punkte, werden alles noch einmal überdenken, und ich wende mich der Hausarbeit zu. Am Nachmittag schaut Fabienne in den Kühlschrank. Ich höre einen Seufzer der Erleichterung. Toll, Mama ist da und unser Kühlschrank ist wieder voll. So leicht kann man Kinder zufrieden stellen.

Sonntag, 16.03.03

Ich nehme an einem 10-km-Volkslauf teil. Lauf der Sympathie von Falkensee zum Rathaus Spandau. Auch Mücke hat sich angemeldet. Wir laufen zum ersten Mal mit Chip und Startnummer. Thomas begleitet mich, mein Ziel ist es, unter einer Stunde zu bleiben. Bei der Startnummernausgabe begreife ich das kribblige Gefühl, von dem mein Mann immer spricht, wenn er von seinen Läufen berichtet. Die Atmosphäre ist super und ich genieße die Anspannung und Vorfreude. Als der Startschuss fällt, renne ich los, von der Welle der Massen mitgerissen. Thomas ermahnt mich nach dem ersten Kilometer, langsamer zu werden. Ich habe einen Schnitt von 5 Min. Er ist besorgt, ich könne mich zu sehr verausgaben. Ich nehme mich zurück und finde langsam einen gleichmäßigen Rhythmus. Immer wieder frage ich, ob ich noch in meinem Schnitt liege und unter einer Stunde bleiben kann. Thomas winkt ab und sagt, kein Problem. Er erkundigt sich immer wieder, ob ich schon am Limit laufe oder noch Reserven habe. Bei Kilometer 9 soll er mir Bescheid geben, da will ich noch einmal Gas geben. Später gesteht er mir, dass er mit meinem Einbruch gerechnet hätte. Aber als wir das Ziel bereits sehen, setze ich noch einmal zum Endspurt an, mobilisiere sämtliche Reserven und erreiche das Ziel in 00:53.27 Min. Stolz nehme ich meine erste Medaille in Empfang. Mücke hat auch alles gegeben und schafft den Kurs in ca. 01:01.00 Std. Wir sind beide deutlich schneller als im Trainingslager in Damp und sehr zufrieden mit unserer Leistung.

Heute feiert auch noch mein Sohn seinen 15. Geburtstag. Also schnell nach Hause, den Kaffeetisch eingedeckt und die Familie empfangen. Irgendwie realisieren die meine Leistung gar nicht so richtig. Ich bin etwas enttäuscht, aber da sie noch nie selbst an so einem Lauf teilgenommen haben, können sie meine Euphorie nicht teilen.

Dienstag, 18.03.03

Das Filmteam rückt mir auf die Bude. Sie wollen den Zwiespalt meiner Gefühle und das Gespräch mit Thomas filmen. Und wenn möglich, soll ich auch eine Entscheidung treffen. Wenn wir Probleme haben, besprechen wir das meistens während eines Spaziergangs und kommen so häufig entspannter zu einer Lösung. Wir fahren also nach Lübars, dort zwischen den Pferdekoppeln und bei schönem Wetter sprechen wir uns aus und beleuchten die Problematik von allen Seiten. Thomas erklärt mir seine Ansichten und erläutert mir seine Wünsche. Ich möchte ihn nicht verletzen, anscheinend hat er aber längst begriffen, dass ich nicht möchte, dass er selbst in New York startet. Er hat Angst, dass ich ihn gar nicht dabeihaben möchte, doch das ist völliger Unsinn. Ich will nur allein den Lauf bestreiten; wenn er an der Strecke steht, mich unterstützt, mir Wasser reicht, mich ermuntert und mich im Ziel in die Arme nimmt, wäre ich vollkommen glücklich. Und glücklich wollte er mich ja schon immer machen. Er soll sich nicht in den Vordergrund drängen, soll mir auch in New York meine Freiräume lassen, ohne verärgert zu sein, und für mich da sein, wenn ich ihn brauche. Wir besprechen alles ausführlich und das Filmteam ist sehr diskret, so dass wir uns ungeniert unterhalten können. Die Sonne geht schon unter, als ich Thomas mitteile, dass ich ihn gern dabeihaben würde. Er akzeptiert meine Forderungen, erscheint mir aber trotzdem irgendwie ein wenig traurig. Sind meine Ansprüche zu hoch? Er muss damit leben, dass ich ihn liebe, er aber in diesem, meinem Jahr erst an zweiter Stelle rangiert. Höchste Priorität nimmt mein Marathonprojekt ein und ich hoffe, er hat dafür Verständnis.

Seit Beginn des Projekts hat er schon zweimal seine Gedanken für mich aufgeschrieben. So auch diesmal:

Mir gehen so viele Gedanken durch den Kopf, wie kleine Flashs schießen sie ständig in mein Bewusstsein. Teilweise sind sie sehr diffus, manchmal kann ich einen Gedanken zu Ende denken. Das ist dann aber oft doch nicht möglich, weil wieder andere Dinge in den Vordergrund treten. Vielleicht ist es besser, diese Gedanken einmal aufzuschreiben, vielleicht gelingt es, die Gedanken festzuhalten und zu ordnen. Ich will es versuchen.

Ich schreibe hier meine Sicht der Dinge. Ich möchte Iris in ihrer Entscheidung nicht beeinflussen.

Iris ist gestern aus Damp zurückgekommen. Schon bei den langen Telefonaten habe ich gemerkt, dass ihr die Tage viel gebracht haben.

Sie hatte zuvor ständig Zweifel, ob sie gegenüber den anderen bestehen könne. Wenn wir darüber sprachen und ich versuchte, ihr Mut zu machen, indem ich ihr von meinen Anfängen erzählte, bei denen ich noch lange nicht so weit war wie sie jetzt, winkte sie ab. So als ob, ja ja erzähl du nur, in Wirklichkeit ist es aber ganz anders, ich stehe ganz hinten, die anderen sind so schnell, können schon viel schneller, weiter laufen und, und, und.

Einmal, an einem Samstag, beim Lauftreff erzählte die Freundin von Mücke – sie waren in der Gruppe mit 7:30 Min./km gelaufen, dass sie viel viel schneller gewesen seien als 7:30, bestimmt 6 Min. Mücke schaffe den Marathon in New York bestimmt in vier Stunden. Ich sagte später zu Iris, dass das nicht angehen könne. Erstens hätte uns die Gruppe von Mücke bei dem Tempo überholen und nicht erst 10 Min. nach uns ankommen müssen. Zweitens sollten wohl die Tempomacher ihre Vorgaben einhalten. Drittens soll die Strecke im Tiergarten 10 km betragen, was auch aus der Zeit, die wir gelaufen waren, zu schließen ist. Viertens dürfte eine halbwegs realistische Marathon-Zeit für Mücke jenseits der 4,5 Stunden liegen. Ich konnte Iris aber mit meinen Argumenten nicht so recht überzeugen. Das ist recht häufig so, dass sie anderen mehr glaubt als mir. Darüber bin ich traurig.

Aber in Damp hat sie gesehen, dass sie sehr gut drauf ist, trotz ihrer Beschwerden. Darüber habe ich mich unheimlich gefreut. Ich wollte zunächst auch irgendetwas in die Kamera sagen. Aber ich habe Hemmungen, da mir dann nie die richtigen Worte einfallen. Schreiben ist da leichter.

Als wir dann auf dem Bahnhof standen, hätte ich sie auch gerne in den Arm genommen und gedrückt. Das ging aber nicht, weil ich eine Kieferhöhlenvereiterung und eine Halsentzündung habe und sie nicht anstecken möchte. Außerdem wollte ich ihre Ankunft filmen. Somit fiel die Begrüßung vielleicht etwas kühl aus. Ich habe mich aber sehr auf sie gefreut und war glücklich zu sehen, dass sie die Tage in Damp offenbar sehr genossen hat. Fabienne war mit, und wir haben noch eine Rose für sie gekauft. Vormittags hatte ich noch ein Stück Marzipantorte erstanden. Fabienne hat ihr den Kuchenteller und die Rose gegebenund noch auf dem Bahnsteig fing Iris an zu es-

sen. Sie war irgendwie ganz cool, nicht kalt oder abweisend, sondern irgendwie noch so, als wenn der Dreh noch nicht abgeschlossen, sie noch »on air« oder wie das heißt, wäre.

Als wir mit Mückes unten in der Halle standen, erklärten uns beide, dass der Sender nicht möchte, dass Familienmitglieder mit nach New York kommen. Bei Mücke sei es etwas anderes, weil ihn ja der Clan angemeldet hat und das zu seiner Geschichte gehöre. Für die anderen sei es aber nicht erwünscht. Ich war enttäuscht, denn ich war bis dahin davon ausgegangen, dass der Sender pro Läufer ein Familienmitglied akzeptiert, ja sogar mit einplane.

Iris, die Frau von Mücke, meinte, na und, Thomas, dann kommst du eben bei uns mit, wir werden das auch allein hinkriegen, dass du in New York bei deiner Frau sein kannst.

Wir verabschiedeten uns und fuhren nach Hause. Schon im Auto sprachen wir weiter über das Thema. Iris sagte, wir müssen uns das auch vor dem Hintergrund der finanziellen Seite überlegen, ob wir das unter den Voraussetzungen machen sollten. Wir reisen getrennt an, wohnen wahrscheinlich in verschiedenen Hotels, das Programm ist dann so dicht, dass wir uns wahrscheinlich gar nicht sehen können. Mitlaufen wäre schon gar nicht, Dieter und Frank würden von Wessinghage begleitet, Anna-Freda und Reufsteck von Dr. Riebe, Mücke hätte ja seinen Clan, und für sie müsse man noch sehen. Vielleicht würde Thomas Wessinghage zwischen den Männern vorne und ihr hin und her pendeln. Da ich ja das Wirrwarr und die Absperrungen von Berlin her kenne, Amerika wird da kein bisschen anders sein, entgegnete ich, das würde kaum möglich sein. Man verliert sich dabei zu leicht aus den Augen. Wenn man dann nicht genau weiß, wo derjenige ist, findet man ihn nicht mehr. Iris sagte, sie seien ja eventuell verkabelt, bekämen Telefone, allerdings amerikanische, da europäische nicht funktionieren würden.

Wir diskutierten hin und her, verblieben im Auto letztlich so, dass wir uns das noch mal gründlich durch den Kopf gehen lassen sollten und auch noch einmal mit Stefanie v. Ehrenstein sprechen, um dann zu entscheiden, ob ich mitfahre.

Iris erklärte dann noch, dass es im Sommer mit Damp auch nichts wird. Auch dagegen hätte das Team etwas. Möglicherweise bekämen sie auch nur ein Einzelzimmer, weil im Sommer das Hotel oft ausgebucht wäre. Viele wollten wohl im Sommer ihre Angehörigen mitbringen, Frank seine Frau und seine Tochter und Mücke seinen Clan. Na klar, sagte ich, dass dabei das Team nicht begeistert ist, kann ich mir vorstellen. Iris meinte auch, sie (die Protagonisten) könnten dann auch nicht so normal oder locker sein, wenn im Hintergrund die Angehörigen warten würden. Ich hatte gedacht, wir hätten das schon lange vorher besprochen. Ich hatte ihr bei Gesprächen immer wieder versichert, damit keine Probleme zu haben, weitestgehend allein auf mich gestellt zu sein. Wenn es das Team halt so will, was ich auch für den Sommer verstehen kann, akzeptiere ich das auch. Gedanklich habe ich die Sache auch schnell abgehakt und gedacht, dann gehst du halt gleich wieder arbeiten. Zu Hause unterhielten wir uns noch eine ganze Weile. Da ich die ganze Sache auch sehr spannend finde, fragte ich sie nach allen möglichen Einzelheiten und freute mich, wie sie strahlend von ihren Erlebnissen erzählte. Der Umstand, dass ich Iris nicht nach New York begleiten könne, geriet zunächst etwas in den Hintergrund. Aber immer wieder kam das Gespräch darauf. Iris meinte dann noch, ich solle nicht darüber böse sein, sie habe dem Team gegenüber erzählt, dass sie es nicht gut findet, dass ich neben ihr in New York laufen wolle. Das war auch eine dumme Idee gewesen. Ich habe mich hierbei auch von der »Euphorie« des Clans von Mücke und der Laufbewegung anstecken lassen, obwohl ich immer wusste, das will Iris eigentlich nicht. Sie hat es immer wieder betont, es sei ihr eigenes Ding. Ich hatte es mir zu leicht gemacht, angenommen, sie fände es gut, wenn ich an ihrer Seite laufe. Dann hätte sie es ja nicht allein geschafft. Das ist, glaube ich, aber ihr großer Wunsch. Diese Sache ganz allein durchzustehen. Zumindest nicht mit ihrem Mann an ihrer Seite. Das empfinde ich auch nicht als negativ, im Gegenteil. Sie hat immer zurückgesteckt, ob selbstlos oder von anderen gewollt. Hier will sie es nur für sich machen. Das ist mir jetzt ganz klar geworden, war es auch schon vorher, ich habe es aber ignoriert. Dumm von mir.

Noch nachdenklicher wurde ich dann heute Mittag. Das Telefon klingelte und Herr Schlenker wollte uns sprechen.

Es ginge um New York. Er habe eine E-Mail erhalten, in der Mückes Frau ihre Empörung darüber zum Ausdruck brachte, dass die Familienmitglieder nicht nach New York mitfahren sollen. Man habe da irgendetwas durcheinander gebracht. Wenn dieser Eindruck entstanden sei, tue ihm das Leid, es sei gar nicht so. Das Team hätte gemeint, man solle es sich sehr genau überlegen, ob man seinen Partner dabeihaben will oder nicht. Letztlich würden sie alles akzeptieren. Fast wörtlich sagte er, wenn es der Wunsch ist, dass der Partner im Ziel ist, ist er im Ziel, soll er neben ihm laufen, läuft er neben ihm, oder sollen Freunde mitlaufen, laufen die Freunde mit. Man beobachte die Leute und schreibe keine eigene Geschichte. Man wolle aber die Gründe erfahren, die dann zu der Entscheidung geführt haben. Es sei auch ein großes logistisches Problem, was in den Griff zu kriegen sei. Kann ich auch nachvollziehen.

Zunächst telefonierte Iris mit Rolf Schlenker, anschließend ich mit ihm. Das Gespräch dauerte fast eine halbe Stunde. Aus dem Gesprächsverlauf meinte ich jedoch zu hören, dass Iris in meinem Interesse Dinge sagte, hinter denen sie eigentlich gar nicht zu stehen scheint. Diese Empfindung habe ich öfter bzw. stelle häufiger fest, dass Iris etwas fast Gegenteiliges von dem sagt, was sie eigentlich meint. In mir kam das Gefühl auf, dass das Team sie möglicherweise nur bei ihrem Wunsch unterstützten würde, die Sache allein durchzustehen, indem es nun darauf hinwirkt, dass die Partner nicht mitkommen. Dabei fiel mir wieder ein, dass Iris mir mal erzählte, dass Marcus Vetter oder Harold Woetzel filmen möchten, wie ich am Bügelbrett stehe und mir den New York Marathon im Fernsehen anschaue.

Möglicherweise möchte sie mich auch nicht verletzen, traut sich deshalb nicht, mir zu sagen: Ich möchte ganz allein nach New York fahren.

Anschließend telefonierten wir noch mit Mückes Frau und mit ihm selbst. Mücke hatte das so zugesetzt, dass er schon alles hinschmeißen wollte. Wir diskutierten noch eine Weile, stellten noch mal dar, was Rolf Schlenker uns gesagt hat. Im Ergebnis ist es unerheblich, ob es sich um ein Missverständnis handelte oder erst die E-Mail zu einem Umdenken beim SWR führte.

Mir persönlich wurde aber sehr deutlich, dass Iris offenbar nicht genau weiß, ob sie mich überhaupt dabeihaben will oder nicht. Ich merke, dass sie sich in der Gruppe und beim Filmteam sehr wohl fühlt. Jedenfalls habe ich das Gefühl und schließe das aus ihren Reaktionen, wenn sie mit dem Team zusammen ist oder von so einem Treffen wiederkommt. Es ist ja auch etwas Einmaliges. Ich gönne ihr das auch. Ich glaube auch, dass sie das genießt. Ich würde das wohl auch tun. Wer nicht? Sie bekommt wohl dort das, was sie gesucht hat, denn sie ist ganz anders, wenn sie zurückkommt, ganz voller Selbstbewusstsein und Glück und Freude. Ihre Augen strahlen dann so, wie ich es an ihr liebe. Ich versuche auch, ihr dieses Gefühl der Stärke oder das Selbstbewusstsein zu vermitteln, aber es gelingt mir nicht.

Es ist schon bemerkenswert, wenn nach noch nicht einmal einem Tag der Glanz verschwunden ist und Iris wieder unglücklich ist oder in ihrer Gefühlswelt hin und her gerissen scheint.

Es ist schon irgendwie tragisch, ich habe mir immer gewünscht, meine Frau würde mein Interesse für das Joggen einmal teilen. Wie viele vergebliche Versuche habe ich unternommen. Und jetzt, wo sie läuft, habe ich das Gefühl, sie möchte das gar nicht.

Vor ungefähr zwei Wochen war Iris ganz verzweifelt. Wir haben morgens im Bett lange geredet, was heißt wir, ich habe viel geredet. Iris meinte aber, nach dem Grund ihrer Unzufriedenheit befragt, dass sie Angst habe, Angst davor, dass an dem Projekt unsere Ehe kaputtgehen könnte. Ich habe sie beschwichtigt und sagte, sie habe teilgenommen, weil sich etwas verändern soll. Da ich aber auch das Interesse für das Laufen teile, sähe ich keine Gefahr für unsere Beziehung. Heute sehe ich das etwas anders. Je länger ich darüber nachdenke, Reaktionen und Aussagen von Iris interpretiere, beschleicht mich auch die Angst, unsere Ehe könnte am Ende auf der Strecke bleiben. Es kommen dann Gedanken in mir auf, die sagen, Iris wolle mir vielleicht doch im wahrsten Sinne des Wortes davonlaufen. Das ist doch Unsinn, sage ich mir dann immer wieder. Aber die Angst bleibt.

Mir würde es umgekehrt sehr, sehr viel bedeuten, wenn Iris dabei wäre. Es hat mir auch in Berlin sehr viel gegeben, dass Iris an der

Straße stand und mich mit einem selbst gemalten Plakat überraschte.

Für mich ist das so, als wenn man den Partner zwar durch die Schwangerschaft begleitet, aber bei der Geburt nicht dabei sein soll. Man fühlt sich irgendwie ausgeschlossen. Keine Möglichkeit zu haben, an den Höhen und Tiefen der Geburt teilnehmen zu können. Zu Hause warten, bis die Frau mit dem Baby heimkommt. Es wäre sehr schön, die Vorfreude auf das Ereignis auch vor Ort mit ihr zu teilen. Ich habe schon einmal dieses Gefühl beim Berlin-Marathon erleben können und hätte mir gewünscht, Iris wäre auch dabei gewesen und hätte aus eigenem Erleben mitfühlen können. Es wäre schön, sie an der Strecke anfeuern, sie im Ziel in die Arme schließen und anschließend mit ihr feiern zu können. Das zeigt aber meiner Meinung nach, dass ich meine Frau liebe, nicht dass ich mein eigenes Ego zu befriedigen suche, wie Iris es mir oft unterstellt.

Iris steuert aber dagegen. Aus kleinen Hinweisen, so meine ich jedenfalls herauszuhören, deutet sie an, dass sie wohl lieber allein nach New York fahren möchte. Ob ich damit klarkommen würde, sie eventuell nur am Ziel zu sehen. Anna Pal Singh, Michael Reufsteck, Frank Hof und Dieter Schmid ließen ihre Familien auch zu Hause. Frank und Dieter hätten gesagt, sie wollen sich ein Motorrad mit einem Beiwagen mieten und würden mit ihr durch New York fahren. Sie könne nicht so locker in der Gruppe sein, wenn ich in der Nähe bin. Was ich dazu sagen würde, wenn sie in ihrer Freizeit mit den anderen noch etwas unternehmen wolle, ohne mich. Das gibt mir das Gefühl, dass für mich in New York kein Platz sei. Ich frage mich, wieso möchte sie nicht, dass ich nah bei ihr bin. Ist die Gruppe und das Team für Iris wichtiger geworden als ich. Es scheint fast so.

Ich würde es aber auch akzeptieren, wenn Iris sagt, sie möchte gerne allein in New York sein oder mich nur im Ziel sehen.

Mein Wunsch ist es, dass sie bei diesem Ereignis glücklich ist, ohne schlechtes Gewissen. Allein oder mit Ehemann.

Nach New York wird bald der Alltag zurückkehren. Das Film-Team wird neue Herausforderungen suchen, die anderen Mitwirkenden werden auch wieder ihr bisheriges Leben – mit oder ohne Laufen – weiterführen, die E-Mail-Kontakte werden sich reduzieren, vielleicht telefoniert man noch ab und zu oder besucht sich auch mal gegenseitig. Was bleibt, ist dann die eigene Familie. Es ist mein größter Wunsch, dass wir danach stärker zusammengewachsen sind, offener miteinander reden können und zusammen laufen.

Ich bin auch etwas traurig, wie sehr wir uns manchmal missverstehen und welche abwegigen Gedanken ihn befallen. Wir müssen noch viel mehr miteinander reden und offen über unsere Gefühle sprechen. Nur dann können wir beide eine positive Bilanz aus dem Marathon-Jahr ziehen.

Donnerstag, 20.03.03

Beim Orthopäden. Die Diagnose bestätigt sich, die Beschwerden kommen durch den falschen Laufschuh. Der Schuh war gestützt und ich brauche laut Videoanalyse einen neutralen Schuh. Seitdem ich ihn nicht mehr trage, habe ich keine Schmerzen mehr. Das Training macht wieder Spaß, und ich kann sogar mein Tempo etwas steigern.

Freitag, 21.03.03

Die Redakteurin einer Zeitschrift besucht mich für ein Interview. Auf der Arbeit und zu Hause werden eine Menge Fotos gemacht und wieder einmal erzähle ich von meiner Motivation. Die Familie ist sehr kooperativ und wir bringen auch diesen Termin mit Anstand hinter uns.

Durch die ganzen Termine habe ich diese Woche das Training etwas vernachlässigt, seitdem die anderen auch von »kleinen Pausen« erzählen, sei es wegen Krankheit oder Zeitmangel, gehe ich etwas relaxter mit dem Trainingsplan um. Immer wieder denke ich mit Neid an Anna-Fredas »Wohlfühltraining«. Ich hatte nur vier Trainingseinheiten mit insgesamt 35 km. Ich wollte endlich die 16-km-Hürde schaffen. Leider kam immer etwas dazwischen. Wenn ich vor dem Laufen gegessen habe, wurde mir schlecht oder ich bekam Seitenstechen, musste mich sogar unterwegs übergeben. Wenn ich nichts gegessen hatte, bekam ich bei ca. Kilometer 8 Kreislaufbeschwerden. Nach dem Training habe ich überhaupt keinen Hunger. Außerdem bin ich immer schlapp und ständig müde. Irgendwie bekomme ich das mit der Ernährung im Training nicht so hin. Von meinem Ehemann bekomme ich wieder einmal die Leviten gelesen. Du kannst nicht den ganzen Tag hungern, du musst vor dem Laufen essen, dein Körper wird sich daran gewöhnen, auch trinken solle ich vor dem Training, das kommt ja nun gar nicht in Frage. Wer will denn schon ständig ins Gebüsch springen, um Pipi zu machen. Ich schalte ab, mache wieder dicht, denn das will ich alles gar nicht hören, obwohl – instinktiv weiß ich es ja selbst. Ich habe Angst, dass ich zu viel Substanz verliere und irgendwann der große Einbruch kommt. Ich wiege jetzt nur noch 49 kg bei einer Körperhöhe von 160 cm. Ich habe mit dem Sekretariat von Dr. Wessinghage Rücksprache genommen. Er rät mir dazu, kohlenhydrathaltige Getränke und Sportlerergänzungsnahrung zu mir zu nehmen. Die Produkte von Dr. Feil wären auch für meinen empfindlichen Magen geeignet. Ich recherchiere im Internet und werde fündig.

Nächste Woche werde ich aber wieder powern, denn ich fühle mich ansonsten gut und werde langsam auch unruhig, wenn ich zwei Tage hintereinander nicht laufen kann. Ich habe keine Beschwerden, das Wetter ist angenehmer und sicher werde ich auch noch den »Runners High« kennen lernen.

Freitag, 28.03.03

In dieser Woche lief es wirklich gut, die Läufe waren angenehm und relativ locker, ich hatte keinen Zeitdruck und fühlte mich wohl, obwohl ich einen trockenen Reizhusten und einen ziemlich rauen Hals hatte. Ich habe insgesamt 48 km in 04:52 Std. in dieser Woche bewältigt, das ist gut für mein Selbstwertgefühl.

Leider bemerke ich, dass meine Mutter kein Verständnis zeigt. Bei unseren Telefonaten höre ich aus versteckten Andeutungen, dass sie es mir verübelt, so wenig Zeit zu haben. Wir wohnen 30 Kilometer voneinander entfernt; vor oder nach dem Training lohnt es sich für mich nicht, diesen weiten Weg in Kauf zu nehmen. Zumal ich meistens viele kleine Termine für Familie und Haushalt anschließend zu erledigen habe. Es verletzt mich. Wenn es ihr so wichtig ist, mich zu sehen, kann sie mich ja besuchen. Sie besitzt einen Wohnungsschlüssel, kann also jederzeit hier auf mich warten. Auch wenn ich noch nach der Arbeit trainiere; so würde sie mir den Anfahrtsweg ersparen. Aber sie fühlt sich vernachlässigt und schmollt. Leider habe ich noch nicht den Mut gefunden, sie darauf anzusprechen. Es würde sicherlich wieder einen Streit geben oder aber sie wäre eingeschnappt. Vielleicht tu ich ihr auch unrecht, aber sie ist auch nicht offen zu mir. Aus dritter Hand wurde mir schon gesteckt, dass sie unzufrieden mit der Situation ist. Es macht mir ganz schön zu schaffen und ich knabbere daran. Dann wieder sage ich mir, in diesem Jahr hat das Laufen für mich oberste Priorität, im Nachhinein wird sie sicher Verständnis für mich aufbringen können. Also bloß kein schlechtes Gewissen mehr machen. Ich bin frei, ich laufe mich frei und kann meine Familie trotzdem lieben, auch wenn ich sie nicht regelmäßig oder nur selten besuche.

Montag, 31.03.03

Heute laufe ich mit den Kolleginnen nach der Arbeit. Wir haben unseren Spaß, albern herum und sind in ausgelassener Stimmung. Ich muss mich nicht groß anstrengen, denn da sie beide Anfängerinnen sind, liegt unser Schnitt bei 7 Min. oder 7.30 Min. Anschließend laufe ich nach Hause, steigere ab und zu das Tempo und gewöhne mich an das Trainieren mit Fahrtspiel. Mein Husten macht mir immer noch ganz schön zu schaffen.

In der Nacht von Dienstag zu Mittwoch bekomme ich fast keine Luft mehr, ich huste ununterbrochen. Wenn man das Gefühl hat zu ersticken, kriegt man richtige Panik! Am nächsten Morgen melde ich mich krank, um zum Arzt zu gehen. Ich habe eine obstruktive Bronchitis und irgendwas mit Stridor ist zu hören. Vierzehn Tage kein Training, dazu Antibiotikum, schleimlösende Brausetabletten und Codeintropfen für die Nacht. Ich bin geklatscht, jetzt wo ich richtig loslegen wollte, um mich auf den Halbmarathon vorzubereiten, bin ich außer Gefecht gesetzt. Die Ärztin rät mir, wirklich mit dem Training auszusetzen, sie sagt, Leute, die beim Sport tot umfallen und immer gesund waren, sind die, die solche Erkrankungen nicht ernst genommen haben. Wenn man weiter trainiert, kann man sich eine bakterielle oder virusbedingte Herzmuskelentzündung zuziehen, und das ist sehr gefährlich. Niedergeschlagen beuge ich mich ihrem Urteil. Auch das noch, zu Hause werde ich wieder »rund« gemacht. Mein herzallerliebster Ehemann: Habe ich dir gleich gesagt, kannst ja nicht hören, halte dich an die vierzehn Tage usw. usw.!

Die anderen Protagonisten schicken liebevolle Genesungswünsche. Auch vom Team erhalte ich Aufmunterung.

Trotzdem bin ich betrübt; während jetzt endlich das Wetter besser ist, muss ich im Bett liegen, Tee trinken, inhalieren und meine Nase mit Rotlicht bestrahlen. Ich bin unruhig und würde gern laufen, aber schon der Weg zur Toilette kostet mich Kraft. Alles ist so geschehen, wie die »Besserwisser« es mir vorausgesagt haben. Wenn ich zu wenig wiege und nicht auf die Warnsignale meines Körpers höre, wird irgendwann ein Infekt kommen, der mich umhaut. Jetzt ist er da. Ich wiege 48,7 kg, bin schlapp und fühle mich krank.

Sonntag, 06.04.03

Mein Mann läuft heute den Berliner Halbmarathon mit seinen Kumpels. Eigentlich wollte ich an der Strecke stehen, aber das Wetter ist wieder umgeschlagen, Schneeregen, böiger Wind und sämtliche Widrigkeiten, die der April so zu bieten hat. Ich bin noch nicht richtig gesund und werde nichts riskieren. Wenn ich bei dem Wetter an der Strecke bin, kann ich mich nächste Woche gleich wieder ins Bett legen. Dabei fiebere ich schon dem Gutenberg-Marathon in Mainz entgegen. Dort werden wir Protagonisten die Halbdistanz bezwingen. Thomas ist mit seiner Zeit 01:46:39 zufrieden. Er hat Mücke getroffen. Ich bin sprachlos, was mir nicht oft passiert. Ist der Kerl doch glatt mitgelaufen und das in einer super Zeit, 02:07:50. Er war weder außer Puste noch sonderlich verschwitzt. Das haut mich um. Ich bin natürlich neidisch und hatte auch so in etwa dieses Ziel für Mainz ins Auge gefasst.

Montag, 07.04.03

Thomas hat Urlaub und will wieder nur mein Bestes: Diese Woche läufst du noch nicht, und wenn ich deine Joggingschuhe verstecken muss! Der Arzt sagt, ich soll noch bis Mittwoch pausieren und dann langsam mit 5 km anfangen. Nachdem ich so »heiß« war aufs Laufen, komme ich aber Mittwoch irgendwie nicht in die Gänge. Nach der Arbeit fühle ich mich noch immer schlapp. Der Lauf wird auf morgen verschoben.

Donnerstag, 10.04.03

Vor dem Frühstück eine kleine Runde mit Thomas. Ich laufe am Wendepunkt der 6-km-Runde vorbei und riskiere die 8,2 km. Meine Herzfrequenz ist viel höher als sonst und ich bekomme schlecht Luft. Mit Anstand bringe ich die Trainingseinheit hinter mich. Bei den Dehnübungen schüttelt mich allerdings ein Hustenanfall nach dem anderen. Zum Glück hängt mein Mann noch eine Temporunde ran, so entgeht ihm mein Gehuste und mir die Moralpredigt.

Freitag, 11.04.03

Heute will ich es wissen und nehme die nächstgrößere Runde in Angriff: 12,2 km. Es geht mir nicht wirklich gut, die Beine sind schwer, die Muskeln schmerzen und ich habe das Gefühl, Sauerstoff kommt so gut wie gar nicht in meine Lunge. Aber ich beiße die Zähne zusammen, nur keine Niederlage vor meinem Mann. Als ich nicht mehr kann, schaut er mich kritisch von der Seite an und verlangsamt unser Tempo. Beim Dehnen japse und huste ich ununterbrochen.

Ich fühle mich ausgelaugt und Thomas setzt zu einer Predigt an. Schnell duschen und anschließend ins Bett. So entgehe ich seiner Litanei und kann mich etwas erholen. Nach einer guten Stunde weckt er mich liebevoll mit einer Tasse Tee. Auch das macht mich nicht frischer. Vielleicht bin ich doch noch nicht gesund. Ich fühle mich zerschlagen, als ob ich unter die Räder eines Lasters gekommen wäre. Hat er etwa Recht? Gleich nach dem Abendessen gehe ich schlafen.

Samstag,12.04.03

Am Morgen habe ich Muskelkater. So verkrampft war die Muskulatur nicht mal nach dem 16-km-Lauf. Ich bin mit mir unzufrieden und zickig zu den anderen, obwohl sie gar nichts dafür können. Thomas erklärt mir, dass ich zu wenig esse und deshalb keine Kraft habe und längere Erholungsphasen brauche. Nicht sehr hilfreich, denn das weiß ich selbst. Ich kann nun mal nicht mehr essen, als rein geht! Wir gehen zur Laufbewegung. Meine Tochter reiht sich auch bei den 6:30-ern ein und hält die ersten 5 km prima mit. Wir hängen noch die zweite Runde dran. Heute geht's etwas leichter, vielleicht lenken mich auch die Gespräche der anderen Läufer ab. Meine Herzfrequenz (167 und aufwärts) allerdings sagt, es geht mir noch nicht so gut.

Sonntag, 13.04.03

Eigentlich möchte ich nicht aufstehen. Mein Mann ist etwas beleidigt, also erhebe ich mich, um mit seinen Kumpels zu joggen. Man muss den Muskelkater weglaufen, erklärt er mir. Da ich vor dem Lauf nicht essen mag, mische ich mir von Ultra Sports den »Buffer« zusammen. Toll, der Deckel war nicht richtig drauf und beim Schütteln fliegt mir das Zeug um die Ohren. Morgens um 07.00 Uhr, die Küche klebt, ich sehe aus wie Sau und die Männer warten.

Nach 11 km mit einem 5:45-er Schnitt bin ich ganz schön fertig. Wie hat Mücke nur die 20 km geschafft! Ich habe Angst vor Mainz. Mein Ehrgeiz will nicht zulassen, dass ich nach ihm ins Ziel komme. In der Wohnung komme ich kaum die Treppen hoch. Meine Muskeln gehorchen einfach nicht. Schlechtgelaunt erscheine ich am Frühstückstisch. Thomas und Fabienne versuchen mich zu trösten: Du bist halt noch nicht wieder richtig gesund, bis Mainz sind es ja noch ein paar Tage.

Ich heule mich per E-Mail bei den anderen Protagonisten aus. Sie schicken liebe Grüße, doch auch das hilft mir heute nicht wirklich. Ein Anruf von Frank reißt mich aus den trüben Gedanken. Oh Gott! Er ist heute gestürzt und hat sich einen Bänderriss zugezogen. Er war gleich im Krankenhaus. Der Arzt meint, dass dieses Band nicht so wichtig wäre und er bald wieder fit ist. Wie ich Frank kenne, wird er ansonsten die Strecke im »AOK-Shopper« zurücklegen. In Mainz gehen ja auch Rollstuhlfahrer an den Start. Doch er ist ganz cool, hat anscheinend alles im Griff, zumindest gibt er sich betont locker. Den Halbmarathon kann er eventuell mitlaufen, aber nicht in seiner gewollten Bestzeit. Ganz ruhig muss er es angehen und kann froh sein, wenn er ins Ziel kommt.

Ich schäme mich sehr. Andauernd habe ich »Tiefs«, bin seelisch aus dem Gleichgewicht und nerve damit die anderen. Und Frank, der nun wirklich ernsthaft verletzt ist und körperliche Strapazen ausstehen muss, ist so gut drauf. Ich glaube, dem ist die Petersilie nie verhagelt. Warum nur bin ich so pessimistisch veranlagt?

Der Anruf von Harold, dass der Sponsor uns eine Sommerausstattung zukommen lassen wird, hebt meine Stimmung auch nicht so recht. Vielleicht ist das ganze Projekt für mich doch zu anstrengend. Ich zweifele wieder einmal an mir. Dr. Riebe schickt mir eine aufmunternde Mail:

Hallo Iris,

wir sind Menschen und keine Maschinen. Was du gerade erlebst, kennt jeder, der auf ein Ziel hintrainiert. Mal läuft das Training super und manchmal nicht so, wie man es gerne möchte. Wie bei einer Welle gibt es Täler und Berge. Und zur Zeit bist du im Tal. Aber nach dem Tal kommt wieder ein Berg, so dass du wieder Bäume ausreißen kannst. Gönne deiner »Laufmaschine« doch etwas Zeit (Erholung!).

Meine Tipps: Erinnere dich an deine tollen »Bergphasen«, z.B. beim 10-km-Lauf in Damp. Iss viel Obst und Gemüse sowie Kohlenhydrate und trinke 2-3 l täglich. Schlafe, wenn du müde bist. Für 3 Tage kein Lauftraining. Dafür gemütlich Radfahren oder Spazierengehen. Anschließend das Lauftraining langsam und kurz beginnen. Danach über 2 Wochen langsam steigern auf das geplante Trainingsprogramm. Und in Mainz wirst du dann ganz locker ins Ziel laufen.

Viele Grüße, Dieter

Vielleicht hat er Recht. Anna-Freda ruft auch an und ermahnt mich, nicht so ehrgeizig zu sein. Sie erinnert mich immer wieder daran, auf meinen Körper zu hören. Nur so wird mir das Training Spaß bringen, und die gewünschten Erfolge kämen dann von ganz allein. Mein Herz sagt, alle haben Recht, aber mein innerer kleiner Schweinehund gibt einfach keine Ruhe. Wo nur ist die Schublade, in der ich ihn einsperren kann? Montag und Dienstag trainiere ich nicht.

Beim Training auf dem ehemaligen Grenzstreifen im Norden Berlins

Erstes Treffen in Damp im November 2002 mit Anna-Freda.

Zur Bestimmung des Laktatwertes wird Blut aus dem Ohrläppchen entnommen.

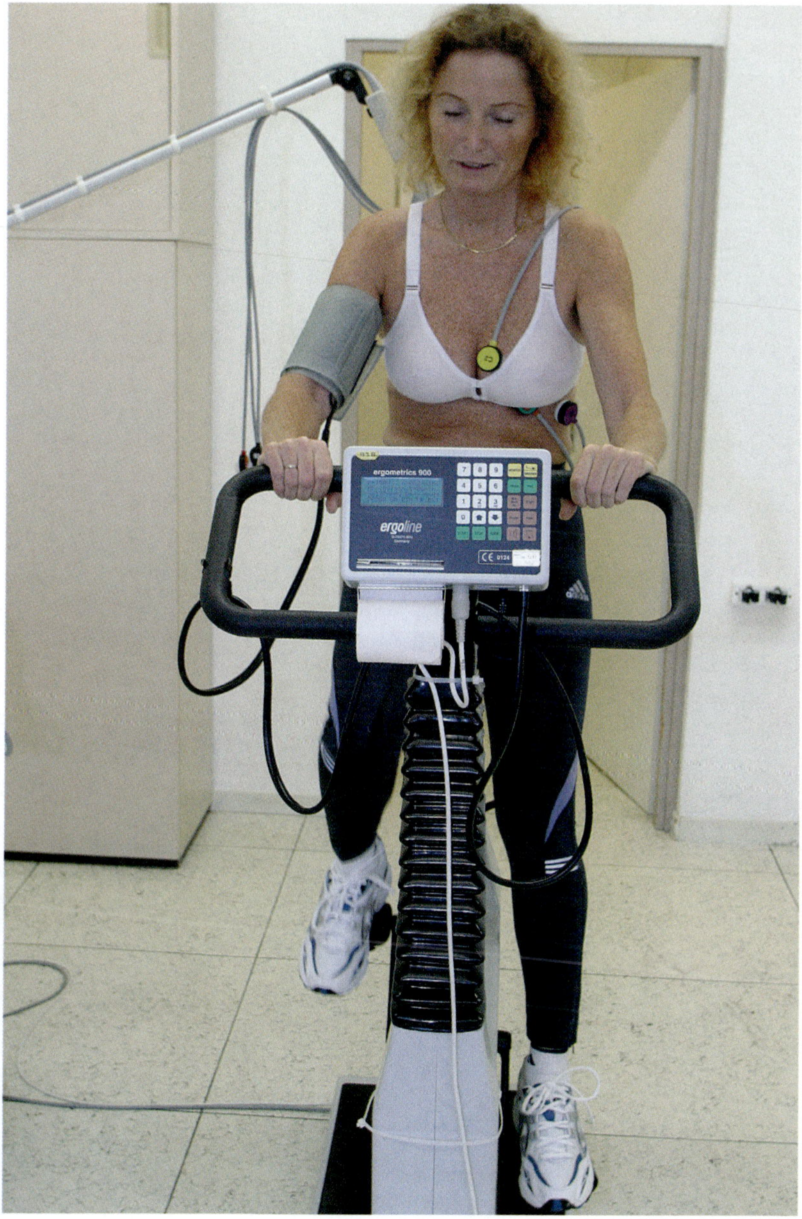

Belastungs-EKG

Diese Rangfolge wünschte mir meine Tochter Fabienne.

Halbmarathon in Mainz am 11.05.2003 mit Thomas.

Berliner Frauenlauf am 24.05.2003 – 10 km.

Jahrhundertsommer beim 30-Kilometer-Lauf in Damp.

Bananen für die Regeneration, Eis fürs Knie nach 21 Kilometern.

Streicheleinheiten vom Trainer Dr. Thomas Wessinghage.

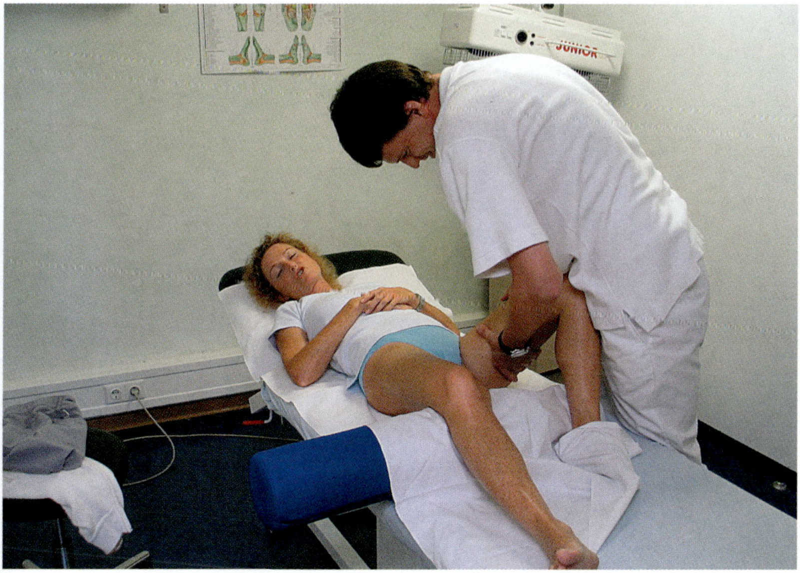

Mal wieder beim Physiotherapeuten.

»Meine« Männer – v.l. Thomas, Jens, Peter, Hans, vorn Iris und Michael.

Die ganze Familie, auch unsere Gastkinder, laufen in der City-Nacht.

Abendlauf

Alle sieben »Helden« im Sommercamp Damp III

Ankunft auf dem Flughafen New York –Frank und Dieter voller Zuversicht, ich eher skeptisch.

Endlich in New York – alle Teilnehmer mit Crew (Redakteure, Kamera, Ton).

Letzte Instruktionen vor dem großen Lauf.

Mit Thomas vor dem UN Gebäude beim Friendship-Run.

Auf den Straßen von New York.

Der Kameramann überprüft die Technik.

Jetzt geht's los – Verrazano Narrows Bridge.

Auf der Strecke.

Letzte Wasserstelle vor dem Ziel.

Eisspray gegen die Schmerzen.

Die Läufer hüllen sich nach dem Lauf in Thermofolien.

Geschafft, erschöpft, aber glücklich im Ziel.

Man gönnt sich ja sonst nichts: Mit Dieter in einer Stretch-Limo nach der Finisher-Party.

Familie und Freunde überraschen uns auf dem Flughafen in Berlin Tegel.

Gönne mir nach und vor der Arbeit Ruhe, schlafe viel und ernähre mich gesund.

Mittwoch, 16.04.03

Nach dem Dienst ein kleiner Lauf mit Thomas. Ich habe keine Lust. Schon am Anfang wollen die Beine nicht so richtig. Ich bin verkrampft, laufe unkonzentriert und schnaufe wie eine Lokomotive. Thomas mustert mich kritisch aus den Augenwinkeln. Ich ignoriere ihn und zum Glück schweigt er. Tapfer kämpfe ich mich die 8-km-Runde lang. Mehrmals würde ich am liebsten abbrechen und eine Gehpause einlegen. Aber ich zwinge mich, hart zu bleiben. Los, nur noch wenige Kilometer, du hast schon viel längere Strecken bewältigt, reiß dich zusammen. Geschafft, aber ich bin total groggy. Meine Herzfrequenz war fast die ganze Zeit über 169. Wieso? Was ist los? Ich habe die Schnauze voll!!

Ich wende mich noch einmal an Dr. Riebe, da sich überhaupt keine Besserung einstellt. Anscheinend nimmt er mein Problem ernst, sofort erhalte ich eine Antwort:

Hallo Iris,

laufe bitte ab heute für 8 Tage jeden 2.Tag nur 5 km in einem Tempo, welches dir Spaß macht. Achte dabei nicht auf den Puls. Ansonsten weiterhin meine Tipps von meiner letzten Mail umsetzen. Schreibe mir bitte, wie es dir nach 8 Tagen geht.

Du wirst es schon packen! Viele Grüße, Dieter

Ich beherzige die nächsten Tage seine Anweisung, tauche aber immer tiefer in meine Depression. Ich bemerke keine Besserung, mein Laufstil ist hölzern und mein Körper verkrampft.

Donnerstag, 17.04.03

Ich bin beim Osteopathen. Auch hier wird mir gehörig der Kopf gewaschen. Warum ich nicht besser auf meinen Körper höre? Ich habe zu viel von mir verlangt! War zu ehrgeizig und bin weit über meine Grenzen gegangen. Er verordnet mir Wellness. Ich bekomme Fango, Massagen usw. Außerdem verordnet mir der Doc eine

10-tägige Tablettenkur mit dem Wirkstoff Tetrazepam (ein Muskelrelaxans).

Karfreitag, 18.04.03

Wir treffen Freunde, die keinen Hehl daraus machen, wie »bescheiden« ich aussehe. Das baut mich natürlich nicht gerade auf. Aber Freunde sollen und dürfen auch ehrlich sein. Das erwarte ich auch.

Ostersonntag, Thomas ist mit seinen »Männern« joggen. Die Sonne scheint, prima Wetter zum Joggen und ich bin traurig. Anna-Freda ruft an, sie ist so verständnisvoll und lieb. Ich habe das Gefühl, sie versteht mich. Wir reden fast 40 Min. Sie bemerkt, dass die Familie zu eng an mir dran ist, dass ich Abstand brauche, und lädt mich zu sich ein. Über den 1. Mai soll ich zu ihr und ihrer Familie kommen. Ein Flug nach Kiel ist zu teuer. Mit dem Auto möchte ich keine so lange Strecke allein fahren. Vielleicht mit der Bahn, mal sehen. Thomas ist beleidigt. Ich wäre bei seinem 25-km-Lauf in Berlin nicht an der Strecke. Wenn ich dir nicht helfen kann, musst du eben woanders getröstet oder aufgebaut werden, bekomme ich zu hören. Ich möchte am liebsten alles hinschmeißen. Das kommt nicht in Frage, fällt er mir ins Wort. Ich hätte schon zu viel investiert. Er hätte mir immer schon gesagt, das wird kein Spaziergang usw. usw. Ich kann es nicht mehr hören. Ich habe das Gefühl, wenn ich aufhöre, ist das für ihn wie eine persönliche Niederlage. Vielleicht sogar Blamage vor seinen Freunden und Bekannten. Mir ist das im Moment schei...egal. Er ist hilflos, weiß nicht, wie er mich behandeln soll. Ich bin auch durch den Wind, kann mich ihm gegenüber nicht erklären und igel mich ein. Warum nur bin ich so kompliziert? Ich werde auch nicht zustimmen, für ihn einen Flug nach New York zu buchen, wenn ich mich selbst dort noch nicht sehe. Ich ersticke wieder, ich bin eingezwängt, kann nicht selbst entscheiden ... und bin deshalb todunglücklich. Wo ist meine Euphorie, mein Wille, denn eigentlich will ich ja. Aber kann man nur durch Willenskraft alle Hürden überwinden? Nächste Woche muss Thomas wieder arbeiten. Ich werde ganz langsam allein trainieren und einen neuen Versuch starten.

Unser Sponsor hat mir ein Athletenpromotionpaket geschickt. Wieder nur schwarze und weiße Shirts und alles Sachen, die mir nicht gefallen. Das hellt meine Stimmung auch nicht gerade auf. Ich wende mich direkt an ihn, ich könne für 50 % Preisnachlass Artikel aus dem Katalog bestellen, die mir gefallen. Also schicke ich eine E-Mail mit den Artikelnummern. Die Antwort: Ein Teil wäre noch lieferbar. Zu dem ganzen Frust wegen der Schmerzen nun auch noch diese Sache. Alles türmt sich zu einer unüberwindbaren Welle, die über mich hereinbricht und mich verschlingt.

Das mit dem neuen Versuch hat auch nicht geklappt, nach 3 km muss ich gehen – bis nach Hause (km in 8,08 Min.). Ich weine. Warum kann ich nicht? Ist das eine Blockade meiner Psyche? Doch die Muskelverspannungen sind echt und die Schmerzen real. Meine Beine scheinen aus Holz zu sein. Keine Geschmeidigkeit mehr. Ich nehme die Einladung von Anna-Freda an und buche eine Zugfahrt. Thomas hat sich anscheinend beruhigt und rät mir sogar, erst am Sonntag zurückzufahren, obwohl ich dann seinen 25-km-Lauf versäume. Ich telefoniere mit Anna-Freda, mache alles bei der Bahn klar und habe schon im nächsten Augenblick ein schlechtes Gewissen. Ich ermahne mich: Mach dich frei! Tu dir was Gutes! Genieß deine Vorfreude! Mein Kopf sagt, du bist egoistisch! Denkst nur an dich! Die Läufe deines Mannes interessieren dich nicht! Schäme dich.

SCHWEIG! LASS MICH IN RUHE!!!!!! Ich lausche in mich hinein, fange an, die Fenster zu putzen und höre diese Stimme nicht mehr.

Ich laufe jetzt gar nicht mehr. Der Schmerz muss erst weg sein. Mit einem Tensgerät erhalte ich Strombehandlungen, ich werde etwas Aquajogging machen und Radfahren. Den Halbmarathon in Mainz unter zwei Stunden zu laufen kann ich mir abschminken. Ich muss realistisch sein und auf meinen Körper hören, sonst komme ich gar nicht erst nach New York.

Dabei sein ist alles, ich muss jetzt locker werden und zusehen, dass ich auch ins Ziel komme. Vor noch sechs Monaten hätte ich nicht einmal an einem 5-km-Fun Run teilgenommen. Ich bin jetzt schon so weit. Niemanden interessiert es, wie schnell ich bin (außer mir natürlich), da ist er wieder, der fiese Ehrgeiz. SCHWEIG!! Ich möchte in Mainz laufen, auch wenn ich langsam laufe, ich werde die Distanz bewältigen und mein Mann wird hoffentlich an meiner Seite sein. Jetzt konzentriere ich mich erst einmal auf die schöne Zeit, die ich bei Anna-Freda und ihrer Familie haben werde.

Montag, 28.04.03

Wieder Schmerzen, Frust wegen des Sponsors und Stress mit der Familie. Ein nichtiger Anlass bringt das Fass zum Überlaufen. Thomas weiß nicht, wie ihm geschieht. Ich setze mich an den PC, um eine Rund-E-Mail zu formulieren. Ich steige aus! Ihr könnt mich alle mal ...! Ich kann einfach nicht mehr. Thomas ist entsetzt, er trennt die Verbindung. Wir streiten uns schon wieder. Ich bin auf der Palme, meine Frustration bricht sich Bahn und ich bin nicht mehr kontrollierbar.

Ratlos ruft Thomas bei Harold an. Jetzt flippe ich gänzlich aus, spinnt der? Das ist mir peinlich! Ich heule Rotz und Wasser und bin total aufgewühlt – am Ende. Ich verliere mein Ziel aus den Augen, meine Motivation. Für meinen Mann zählt nur noch das Projekt und dass ich drin bin. Doch die immer wiederkehrenden Streitigkeiten, Frusterlebnisse und Enttäuschungen belasten meine Ehe enorm. Ich habe das Gefühl, wir entfernen uns voneinander. Das habe ich nicht gewollt. Ich wollte nur etwas Eigenes, was mich stärker macht, mir Selbstbewusstsein bringt, damit ich stolz auf mich sein kann.

Aber ich habe Angst, Angst, dass so viel in unserer Beziehung zerbricht, was dann nicht mehr zu kitten ist. Ich werde aussteigen, um meine Ehe, meine Familie zu retten und den Frieden wiederherzustellen. Ich kann ja für mich allein joggen, ohne SWR-Team, ohne Protagonistengang und den ganzen Rummel. Aber da ist es wieder, mein altes Verhaltensmuster, dem ich entfliehen wollte. Ich werde wieder zurückstecken, um des lieben Friedens willen. Wird das nicht auch meine Ehe belasten, wenn ich aufhöre, obwohl ich auch Spaß daran habe? Ich weiß, ich war zu ehrgeizig, habe mir zu viel zugemutet, aber ich bin davon überzeugt, dass ich es schaffen kann, wenn ich nur mehr auf meinen Körper höre und nicht auf all die anderen. Was ich nicht schaffe, ist noch ein halbes Jahr im häuslichen Unfrieden zu leben. Dann klappt weder das eine noch das andere. Also muss ich wohl wirklich aussteigen! Ich bin so verwirrt, so verunsichert. Ich werde den Sportpsychologen Oliver Stoll um Rat fragen. Ich weiß allein nicht weiter.

Lieber Oliver,

die 42 km und die Strecke bis dahin sind sehr lang und anstrengend. Ich habe seit dem 1. April nicht mehr richtig trainiert. Bronchitis, Muskelschmerzen usw. Ich bin sehr unausgeglichen, streite häufig mit meinem Mann und befinde mich in einer Spirale der Hilflosigkeit, aus der ich mich nicht befreien kann. Oder will? Vielleicht ist das alles auch meine verrückte Psyche! Ich weiß nicht. Ich befürchte, ich entferne mich immer weiter von meinem Mann und meiner Familie. Kann ich nicht loslassen? In vielen Situationen reagiere ich über und total irrational. Mit Abstand denke ich manchmal, ich werde verrückt oder schizophren. Ich befürchte, dass das Projekt meinem Mann jetzt mehr bedeutet als mir und dass er mich unbedingt da drin haben möchte. Ich bin nicht mehr im Vordergrund. Deshalb hab ich mich entschlossen, nach einem meiner wahrscheinlich unmöglichen Ausbrüche, aus dem Projekt auszusteigen. Ich weiß aber gar nicht, ob ich das wirklich möchte. Mir ist das Projekt immer noch verdammt wichtig, aber ich möchte nicht meine Familie zerstören. Muss ich deshalb alles aufgeben und aussteigen? Schade, dass wir nicht persönlich reden können. Es ist alles so schwierig und vertrackt. Es wäre schön, wenn du mir antwortest. Ich bin aber bis zum 04.05. bei Anna-Freda in Wangels. Ich habe auch schon mit großem Interesse dein Buch gelesen und viele Situationen wiedererkannt.

Viele liebe Grüße Iris Gehrmann

Die Antwort kommt prompt.

Iris,

ich bekomme schon mit, wie sehr dich dass alles belastet und dass du im Moment kaum weißt, wo und wie dir der Kopf steht. Pass auf:

Ich habe das O.K. vom SWR, dass ich zu dir hoch nach Berlin kommen kann. DIE KAMERAS BLEIBEN DRAUSSEN: Nur du und ich (und dein Mann, wenn er will). Da ich als »alter Ironman-Triathlet« auch mit solchen Geschichten wie Knochenhautentzündungen, Überlastungssymptomen usw. zu tun hatte, kann ich dir diesbezüglich bestimmt auch weiterhelfen. Wir sollten uns möglichst bald mal treffen.

Gruß, Oliver

Mittwoch, 30.04.03

Thomas bringt mich zur Bahn. Eine Schulklasse versucht sämtliche Abteile in Beschlag zu nehmen. Wagen 255, Platz 64. In diesem Abteil sitzen bereits fünf Männer. Ich überlege kurz, ob ich da wirklich reingehen möchte. Doch Hamburg ist weit, also Augen zu und durch. Entschuldigung, aber dieser Platz ist für mich reserviert. Einer springt auf, die anderen schauen mich mit großen Augen an und sind etwas verlegen. Es ist mir unangenehm, in so eine Männerrunde zu platzen, denn anscheinend hatten sie sich bisher prächtig unterhalten. Nun schweigen sie und grinsen sich ab und zu verstohlen an.

Am Bahnhof in Eutin holt mich Anna-Fredas Ehemann ab. Es regnet in Strömen. Passt ja zu meiner Stimmung. Wilhelm ist sehr nett; ich bedanke mich, dass sie mich für ein paar Tage aufnehmen. Schnell sprudelt meine jetzige Situation aus mir heraus. Er sagt, ich solle erst einmal abschalten und mit der Erholung beginnen. Wir fahren durch ländliches Gebiet. Saftige grüne Wiesen, kleine Wälder, Pferde und Kühe. Nach einer Weile biegen wir in einen schmalen Weg ein. Am Ende sehe ich mehrere Scheunen, Koppeln und auch ein kleines anheimelndes Häuschen. Die Fenster sind hell erleuchtet und in warmes Licht getaucht. Eine Oase der Stille. Alles sieht so friedlich und gemütlich aus. Dort halten wir. Wilhelm kümmert sich um mein Gepäck. Anna-Freda sehe ich durchs Fenster in der Küche arbeiten. Herzlich werde ich von ihr begrüßt. Ihre wohlerzogenen Söhne nehmen mich auch freundlich auf. Der jüngste, Cornelius, hat sogar sein Zimmer für mich geräumt. Es duftet himmlisch und ich bemerke, dass ich schon seit Stunden nichts mehr gegessen habe. Es gibt Lachsfilet, Kartoffeln und Salat. Alles schmeckt wunderbar und die Stimmung ist locker.

Das Zimmer ist liebevoll hergerichtet. Ein wunderschöner Blumenstrauß, Obst und eine Flasche Wasser. Anna-Freda ist die perfekte Gastgeberin. Überall auf den Regalen stehen die Pokale ihres sportlichen Sohnes.

Donnerstag, 01.05.03

Früh werde ich vom Gezwitscher der Vögel geweckt. Als Großstadtmensch kenne ich nur die Geräusche vom morgendlichen Berufsverkehr oder von Flugzeugen, die über unser Wohnhaus fliegen. Die ungewohnten Laute lassen mich nicht mehr einschlafen und ich schreibe ein paar Zeilen für mein Buch. Mein Handy habe ich ausgeschaltet, ich möchte nichts von zu Hause hören.

Es hat aufgehört zu regnen, aber der Himmel ist noch grau und schwer von Wolken.

Nach dem Frühstück gehen Anna-Freda und ich laufen. Die Landschaft ist zauberhaft, grüne Wiesen, gelbe Rapsfelder, der graublau verhangene Himmel und die leicht kappelige Ostsee. Es ist das erste Mal seit Wochen, dass ich ganz unverkrampft und entspannt laufe, obwohl der Schmerz im Schienbein vorhanden ist. Ab und zu kommt ein kurzes Gespräch auf, doch meistens hängen wir unseren Gedanken nach und genießen die frische klare Luft und die Landschaft um uns herum. Nach ca. 35 Min. überrascht uns ein kräftiger Regenschauer. Als es blitzt und donnert, suchen wir Schutz an der Strandpromenade. Im Schatten des DLRG-Hauses können wir das Unwetter abwarten.

Der Regen lässt nach, und wir laufen auf der asphaltierten Straße zurück durch den Ort Howacht. Am Strand entledigen wir uns der Laufbekleidung, der Wind frischt auf und der Regen peitscht jetzt heftiger. Schnell streifen wir unsere Badeanzüge über und springen in die 10°C kalte Ostsee. Anna-Freda vergewissert sich, dass ich Saunaerfahrung habe, schließlich will sie mich nicht umbringen. Zweimal tauchen wir unter, schnell zurück zum Strandkorb. Die Haut prickelt, meine Sinne sind voll wach, der kalte Wind kann mir nichts anhaben. Wir ziehen trockene Sachen an und fahren erfrischt in ihr Atelier. Es ist auf der Blomenburg, ein Dornröschenschloss. Kleine weiße Türmchen mit Zinnen und ein anmutiger Burghof. Alles sieht so verspielt aus. Vor dem jetzt blauen Himmel mit den schiefergrauen Wolken leuchtet der Gebäudekomplex geradezu, und Anna-Freda ist so stolz, als wäre sie die Burgherrin. Anna-Freda ist sehr künstlerisch. Sie malt und beherrscht mehrere Instrumente. Während das Teewasser kocht, spielt sie auf dem Flügel Chopin für mich.

Ich bin erstaunt über die Vielseitigkeit ihrer Arbeiten. Es gibt Aquarelle, Kohlezeichnungen, Ölgemälde, halbfertige Leinwände, Kollagen und Arbeiten in Gouache.

Sie widmet sich ihrer Ölmalerei, während ich an meinem Manuskript schreibe. Eine CD mit klassischer Musik sorgt für Entspannung. Meine Fäuste sind seit langer Zeit einmal nicht geballt und innere Ruhe breitet sich in mir aus. Ich gewinne etwas Abstand, betrachte das Marathonprojekt distanziert. Die Gedanken schweifen ab, ich sehe die See vor meinem inneren Auge, den Himmel, den Strand und die Möwen im Wind. FRIEDEN und RUHE. Der Geruch der Ölfarbe ist fremd, aber nicht unangenehm. Das leise Kratzen des Pinsels auf der Leinwand empfinde ich als beruhigend.

Nach dem Abendessen spielt Anna-Freda für mich auf dem Saxophon. Sie ist unzufrieden mit ihrer Leistung, für mich jedoch sind es wunderschöne Klänge. Es ist gemütlich, im Ofen prasselt ein Feuer und draußen regnet es wieder.

In dieser Familie kann anscheinend jeder seinen »Egoismus« ausleben, ohne schlechtes Gewissen. Sie lieben sich deshalb nicht weniger als wir uns. Aber alles scheint viel harmonischer, oder ist das die Sonntagsversion, weil ich dort zu Gast bin? Es steht mir nicht zu, das zu beurteilen, aber mir gefällt, was ich sehe. Anna-Freda ist nicht kühl, sie und ihre Familie sind sehr warmherzig, offen und verständnisvoll. Gute Zuhörer, ich bekomme keine gut gemeinten Ratschläge, es wird keine persönliche Bewertung abgegeben, es gibt lediglich ein wenig Starthilfe, um einen Ausweg aus meiner angespannten Situation zu finden.

Freitag, 02.05.03

Heute fahren wir zum Strand, um zu relaxen. Wir wollen heute Abend am Lübecker Frauenlauf teilnehmen. Das Wetter ist durchwachsen, aber kein Regen. Die Sonne bricht immer wieder durch die Wolken. Anna-Fredas Mann hat heute Morgen ein Blutbild von mir gemacht, um zu sehen, ob alle Werte normal sind. Im rechten Schienbein und der Wade habe ich nach dem gestrigen Lauf wieder Beschwerden, die machen mir Angst, aber ich will Anna-Freda die Freude nicht verderben. Sie lässt mich am Strand zurück, denn sie hat einiges zu erledigen. Ich genieße im Strandkorb die spärlichen Sonnenstrahlen und vertreibe mir die Zeit mit Lesen. Ich kann mich schlecht konzentrieren, die Gedanken machen sich selbstständig. Ich denke an Thomas und die Kinder. Ich glaube, ich habe sie alle sehr verletzt mit dem Entschluss, hierher zu fahren. Der Halbmarathon in Mainz lässt mich auch nicht los. Kann ich laufen oder nicht? Will ich überhaupt teilnehmen? Die Telefonate mit Harold und Rolf sind mir verdammt peinlich. Ich werde befangen sein, wenn ich ihnen wieder gegenüberstehe. Es ist mir unangenehm, dass ich mich anscheinend übernommen habe und alle Warnungen ihrerseits in den Wind geschlagen habe. Vielleicht liegt es aber auch an meinen Sporteinlagen, ich weiß nicht. Ich bin total verunsichert.

Wilhelm fährt uns nach Lübeck. Wir erhalten unsere Startnummer und eine Überraschungstüte mit Duschbad, Feuchtigkeitscreme, Müsliriegeln usw. Die ca. 300 Frauen, die an den Start gehen, wärmen sich gemeinsam im Stadion auf der Wiese auf. Beim Springen stellt sich der Schmerz wieder ein. Ich denke besorgt an die 10 km.

Anna-Freda führt mich an die Startlinie, und als der Schuss fällt, starten wir aus der ersten Reihe. Anna-Freda rennt los wie eine Sprinterin. Ich lasse mich nicht mitreißen und falle schnell zurück. Am Stadionausgang sind wir aber bereits wieder gleichauf. Wir laufen einträchtig nebeneinander her. Es gibt keine Km-Schilder, ich kann unser Tempo schlecht einschätzen. Mein Schienbein pocht bei jedem Schritt. Ich habe Seitenstechen, wir haben viel zu spät und zu hastig gegessen. Ich konzentriere mich auf die Atmung, tief –

und lange Schritte. Es wird besser. Nach einigen Kilometern tritt der Schmerz in den Hintergrund, trotzdem fühle ich mich schlecht.

Als wir wieder ins Stadion einlaufen, sprintet Anna-Freda wieder los. Ich muss sie ziehen lassen. Mein Bein klopft und pocht und ich bin enttäuscht von meiner Leistung. In 01:06:00 Std. kommt Anna-Freda ins Ziel. Ich bin einige Plätze hinter ihr. Kein Hochgefühl, keine Glückshormone, so wie beim 10-km-Lauf der Sympathie in Berlin. Meine Muskulatur kann nicht Ursache für den Schmerz sein. Die ist locker und ich hätte auch nicht 10,8 km laufen können. Zu Hause untersucht Wilhelm mein Bein. Er kommt zum gleichen Schluss. Die Muskulatur ist locker und nicht verspannt. Er tastet das Bein ab und findet den Schmerzpunkt ziemlich genau. Er meint, es wäre die Rückseite der Knochenkante und tippt auf Knochenhautreizung. Aus ärztlicher Sicht rät er mir vom Halbmarathon ab, um die Ausheilzeit nicht unnötig zu verlängern.

Ich bin entsetzt und entmutigt und gehe mit einem Eisbeutel ins Bett.

Samstag, 03.05.03

Ich bin froh, dass ich gestern das halbwegs gute Wetter ausgenutzt habe und am Strand geblieben bin. Heute regnet es wieder in Strömen und ein lausiger Wind fegt ums Haus. Nach dem Frühstück gehen wir einkaufen und danach ins Atelier. Wir hängen einige ihrer Bilder auf, kochen Tee und Anna-Freda beginnt zu malen. Ich lese mein Buch von Lance Armstrong aus, schlafe ein wenig und lasse die vergangenen Tage Revue passieren. Heute kann mich wieder nichts trösten, nicht einmal diese ruhige entspannte Atmosphäre. Es ist beinahe wie während einer meiner Schwangerschaften. Mein Seelenleben ist völlig aus dem Gleichgewicht – himmelhoch jauchzend und im nächsten Moment zu Tode betrübt. Dabei fällt mir eine Zeile aus einem Lied von Nena ein, in dem es heißt: »Ich bin traurig, gerade hab ich noch gelacht und an so was Schönes gedacht«.

Auf dem Heimweg fahren wir über Seelendorf, um am Strand einen Spaziergang zu machen. Es herrscht immer noch heftiger Wind und die Ostsee ist ordentlich aufgewühlt. Genau wie ich. Der Wind zerrt an unseren Jacken, es regnet und wir setzen die Kapuzen auf. Im »Genueser Schiff« trinken wir eine heiße Schokolade. Anna-Freda kann richtig gut zuhören und ist eine gute Freundin, und langsam verstehe ich sie auch. Ich denke wirklich, ich sollte öfter aus dem Bauch heraus entscheiden, denn mein Bauch ist klüger als ich.

Wilhelm und die Jungens warten schon. Es gibt Goldforellen, Wurzeln, Kartoffeln und Salat. Da ich morgen abreise, öffnen wir zum Abschied eine Flasche Prosecco. Es ist ein lustiges, entspanntes Abendessen, obwohl die Tagebuchkamera mitläuft. Wir amüsieren uns über die Situationskomik, und die Anspannung fällt von mir ab.

Sonntag, 04.05.03

Heute regnet es nicht, die Vögel zwitschern und das schöne Wetter macht es mir schwer zu packen. Ich denke an Thomas, er ist schon auf der Strecke, er läuft heute die 25 km von Berlin. Ich bedaure ein wenig, dass ich nicht dabei bin, um ihn zu unterstützen. Cornelius und Wilhelm gehen golfen, Johannes bespannt seinen Tennisschläger und Christian hat woanders übernachtet. Ich gehe noch einmal zu den Koppeln, verabschiede mich von den Pferden, nehme das saftige Grün der Wiesen auf und präge mir das Gelb der Rapsfelder ein. Zwischen den Wolken blitzt immer wieder blauer Himmel und die Sonne kommt hervor.

Nach hastiger Suche findet Anna-Freda endlich den Autoschlüssel, packt etwas von ihrer Walnusstarte für mich ein und fährt mich zum Bahnhof. Eine kurze Umarmung, ein paar aufmunternde Worte und fort ist sie.

In den letzten Tagen habe ich neue Eindrücke gesammelt, mich von der Anspannung befreit und festgestellt, es gibt noch etwas anderes als diesen vermaledeiten New York Marathon. Aber ob ich nun Schluss mache oder nicht, weiß ich immer noch nicht.

Mein Mann holt mich vom Bahnhof ab. Hat es etwas zu bedeuten, dass die Rose, die er mir überreicht, gelb ist und nicht rot? Die Stimmung ist angespannt, ich glaube, wir haben beide etwas Angst.

Zu Hause sind wir wieder schnell beim Thema und überlegen, was bezüglich der Schmerzen zu unternehmen ist. Ich scheue mich, den Orthopäden privat anzurufen und um einen Termin zu bitten. Darüber ist Thomas erzürnt, wir streiten schon wieder. Das Telefon unterbricht uns plötzlich. Meine Tochter reicht mir den Hörer, der Doktor wäre dran. Erstaunt schildere ich ihm mein Problem mit den Beschwerden und dass ich keine Termine in seiner Sprechstunde bekomme. Nach einer Weile ein unterdrücktes Lachen am anderen Ende der Leitung. Ich stutze! SCHEISSKERL!! – rutscht es mir raus, es ist Frank, einer der anderen Protagonisten, der mich auf den Arm genommen hat. Ich knalle das Telefon auf den Tisch, Tränen strömen über mein Gesicht. Ich bin völlig außer mir. Er hat mich voll erwischt! Ich schreie, dass ich jetzt auf keinen Fall mehr zum Halbmarathon nach Mainz fahre. Wenn man emotional am Boden ist und dann noch so verarscht wird, ist es doppelt bitter. Ich will alles hinschmeißen, ich kann nicht mehr. Zu einem anderen Zeitpunkt hätte ich sicher herzhaft gelacht, aber in meiner jetzigen Verfassung war dieser Joke total daneben. Der wochenlange Frust wegen der Schmerzen, der Familienzwist um Lappalien, das ganze Chaos wegen des Puma-Outfits, ich vergrabe mich in meinem Bett und bin für niemanden zugänglich. Die ganze Erholung ist hin. An solchen Tagen verhöhnt mich das Plakat über der Treppe. New York du schaffst es! Am liebsten würde ich es runterreißen.

Montag eine E-Mail von Frank. Er entschuldigt sich wortreich und beschwört mich geradezu, nach Mainz zu kommen. Auch Harold Woetzel ruft an, da er von Thomas und Frank informiert wurde, um die Angelegenheit zu klären. Der Orthopäde meldet sich ebenfalls. Nachdem ich mich vergewissert habe, ob er es wirklich ist, bekomme ich für den nächsten Tag einen Untersuchungstermin bei ihm. Harold würde sagen: »Alles wird gut.«

Er verordnet mir manuelle Therapie, Ultraschall und die ganze Bandbreite seiner Möglichkeiten. Es sind alles nur Überlastungserscheinungen, und die können behoben werden. Auch die Einlagen werden noch einmal überarbeitet. Wenn ich in Mainz zum Halbmarathon starten möchte, würde er mir eine Spritze geben. Ich nehme sie, denn ich möchte so gerne mit den anderen laufen.

Samstag, 10.05.03

Wir fahren mit dem Zug nach Mainz. Die Kinder wollten allein bleiben und haben für den Notfall die Telefonnummern der Omas. Ich habe gemischte Gefühle, den anderen gegenüberzutreten, alle sind anscheinend gut auf den Halbmarathon vorbereitet. Dieter, unser Scherzkeks, hat schon mal vorab ein Votum abgegeben:

Wer durchkommt???? Klar kommen wir alle durch. Auch wenn meine Wadenkrämpfe wieder beginnen, werde ich ins Ziel robben!

Und Frank soll sich nicht so haben, in der Steinzeit mussten die Neandertaler auch mit Bänderrissen auf die Jagd! Also er muss es auch packen!

Iris wird ja sowieso von ihrem Mann ins Ziel getragen!

Michael darf als SWR-Mann gar nicht schlapp machen!

Mücke läuft wahrscheinlich in der Gruppe der Kenianerinnen!

Anna-Freda kommt allemal an, wenn sie Lust hat!

Uuuund ich habe sowieso den Mega-Biss und die innere Stärke, ins Ziel zu kommen!

Im Hotel treffen wir gleich auf Anna und ihre Familie. Nachdem alle begrüßt wurden, fahren wir nach Mainz, um unsere Startnummern abzuholen. Wir besuchen die Marathonmesse und schlagen uns den Bauch auf der Nudelparty voll. Die Nudeln sind wunderbar al dente und viel besser als bei uns in Berlin. Wir begrüßen Frank und Dr. Riebe, die in einem Straßencafé auf uns gewartet haben. Wir setzen uns dazu. Alle sind etwas aufgedreht und scherzen, nur ich bin nervös, denn ich weiß nicht, ob ich die Distanz bewältigen kann. Abends gehen wir Protagonisten samt Anhang mit dem SWR essen. Ich finde es nicht gut, dass wir von unseren Angehörigen an der langen Tafel getrennt werden. Die »Marathonis« sitzen am Kopfteil, die SWR-Leute schließen sich an und ganz hinten am Ende sitzen unsere Lieben. Nun ja, ich mache gute Miene zum bösen Spiel, schließlich möchte ich nicht immer der Meckerkopf sein. Im Hotelzimmer mischen wir noch unsere isotonischen Getränke an und gehen früh schlafen.

Sonntag, 11.05.03

Am nächsten Morgen beim Frühstück zeigt sich wieder, wie unterschiedlich wir alle gestrickt sind. Mücke futtert ausgewogene Körner und isst ansonsten sehr zurückhaltend. Franks Teller hingegen füllt sich immer wieder. Michael ordert Kakao usw. Ich nehme nur mein Trinkfrühstück von Ultra Sports, ein Stückchen Melone und ein Glas Orangensaft zu mir. Vor Aufregung müssen wir mehrmals die Toiletten aufsuchen.

Diesmal kann ich die Spannung und die Atmosphäre vor dem Start nicht genießen, sondern bin angespannt und hippelig. Es nervt mich, dass wir noch ein kurzes Interview geben müssen und dass wieder darauf rumgeritten wird, dass ich meinen Mann dabei habe. Ja, ich wollte etwas für mich allein machen, aber ich laufe ja auch allein, er läuft lediglich neben mir her und er trägt mich nicht und läuft auch nicht für mich. Wir bekommen quietschgelbe Leibchen übergestreift mit dem Aufdruck »Von Null auf 42«. Der Tontechniker verkabelt uns und schnallt einfache Bauchtaschen mit einem Aufzeichnungsgerät um unsere Mitte. Unmut wird laut. Einige von uns haben noch einen Gürtel mit Trinkflaschen an, außerdem hüpft und wackelt dieser ungewohnte Ballast bei jedem Schritt. Zusätzlich muss unterwegs ein Kassettenwechsel stattfinden, so dass kostbare Minuten verstreichen werden, denn ich habe gehört, dass die Männer gern unter zwei Stunden bleiben würden. Das war eigentlich auch mein Ziel, bevor die Beschwerden im rechten Bein anfingen. Ich weiß, ich muss locker bleiben, wenn ich diesen Halbmarathon durchstehen will. Ich laufe, so weit ich kann, ich schätze selbst, dass es so an die 10, 11 Kilometer sein werden, alles was darüber liegt, wäre auch für mich eine Überraschung. Ich habe ja nicht mehr konsequent trainieren können. Ich bin unsicher, ängstlich und verwirrt und froh, dass Thomas bei mir ist. Er strahlt Ruhe aus, versucht mir Gelassenheit zu vermitteln, und was mir sehr viel bedeutet, er glaubt an mich. Anna-Freda ist irgendwo bei einer Samba-Band und genießt die Vorfreude in vollen Zügen. Dieter holt sich Tipps von Dr. Riebe, Mücki bespricht seinen »Schlachtplan« mit Ecki, Frank kuschelt mit seiner Daggi, Michael zieht seinen Sport-BH an, das heißt, er klebt seine Brustwarzen ab, Anna scheint ganz locker und ich muss schon wieder für kleine Mädchen. Ich ekele mich vor den Dixieklos, aber was soll es, Augen zu und durch. Sieht so aus, als ob alle mit Augen zu hier reingehen, puhh! Wir sollen alle zusammenbleiben, bis wir am Glaskasten des Kommentators vorbei sind. Ich muss schon wieder. Dr. Riebe sagt, das wäre quatsch, ich solle hier bleiben, aber Thomas hebt mich über die Absperrung und ich gehe schnell noch mal aufs Häuschen. Als ich zurück bin, fällt der Startschuss. Frank, Mücke, Anna-Freda, Michael und Dieter schaffen es, dass wir schon nach wenigen Metern getrennt werden. Ich bleibe neben Anna, während die Masse an uns vorbeirennt. Doch nach einigen Kilometern sind auch wir getrennt. Thomas fragt mich besorgt nach den Schmerzen. Sie sind erträglich, langsam falle ich in einen gleichmäßigen Rhythmus. Weit vorne sehe ich immer wieder die gelben Leibchen der anderen aufblitzen. Am ersten Wasserstand treffen wir Anna-Freda wieder. Ich kann ruhig weiter laufen, Thomas besorgt mir Wasser und schließt wieder auf. Auf der Gegengeraden, nach ca. 6 km, sieht man schon die Spitzenläufer, die uns entgegenkommen. Ich bin erstaunt, wie locker und ästhetisch ihr Gangbild ist, wir applaudieren ihnen. Die Stimmung am Straßenrand ist etwas fad, aber wir laufen auch gerade durch ein Industriegebiet. Langsam tritt der Schmerz in den Hintergrund, ich kann Eindrücke mitnehmen und andere Läufer beobachten. Das Publikum an den Straßen sorgt jetzt auch zunehmend für Stimmung und Ablenkung. Kameramänner auf Rollerblades begleiten uns, und auch eine Motorradkamera ist dabei. Wir haben Anweisung bekommen, uns rechts zu halten, damit wir frühzeitig gesichtet werden und auch damit wir unsere Kontaktpersonen am Straßenrand wahrnehmen, um uns bemerkbar machen zu können. Nach ca. 10 km findet der Kassettenwechsel statt und ich treffe Dieter wieder, der jetzt aber ganz schön an Tempo zulegt. Dr. Riebe sehen wir auch ein paar Meter vor uns. Er hinkt, denn er hat einen Wadenkrampf. Finde ich ganz lustig, schließlich hat er uns vor dem Start aufgefordert, uns zu dehnen, damit wir keine Krämpfe bekommen. Einige Kilometer weiter düst er aber an uns vorbei. Ab Kilometer 15 brennt die Sonne erbarmungslos auf mich nieder, ich bereue es, kein Basecap zu tragen. Thomas läuft immer wieder zu den Wasserstellen, um den Schwamm anzufeuchten und mir dadurch Kühlung zu verschaffen. Ich habe das Gefühl, der Asphalt unter meinen Füßen ist flüssig, jeder Schritt fällt mir schwer. Mein Mann lenkt mich ab, indem er mich darauf aufmerksam macht, dass Frank uns entgegenkommt. Ich konzentriere mich auf die anderen Protagonisten, suche sie in der Menge auf der anderen Straßenseite, feuere sie an, wenn wir uns begegnen, und finde wieder zu einem leichteren Schritt zurück. In der Altstadt toben die Zuschauer, Bands spielen auf, man wird angefeuert und bejubelt, die Menge trägt einen. Auf der Zielgeraden möchte Harold ein Interview, ich winke ab, muss mich auf meine Atmung konzentrieren und kann nicht antworten. Ich sehe die Ziellinie, meine Kopfhaut beginnt zu kribbeln, in den Ohren rauscht das Blut, Thomas ist mit einem Mal weit weg, ich bekomme keine Luft, es ist, als ob mir jemand Mund und Nase zuhält, irgendwer ringt jämmerlich nach Luft. Es klingt schrecklich, ich liege auf einer Bahre und bemerke, dass ich diejenige bin, die hier so japst. Peinlich, im Ziel zusammenzuklappen. Der SWR-Kameramann hält drauf, und ich schäme mich. Thomas hilft mir auf, er nimmt mich in den Arm und sagt mir, wie stolz er auf mich sei. Mein Atem beruhigt sich, die Herzfrequenz normalisiert sich, und die anderen beglückwünschen mich. Ich erfahre, dass ich nur ca. 5 bis 6 Minuten hinter den Männern ins Ziel gekommen bin. Jetzt bin ich auch ein wenig stolz, denn ich hatte am Morgen nicht geglaubt, es zu schaffen. Wir holen unsere Kleidersäcke und ziehen trockene Sachen an. Der SWR sorgt für Getränke. Anna-Freda kommt glücklich winkend ins Ziel, auch sie hat es geschafft. Wir warten noch auf Anna. Sie wird vom Besenmann begleitet, ist aber auch schon bei Kilometer 17. Sie hat allerdings Probleme, denn keiner begleitet sie, versorgt sie mit Wasser und Kühlung. Die Wasserstellen haben schon dichtgemacht, denn auch das Feld der Marathonläufer ist schon an ihr vorübergezogen. Mit Schrecken hören wir von ihrem Zusammenbruch und dass sie ins Krankenhaus gebracht wird. Bald kommt schon Entwarnung, bereits im Rettungswagen geht es besser, sie ist etwas dehydriert und schlapp, aber muss noch gründlich untersucht werden und etwas zur Beobachtung dort bleiben. Nachdenklich fahren wir ins Hotel, im Stillen denke ich, ohne Thomas wäre mir so etwas vielleicht auch passiert.

Am Hotel kann ich kaum aus dem Auto steigen, meine Beine scheinen ein Eigenleben zu führen. Im Augenblick jedenfalls wollen sie nicht gehen. Ich spüre meine Waden. Waden? Laut Aussage der Physiotherapeuten habe ich die doch gar nicht. Wieso schmerzen die dann jetzt? Ich schleppe mich steifbeinig ins Zimmer und unter die Dusche. Viel lieber würde ich mich so verschwitzt und kaputt aufs Bett werfen und schlafen. Ich bin nicht am Limit gelaufen, aber der Halbmarathon war durch das wenige Training meine bisher längste Strecke und daher schon recht hart. Die Dusche hat mich etwas erfrischt, aber beim Essen kommt nicht der richtige Appetit, ich denke an die lange Heimfahrt im Zug und dass ich morgen wieder arbeiten muss.

Die Regisseure Markus und Harold begleiten uns noch zum Bahnhof. Wir lachen viel und verabschieden uns herzlich voneinander.

Montag, 12.05.03

HILFE!!! Wo ist der Kran, der mich aus dem Bett hievt? Ich fühle mich wie Pinocchio, meine Beine scheinen aus Holz zu sein und ich bin schlapp und müde. Der Weg ins Bad dauert schon etwas länger, aber die Treppe hinunter ins Wohnzimmer kostet mich etliche Minuten. Gut, dass mich niemand sehen kann. Eigentlich wollte ich mit dem Fahrrad zur Arbeit, das ist nicht möglich, ich muss den Bus nehmen. In der Praxis bin ich der »Lacher«, hölzern und gestelzt bewege ich mich im Sprechzimmer und die Kolleginnen machen ihre Scherze. Aber auch sie beglückwünschen mich zu meiner Leistung in Mainz. Da sie auch mit dem Lauftraining angefangen haben, wissen sie die Halbmarathon-Distanz zu schätzen.

Mainz hat uns alle ein wenig ernüchtert. Der E-Mail-Verkehr kommt etwas zum Ruhen. Ich denke, alle haben mit sich selbst zu tun und wissen jetzt nach der Hälfte der Distanz, was auf uns zukommt.

Ich bin jetzt drei bis vier Mal in der Woche in der Praxis am Spreebogen, Ultraschall, Spritzen, Manuelle Therapie usw. In der Woche nach dem Halbmarathon verspüre ich keine Lust zum Trainieren, außerdem sind die Schmerzen im Schienbein wieder sehr heftig.

Freitag, 16.05.03

Heute kommt der Sportpsychologe Oliver Stoll zu uns. Wir unterhalten uns über die Rolle, die Thomas in diesem meinem Marathonjahr einnimmt, ob er mich eventuell unter Druck setzt oder sich zu sehr einmischt. Immer wieder weist Oliver mich darauf hin, dass der Weg das Ziel ist und dass ich mich jetzt entscheiden muss, ob ich aufstecke oder weitermache. Das habe ich auch schon erkannt, aber wie soll ich mit den Schmerzen laufen? Er meint, es wäre Überlastung und ich solle eine längere Pause einlegen. Das befriedigt mich nicht, dauernd pausiere ich schon wegen der Schmerzen. Mein Wochenpensum an Kilometern schaffe ich schon lange nicht mehr. Jetzt im Mai sind 35 bis 55 km pro Woche gefordert und ich bewege mich zwischen 6 und 20 km. Ich erkläre Oliver, dass ich mich vom SWR in eine Rolle gedrängt sehe. Immer wieder wird angesprochen, dass ich mich ja eigentlich von der Familie und meinem Ehemann befreien wollte. Nun war er sogar in Mainz dabei, na und! Kann man seine Meinung nicht ändern? Es hat sich etwas in unserer Beziehung verändert, ich sehe ihn jetzt anders und war ehrlich froh, ihn dabeizuhaben.

Außerdem sollte dieses Projekt nicht gegen meine Familie zielen. Ich wollte für mich selbstständig etwas Eigenes und ein wenig mehr Aufmerksamkeit und Freiräume oder auch Achtung. Ich bemerke, dass ich das auch bekommen kann, wenn er an meiner Seite ist, er nimmt mir nichts weg und er mischt sich eigentlich nur ein, um mich zu schützen oder zu beschützen. Er meint es nicht böse, will nicht die Zügel übernehmen, hat aber anscheinend ein starkes Bedürfnis, alles zu organisieren und zu analysieren. Natürlich meint er, durch seine Lauferfahrung vieles besser zu wissen, aber das werde ich zu ignorieren lernen. Beim Kontakt mit dem SWR ist irgendetwas schief gelaufen, ich kann mich ihnen gegenüber nicht mehr so öffnen, bin nicht mehr so vertrauensselig und betrachte das ganze Projekt, oder vielmehr die Macher, jetzt viel kritischer. Oliver gibt mir den Rat, das bei den nächsten Treffen offen anzusprechen, ihnen meine Wünsche und Erwartungen mitzuteilen und dazu zu stehen.

Sonntag, 18.05.03

Ich jogge mit Thomas eine kleine 5-km-Runde. Ich habe immer noch starke Schmerzen, und mein Mann verdreht seine Augen. Ich habe immer das Gefühl, er hält mich für wehleidig oder denkt, ich brauche eine Ausrede, um nicht trainieren zu müssen. Verdammt noch mal, ich will trainieren! Obwohl ich mich bemühe, ihn besser zu verstehen, ärgere ich mich immer wieder über ihn und wünsche ihn dann in so einer Situation zum Teufel.

Mittwoch, 21.05.03

Wieder ein Versuch, eine kleine Runde, Schmerzen, Schmerzen und wieder Schmerzen. Ich breche ab und ziehe mich frustriert zurück.

Samstag, 24.05.03

»Avonlauf«, ein Frauenlauf in Berlin. Meine Tochter nimmt teil und läuft 5 km, ich bin sehr stolz. Ich habe die 10 km gemeldet und bin skeptisch, ob ich es mit dem Bein schaffe. Ich war jeden zweiten Tag zur Behandlung und habe zu Hause ständig mit Eis gekühlt. Es ist sehr heiß, 29°C, und ca. 10.000 Frauen drängen sich im Startbereich. Die Stimmung ist super, ich lasse mich mitreißen und wie eine riesige Welle schwappt die Emotion beim Startschuss über mich hinweg. Alle stürmen los, ich beiße die Zähne zusammen, schließlich möchte ich die Familie nicht enttäuschen, nach einigen Kilometern kann ich den Schmerz verdrängen und bleibe ganz knapp unter einer Stunde. Ich bin nicht zufrieden, aber froh, dass ich durchgehalten habe. Leider werde ich wegen der Schmerzen in den nächsten Tagen wohl nicht laufen können.
Ablenkung habe ich durch die Vorbereitungen für unsere Geburtstagsparty. Die wollen wir dieses Jahr ganz groß mit all unseren Freunden und der Familie feiern, der SWR hat auch zugesagt zu kommen. Ich möchte nicht immer nur in Situationen gefilmt werden, die Probleme oder Verletzungen zeigen. Na toll, das Team hat wieder einmal abgesagt. In den Winterferien haben sie mich schon

einmal kurzfristig hängen lassen. Jetzt sind es wieder private Probleme bei den Mitarbeitern oder aber sie sind in andere Projekte eingebunden und haben keine Zeit. Ich bin sauer, schließlich hatte ich keinen Partyservice zur Verfügung. Die ganze Vorbereitung habe ich zusammen mit Thomas bewältigt. Bei allen Freunden Biertischgarnituren, Geschirr und lauter Kleinigkeiten ausgeborgt. Riesige Einkäufe erledigt und gekocht, gebacken und gebraten. Das Team wollte Freunde, Bekannte und Familienmitglieder interviewen, sonst hätten wir die Party etwas kleiner gestaltet. Als Harold anruft, mache ich meinem Ärger Luft. Ich habe das Gefühl, er windet sich wie ein Aal, ich soll Verständnis haben, die Produktion kostet eh sehr viel Geld usw. usw. Wir haben alle unser Päckchen zu tragen, ich bin zerknirscht und lasse das Telefonat an mir vorüberplätschern. Mein Verdacht, dass die Gefühle von uns Protagonisten keine große Rolle spielen, erhärtet sich. Ich denke, wir sind nur die Schachfiguren in einem Spiel, von dem das Ende noch nicht feststeht. Oder bin ich wieder zu hart mit meinem Urteil?

Sonntag, 01.06.03

Mit Thomas und den Männern gelaufen. Es ist sehr heiß, ich trage die neue Mütze, die die Männer mir zum Geburtstag geschenkt haben. Das Schienbein schmerzt, aber die lustigen Gespräche der Männer lenken mich ab.

Dienstag, 03.06.03

Heute früh aufgestanden, 06.00 Uhr, um vor der Arbeit zu joggen, die Luft ist noch angenehm kühl. Hätte mir vor einem Jahr jemand gesagt, ich würde morgens um 06.00 Uhr vor der Arbeit joggen, ich hätte ihn für komplett verrückt erklärt. So ändern sich die Zeiten, denn trotz der ständigen Schmerzen habe ich Freude am Laufen gefunden.

Ich wollte den Zwängen entkommen. Habe ich ein Korsett gegen ein anderes eingetauscht? Nein!! Auf dieser Strecke befinde ich mich freiwillig und die gehe ich auch freiwillig bis zum »bitteren« Ende.

Duschen, Einkaufen, abends noch zum Elternabend; die Kinder müssen wieder einmal allein zu Abend essen, mein schlechtes Gewissen meldet sich zu Wort, ich höre weg, was bleibt mir übrig, todmüde falle ich ins Bett.

Donnerstag, 05.06.03

Thomas zum Bahnhof gebracht, Dienstreise. Er hat Halsschmerzen, kann ich auch nicht ändern. Nach Hause, Frühstück für Fabienne gemacht. Patrick ist schon aus dem Haus. Saugen, Staubwischen, Einkaufen, zur Therapie und schnell zur Arbeit. Abends murren die Kinder, ob wir jetzt immer erst um 20.00 Uhr essen? Ich platze fast vor Ärger, denn die Aufgabenverteilung klappt nicht mehr so gut. Nach einem kleinen Donnerwetter wissen sie aber wieder, wo es lang geht und wie sie mich entlasten können. Thomas ruft an, eigentlich müsste ich froh sein, da ich aber schon im Bett liege und fast eingeschlafen bin, empfinde ich seinen Anruf als Störung. Ich schäme mich. Es geht ihm nicht gut, sein Hals schmerzt sehr. Ich finde ein paar tröstende Worte, halte das Gespräch aber recht kurz.

Freitag, 06.06.03

Thomas ruft mich im Dienst an, er war beim Arzt, und wenn ich ihn vom Bahnhof abhole, sollen wir gleich ins Krankenhaus fahren. Ich habe sehr viel zu tun. Die Kolleginnen sind beide im Urlaub, und ich bin mit dem Chef allein. Um 13.00 Uhr hat sich noch die Fotografin einer Frauenzeitschrift angemeldet, um mich in der Praxis zu fotografieren. Das hält mich bis 15.00 Uhr auf. Einkaufen, nach Hause, zur Therapie, zum Bahnhof, Thomas abholen und ins Krankenhaus. Thomas wird stationär aufgenommen und bekommt einen Antibiotika-Tropf. Na schön, so habe ich mir das Pfingstwochenende nicht vorgestellt. Die Kinder sind enttäuscht, sie haben sich schon auf ihren Papa gefreut. Wieder müssen sie ohne mich essen. Wir sind bis 21.00 Uhr in der Rettungsstelle, dann begleite ich meinen Mann auf die Station, fahre nach Hause, um sein Gepäck abzulegen, packe frische Sachen und Waschzeug ein und fahre wieder in die Klinik. Um 22.45 Uhr bin ich endlich zu

Hause, gebe der Familie Bescheid und bin so überdreht, dass ich keinen Schlaf finde.

Sonntag, 08.06.03

Heute laufe ich zum ersten Mal ohne Thomas mit den Männern. Sie entscheiden sich für eine Runde von 14,6 km. Ich traue mich nicht, Einwände zu erheben. Micha bemerkt, dass ich etwas verunsichert bin und verspricht mir, ein gemäßigtes Tempo zu laufen und bei mir zu bleiben, da ich diese Strecke nicht kenne. Es geht besser, als ich gehofft habe, nur kurz vor dem Schluss müssen wir einen kleinen Berg bezwingen. Ich bekomme wieder dieses Ohrenrauschen und keine Luft, genau wie in Mainz. Michael bemerkt, dass es mir nicht gut geht, und legt eine Gehpause ein. Meine Herzfrequenz war bei 190. Ich glaube, durch das schnelle und heftige Atmen habe ich hyperventiliert. Nach einigen Metern können wir langsam nach Hause traben.

Montag, 09.06.03

Am Pfingstmontag kann ich Thomas aus der Klinik holen, er muss aber noch Antibiotikum nehmen und nach unserem Sommerurlaub an den Mandeln operiert werden. Zum Mittag gibt es nur eine Suppe, da die Fotografin noch einmal zu uns kommt, um zu Hause und beim Training Aufnahmen zu machen. Ich habe nicht gewusst, wie anstrengend das sein kann. Nach sieben Stunden bin ich fix und fertig. Am Mittwoch bin ich noch einmal zur Ganganalyse, die Einlagen werden überprüft, anscheinend bin ich übertherapiert, der Supinationskeil wird wieder abgeschliffen, außerdem brauche ich andere Laufschuhe, die nach Weiten sortiert sind, da mein schmaler Fuß keinen richtigen Halt findet, wenn der Laufschuh 1,5 Nummern größer ist als die normale Schuhgröße. Dabei wird das obere Sprunggelenk zu sehr strapaziert, was Überbelastung auslöst und daher vielleicht die Beschwerden.

Donnerstag, 12.06.03

Wieder ein kleiner Lauf vor der Arbeit, nur leichte Schmerzen mit den neuen Schuhen und den überarbeiteten Einlagen.

Freitag, 13.06.03

Hoffentlich kein schlechtes Omen. Zur Abwechslung mal ein Abendlauf von 8,2 km, doch wieder Schmerzen, trotz der neuen Schuhe. Es ist zum Verrücktwerden. Samstag pausiere ich, denn am Sonntag wollen die Männer eine längere Runde von 17,5 km in Angriff nehmen.

Sonntag, 15.06.03

Thomas hat Beschwerden in der Leiste und ich muss allein mit den Männern laufen. Micha ist nicht dabei, also halte ich mich diesmal an Hans und Peter. Jens ist einer von den ganz Schnellen, mit ihm kann ich nicht mithalten, er läuft meistens vorneweg. Ich halte durch, obwohl ich ab und zu das Ende herbeisehne. Leider habe ich wieder starke Schmerzen. Ich bin froh, dass ich am Dienstag nach Freiburg fahre, um in der Uniklinik untersucht zu werden.

Der SWR hat im Gegensatz zu Dr. Wessinghage endlich auf meine verzweifelten E-Mails reagiert und einen Termin bei den Spitzenärzten Deutschlands in der Sportmedizin arrangiert.

Dienstag, 17.06.03

Mit dem Bus in einen Stau gekommen. Unfall voraus, etliche Autos vor uns, Polizei, Feuerwehr, Rettungswagen und unzählige Schaulustige. Ich bin erst zwei Stationen gefahren. Nach einigen Minuten rufe ich Stefanie an, um ihr mitzuteilen, dass ich meinen Zug keinesfalls pünktlich erreichen werde. Ich soll mir ein Taxi nehmen. Der Busfahrer ziert sich ein wenig, mich auf freier Strecke aussteigen zu lassen. Nach einigem Hin und Her öffnet er schließlich die Tür. Mit Rollkoffer und Rucksack 100 Meter Sprint zum Taxistand. 11.56 Uhr soll der ICE fahren, 11.50 Uhr erreiche ich den Bahnhof. Schnell schreibt der Fahrer die Quittung, ich haste den Bahnsteig entlang, denn der Zug steht schon abfahrbereit dort. Die Zunge hängt mir aus dem Hals, aber ich sitze, und das nicht mal schlecht. Hier im Großraumwagen erster Klasse befinden sich schon ein paar gut gekleidete Gentlemen, aber keiner hält es für nötig, mir bei meinem Koffer zu helfen. Ich wuchte ihn auf die Ablage, da schießt die Hexe und trifft zielgenau. Na, wunderbar! Auch noch dieser Schmerz. In Hannover habe ich 9 Min. zum Umsteigen. Anna schaut schon aus dem Abteil und winkt. Wer hat unsere Tickets gekauft? Wir haben Plätze in verschiedenen Abteilen. Zwei Frauen bemerken unser Dilemma und tauschen, so dass wir zusammensitzen können. Wir begrüßen uns und tauschen Neuigkeiten aus, erzählen von der Familie und kommen schließlich auf den Grund unserer Reise zu sprechen. Ich mache meinem Ärger Luft über den ganzen Stress mit den Arztbesuchen und unbeantwortete E-Mails. Natürlich habe ich auch Angst vor den Untersuchungsergebnissen, aber ich möchte die Schmerzen loswerden und wissen, woran ich bin.

Stefanie bringt uns vom Bahnhof ins Hotel. Die Begrüßung von meiner Seite fällt etwas kühl aus.

Später holt uns Rolf Schlenker, der Projektleiter, ab, zeigt uns die »Weltstadt« Baden-Baden, deren Flair längst der Vergangenheit angehört. Anschließend besichtigen wir den Sender, leider sind die meisten Mitarbeiter schon heimgegangen und wir sehen nur leere Büroräume mit interessanter Technik. Er lädt uns zum Essen in ein nettes Restaurant ein. Wir plaudern über Nichtigkeiten und ich habe das Gefühl, Probleme, die es gibt, werden heruntergespielt oder nicht richtig ernst genommen. So bekomme ich mein Vertrauen in die Produktion nicht wieder. Ich nicke ab und zu, zeige Zustimmung und kühle innerlich immer weiter ab. Höflichkeit lässt mich langsam verstummen. Ich werde über die Produktionskosten belehrt, bekomme erklärt, welche Interessen die Fernsehleute vertreten, wie sie sich die Drehs vorstellen und wie viele Drehtage noch übrig sind und dass Prioritäten gesetzt werden müssen usw. usw. Mühsam halte ich meine Augen offen, während ich seinem ausschweifenden Vortrag zuhöre. Trotzdem schimpfe ich über Wessinghage und die chaotischen Zustände bei den Drehs. Es sind halt immer alle angespannt und alles wäre stressig bei den Drehs. Nun uns, denen dieses Metier vollkommen fremd ist, geht es nicht anders. Anna erzählt von Indien und den Unruhen, die dort immer wieder stattfinden. Es ist alles sehr interessant und aufregend, aber die Problematik um New York und unsere Betreuung kommt wieder nicht zur Sprache.

Mittwoch, 18.06.03

Am Morgen treffen wir Harold, Lorenz, den Tontechniker, und Ulli, den Kameramann, am Bahnhof. Wieder ist alles super organisiert. Anna und ich haben Fahrkarten der 1. Klasse und das Team 2. Klasse. Dabei sollen sie uns während der Bahnfahrt filmen. Großzügig verzichten wir auf die 1. Klasse und nehmen in der 2. Platz.

In Freiburg werden wir von Dr. A. Schmid, dem Internisten, herzlich begrüßt, er befragt uns über unsere Beschwerden, hört aufmerksam zu und führt die Erstuntersuchung durch. Er ordnet verschiedene Untersuchungen an und bringt uns auf die »Bahn«. Ich lande bei Dr. H. Birnesser, dessen Fachgebiet Sportorthopädie/Sporttraumatologie ist, und fühle mich gut aufgehoben. Anna soll internistisch unter die Lupe genommen werden. Beide Mediziner nehmen sich unendlich viel Zeit für uns.

Die Röntgenaufnahmen und die Bilder von der Kernspintomografie lässt er noch einmal von seinen Fachleuten befunden. Auch die Probleme mit meinem Magen werden ernst genommen und untersucht. Hier wird der Mensch noch als Ganzes gesehen und nicht nur symptomatisch behandelt. Langsam werde ich ruhiger, obwohl ich große Angst vor den Untersuchungsergebnissen habe. Allerdings ängstigen mich die sorgenvollen Gesichter der Ärzte, auch wenn sie versuchen, mir Zuversicht zu vermitteln. Dr. Birnesser erklärt mir anhand der neuen Röntgenbilder den Befund. In meinen Ohren hallt es: *Vier bis fünf Wochen Trainingspause.* Zum Glück sitze ich, denn der Teppich unter meinen Füßen schwankt. Verdammt! Reiß dich zusammen, die Kamera hat dich voll im Visier. Ich versuche lächelnd, die Hiobsbotschaft aufzunehmen, nicke verständnisvoll und würde doch am liebsten heulen. Es ist wieder so ein furchtbarer Moment, man glaubt, den Halt zu verlieren, und ich hasse es, mich nicht unter Kontrolle zu haben. Aber ich bemühe mich wie so oft, locker zu erscheinen. Ich glaube, das Team bemerkt nicht, wie tief ich getroffen bin. Im Kopf rechne ich sogleich nach, mir bleiben dann noch drei Monate, um für den Marathon fit zu werden. Ich soll das Training durch Kardiotrainer und Aquajogging ersetzen. Im Urlaub in Frankreich wird das jedoch nicht möglich sein. Ich bin wieder einmal ziemlich durch den Wind. Eine Blutentnahme wird noch Aufschluss über Helicobacter oder Magenschleimhautentzündung geben. In Berlin werde ich aber noch eine Magenspiegelung über mich ergehen lassen müssen.

Das Team fährt zurück nach Baden-Baden. Anna und ich bleiben in Freiburg, um morgen weiterzufahren und Dieter zu besuchen. Beim Abendessen sind wir beide sehr nachdenklich, aber auch darüber verärgert, dass wir den Fachleuten so spät vorgestellt wurden. Ich muss pausieren und weiß nicht, wie ich den Trainingsrückstand aufholen soll. Anna wird nur noch walken dürfen, das heißt auch in New York. Anna beruhigt sich aber schnell, sagt, wir müssen nun das Beste daraus machen. Doch ich bin anders gestrickt, bin aufgewühlt und traurig, suche die Schuld bei mir und dann bei allen anderen, komme zu keinem Ergebnis und bin deshalb sehr enttäuscht. Anna ist müde, sie möchte gleich aufs Zimmer und ins Bett. Ich rufe Thomas an, er tröstet mich und ist, glaube ich, auch etwas erschrocken über den Befund. Da mein Herz-Kreislauf-System so gut ist, wurde mein Trainingsplan darauf abgestimmt; da aber mein ganzer Bewegungsapparat untrainiert war und die Bänder, Sehnen und Muskeln sich nicht so schnell adaptieren konnten, sind die Überlastungsprobleme entstanden. Der Marathon und sein Training bringen jede körperliche Schwachstelle gnadenlos ans Licht. Trotzdem fühle ich mich verletzt und unverstanden. Hätten die Fachleute, die uns betreuen, das nicht früher erkennen können? Auch wenn die Röntgenbilder noch nichts gezeigt haben, ich bin der Meinung, aus Erfahrung hätten die »Damper« früher reagieren müssen. Nach dem Telefonat kann ich immer noch nicht schlafen. Ich rufe auch Harold an, beklage mich, ziehe mich wieder an und gehe in die Altstadt. In irgendeiner kleinen Kneipe trinke ich ein paar Cocktails und steigere mich in eine trübe Stimmung hinein. Am liebsten würde ich zum Bahnhof fahren, alles stehen und liegen lassen und aussteigen. Aber mein Ego lässt das nicht zu. Ich wollte einen Marathon laufen und ich werde es schaffen. Ich werde weniger und effizienter trainieren und mich an die ärztlichen Vorschriften halten.

Donnerstag, 19.06.03

Nach dem Frühstück und einer viel zu kurzen Nacht holt uns Frank mit dem Wohnmobil ab. Ich sitze schon wieder heulend auf den Stufen des Hotels. Mein Kopf brummt vom nächtlichen Ausflug, und der ganze Katzenjammer von gestern hat mich eingeholt. Seine Frau Daggi nimmt mich in den Arm und auch der »Knacki« versucht mich aufzumuntern. Auf dem Weg zu Dieter erzähle ich ihnen von den Untersuchungsergebnissen. Frank ist wieder einmal sehr relaxt und sagt mir, ich solle alles lockerer nehmen. Nach seinem Bänderriss hat er sich eine persönliche Bestzeit für New York abgeschminkt. Er meint, dabei sein und ankommen ist alles. Wahrscheinlich muss ich gänzlich umdenken, um so locker zu reagieren. Im Augenblick sitzen der Schock und die Enttäuschung aber noch zu tief und ich lasse eine Schimpftirade nach der anderen los und bin mit der ganzen Welt böse.

Dieters Haus mutet von hinten an wie unser Wohnhaus auf der Seite liegend. Die Betonteile könnten auch aus der Berliner Mauer stammen. Aber von vorn ist es eine Klasse für sich, über die gesamte Front riesige Panoramascheiben und einen tollen Ausblick auf die wunderschöne Landschaft. Innen, so weit eingerichtet (er ist erst letzte Woche eingezogen), großzügig, hell und ein wenig futuristisch, aber ich bin hingerissen. Von seiner lieben Frau und den süßen Kindern ebenso. Die Begrüßung ist überschwänglich, nach der Hausbesichtigung und dem Mittagessen im Waldhausrestaurant fahren wir an den Schluchsee. Ich habe immer noch keinen rechten Appetit, doch dem Dessert, Waffeln mit Vanilleeis und Erdbeeren, kann ich nicht widerstehen. Anna und die Kinder stürzen sich gleich in den kalten See. Die anderen machen es sich in der Sonne bequem. Dieter und Frank lassen es sich nicht nehmen und joggen ein wenig. Da überfällt mich wieder die miese Stimmung, zu gern wäre ich mit ihnen gelaufen. Ich stöpsele die Ohrhörer meines MP3-Players in die Ohren, setze mich abseits auf einen großen Stein und schreibe mir meinen ganzen Frust von der Seele. Manche der Lieder lenken mich ab und lassen mich an meinen Thomas denken. Gern würde ich mich jetzt in seine Arme flüchten und trösten lassen. Traurig blicke ich über den See und lasse meine Augen über die

Landschaft wandern. Ob Dieter überhaupt zu schätzen weiß, wie herrlich er wohnt und dass andere Leute sehr weit reisen müssen, um hier Urlaub zu machen? Es wird kühler, ich hole mir ein Sweatshirt von Thomas (habe ich heimlich mitgenommen, es riecht angenehm nach seinem Rasierwasser) und kuschele mich hinein. Dieter und Frank kommen zurück und springen in voller Montur in den See. Wir beginnen zu grillen, essen die leckeren Salate und genießen den Sonnenuntergang. Ich vermute, durch meinen Trübsinn verderbe ich die Stimmung, es tut mir Leid, aber ich kann nicht aus meiner Haut.

Anna und ich schlafen bei Dieter. Schlafsack und Isomatte lassen keine Gemütlichkeit aufkommen. Anna ist anscheinend sehr müde, denn nach einigen Minuten die gleichen Töne wie zu Hause, leises Schnaufen und nach jedem zweiten Atemzug ein grässliches Schnarchen. Ich wandere mit meiner Matte und dem Schlafsack so ziemlich in jede Ecke, aber die Geräuschkulisse holt mich überall ein. So ein leerer Neubau hat einen prima Schalleffekt. Langsam werde ich aggressiv, als ich in den Flur ausweiche, reagieren die Bewegungsmelder und tauchen alles in helles Licht, verdammt, wie macht man die aus? Um drei Uhr früh bin ich drauf und dran, Harold anzurufen, damit er mit mir tauscht, denn er liegt jetzt in irgendeinem Hotelbettchen und schläft den Schlaf der Gerechten. Irgendwann dämmere ich ein, um sieben kommt Dieters Frau die Treppe herunter, damit ist für mich die Nacht vorbei. Wir trinken zusammen Tee, und Anna hat Glück, dass sie diese Nacht überlebt hat. Ich war kurz davor, sie zu erwürgen, sie gesellt sich zu uns, ist puppenmunter, hat also gut geschlafen und versteht gar nicht, wieso ich so gerädert bin.

Freitag, 20.06.03

Nach dem Frühstück bringt Dieter uns zum Zug. Anna fährt gleich nach Hamburg weiter, ich möchte noch einmal mit Rolf Schlenker sprechen und steige in Baden-Baden aus.

Der Herr Chefredakteur hat schon den nächsten Zug für meine Heimfahrt angekreuzt. In der Bahnhofsgaststätte versuchen wir bei einem Milchkaffee die Situation zu entschärfen. Ich bin immer noch in Rage wegen der Untersuchungsergebnisse, unterstelle anderen Fehler, bin nur schwer vernünftigen Argumenten zugänglich und benehme mich wahrscheinlich unmöglich. Tapfer versuche ich, meine Enttäuschung und die aufsteigenden Tränen zurückzuhalten. Nur nicht heulen, du blöde Kuh! Sag, was du willst, sag, was du meinst und zeige ein wenig Selbstbewusstsein! Warum nur fühle ich mich so klein und mies? Große, gut aussehende Männer mit grauen Schläfen schüchtern mich nun mal ein. Mensch, dann guck ihn nicht an! Peng – was geschieht nur in meinem Kopf. Manche seiner Argumente hören sich ganz vernünftig an. Ich will nicht vernünftig sein! Ich bin traurig und k.o. Ich soll nicht vergessen, dass sie mich im Einvernehmen mit den »Dampern« nach Freiburg geschickt haben. Mein Gott ja, aber warum denn so spät? Schaut der immer auf die Uhr? Oder kommt mir das nur so vor? Ich glaube, langsam bin ich paranoid. Ich kann froh sein, dass jetzt die Ursache meiner Schmerzen gefunden wurde und alles nur besser werden kann. Und wieder hallt es in meinem Kopf: drei Monate, drei Monate. Wichtig sei nur, dass ich starte. So eine Marathonvorbereitung kostet halt Kraft und zeigt jedem seine Grenzen. Shit! Grenzen! Die will ich überwinden!!! Davon will ich nichts wissen! Ich glaube, jetzt kann nur noch ich mir helfen. Keiner versteht mich! Quatsch, sei jetzt nicht so zickig und bockig! Sich nach vorn. Denk an Frank und die anderen und sei locker. That's the way!

Im Zug denke ich an das letzte Buch, das ich gelesen habe. Von Lance Armstrong »Tour des Lebens«. Mensch, nur mit eisernem Willen, der Unterstützung seiner Familie und seiner Freunde hat er das Unmögliche geschafft. Er hat den Krebs besiegt und trotzdem, oder gerade deshalb die Tour gewonnen. Kein Vergleich zu mir. Ich sollte aufhören, mich zu bemitleiden, mir in den Hintern treten und mich am Schopf packen und aus dem Loch herausziehen. Genau das werde ich machen. Ich hatte eigentlich vor, unserem Außenminister Joschka Fischer einen Brief zu schreiben, ihm von dem Projekt zu berichten und dass sein Buch mich motiviert hat. Natürlich wollte ich ihm auch mitteilen, dass ich ebenfalls ein Buch über meine Erfahrung schreiben werde und er mir den Titel schon vorweggenommen hat, denn bevor ich von seinem Buch gehört hatte, hatte ich fast den gleichen Titel gewählt. Das alles hat mir wieder einmal mein Mann aus den Händen genommen. Als ich in Freiburg war, hat er es arrangiert, dass der Außenminister sein Buch für mich signiert. Ich wollte natürlich eine persönliche Widmung. Nun ja, mein Mann hat mich nicht zum ersten Mal übergangen, und so muss ich mit einem Brief vom Auswärtigen Amt und der Signatur vorlieb nehmen. Ich freue mich natürlich trotzdem und habe jetzt noch einen weiteren Ansporn.

Montag, 23.06.03

Sofort einen Termin für die Magenspiegelung veranlasst. Mist, Donnerstag ist es schon so weit! Denk an Armstrong, also Augen zu und durch. Der Chef und die Kolleginnen sind nicht gerade erfreut, dass ich schon wieder einen Tag frei haben möchte, unterstützen mich aber und wünschen mir alles Gute. Mit dem Magen ist alles in Ordnung, nur ist die Helicobacteruntersuchung positiv. Das bedeutet eine 7-tägige Antibiotika-Einnahme mit einem Magenschutz. Man erklärt mir, dass sehr viele Menschen Helicobacter im Magen haben und keine Behandlung erfolgt, solange keine Beschwerden bestehen. Da ich aber seit längerer Zeit massive Magenschmerzen habe, wird diese Kur bei mir angeordnet.

Mit Thomas Wessinghage habe ich regen E-Mail-Kontakt, um einen neuen Trainingsplan zu erhalten. Ich schildere ihm meine Schmerzen und die alternativen Trainingsmöglichkeiten, die ich im Augenblick habe. Leider kann er keine Angaben über Herzfrequenz und Intensität machen, dafür müsste ich nach Damp fahren. Doch ich bin »nebenbei« ja auch noch berufstätig, man soll sein Blatt nicht überreizen. Ich kann nicht schon wieder einen Urlaubstag erbitten. Mein Mann überschreibt mir seinen Fitnessvertrag, damit ich wieder trainieren kann. Kardiotrainer und Ergometer kommen in Frage. Der SWR zahlt mir den Eintritt für die Schwimmbäder, damit ich Aquajogging unabhängig von den Kursen machen kann. Somit habe ich gar keine Zeit, den Kopf hängen zu lassen, denn am nächsten Freitag werden wir in den Urlaub fahren. Ich weiß aber leider noch gar nicht, wie mein Training in Frankreich aussehen wird. Mal sehen, was vor Ort möglich ist. In der Woche vor dem Urlaub habe ich fast täglich Aquajogging oder Kardiotraining gemacht. Wird das reichen, um die Kondition zu erhalten? Ich bin verunsichert.

In den Koffer packe ich trotzdem Trainingsklamotten und auch den Gürtel fürs Aquajogging. Thomas lästert wieder, den wirst du sowieso nicht benutzen. Er setzt mich schon wieder unter Druck. Dabei haben die Freiburger Ärzte gesagt, auch eine zweiwöchige Pause würde mir nicht schaden.

Sonntag, 06.07.03

Zweiter Urlaubstag. Der Pool ist saukalt, in der Nacht hat es sich von 25°C auf 5°C abgekühlt. Wir sind hier über 1000 m hoch und ich kann mich nicht überwinden, in den Pool zu steigen. Nach zwei Tagen habe ich mich akklimatisiert, die Alternative gewählt und bin Rad gefahren. Bei der ersten kleinen Steigung geht mir die Puste aus und mein Mann und mein Sohn machen lange Gesichter. Ich bemühe mich mitzuhalten. Querfeldein, auf Wiesen und Wegen, die mit losem Geröll übersät sind. Da vergeht mir schon manchmal die Lust. Rad fahren gehörte noch nie zu meinen Lieblingsbeschäftigungen. Doch die beiden kennen kein Erbarmen, der Rundkurs muss absolviert werden. Ich kann auch nicht abhauen, den Weg zurück würde ich nicht finden. Nach ca. 10 bis 12 km, das heißt nach zwei Stunden schweißtreibender Anstrengung, sind wir wieder zu Hause, aber die Beine sind nicht schwer und schmerzen auch nicht. Nur die Luft zum Atmen hat mir gefehlt. Anscheinend ist die Luft hier oben doch dünner. Als ich mich zum Abendbrot setze, besteht mein Gesäß anscheinend nur noch aus rohem Fleisch, der Stuhl erscheint hart und unbequem. Am nächsten Tag gönne ich mir Ruhe, Thomas joggt und ich laufe herum wie der Tiger im Käfig, da ich noch meine Zwangspause halten muss. Nie hätte ich gedacht, dass ein Trainingsverbot mich so unglücklich machten könnte. Früher hätte ich im Urlaub jede Gelegenheit genutzt, um zu faulenzen und zu lesen.

Dienstag, 08.07.03

Wir starten zu einer Paddeltour auf der Rhône und ich rede mir ein, auch dies wäre eine Trainingseinheit.

Mittwoch, 09.07.03

20 km Rad fahren, um ein Baguette zu kaufen. 10 km bergab, 10 km bergauf. Heute beginne ich mit der siebentägigen Antibiotikakur gegen den Helicobacter. Mein Arzt hat mich über die eventuellen massiven Nebenwirkungen aufgeklärt. Schon in der Nacht beginnt die Tortur: Durchfall und heftige Oberbauchschmerzen.

Donnerstag, 10.07.03

Wir machen eine Wanderung auf den Columbier, 1800 m hoch, und überwinden 450 Höhenmeter. Nach 2,5 Stunden haben wir das Gipfelkreuz erreicht. Der Ausblick ist atemberaubend und entschädigt für die Strapaze des Aufstiegs. Man sieht sogar den Gipfel des Montblanc. Im Geheimen sage ich mir, auch das ist Training. Das Toilettenpapier fand im Rucksack neben den Sandwiches Platz, zum Glück, denn immer wieder muss ich ins Gebüsch springen (die Beschwerden von heute Nacht setzen sich fort). Zurück geht es querbeet, auf kleinen Hochgebirgswegen, und wir brauchen nur 1,5 Std.

Samstag, 12.07.03

An der Strecke bei der Tour de France – was müssen die Herren für gestählte Hintern haben! Die fahren die Berge schneller hinauf als ich hinab. Meine Bewunderung für diese Extremsportler steigt. Meine Laune allerdings sinkt gegen Null, denn Thomas steht fast jeden Morgen früh auf, um zu joggen.

Mittlerweile bin ich wieder bei meinem Ausgangsgewicht von 53 kg angekommen. Das gute Essen jeden Abend aus mehreren Gängen und der samtige rote Wein sorgen dafür, dass ich wieder die »Alte« bin. Es ist schön, sich an den gedeckten Tisch zu setzen, nicht zu kochen und sich nach Herzenslust verwöhnen zu lassen. Ich genieße diese Abende aufrichtig und ohne schlechtes Gewissen.

Sonntag, 13.07.03

25 km Rad fahren, viele kleine und größere Steigungen, da überkommt mich schon wieder Grausen, obwohl die Landschaft wunderschön ist. In der Wanderkarte ist diese Strecke als très façile (sehr

leicht) ausgewiesen. Ich möchte mal wissen, was dann ein schwieriger Parcours ist. Die Medikamente verlieren langsam ihre Nebenwirkung und ich kann wieder aktiv an allem teilnehmen.

Montag, 14.07.03

Endlich den Kardiotrainer unserer Gastgeber entdeckt. 01:20:00 Std. darauf ausgetobt und dabei die Tour de France im Fernsehen verfolgt.

Donnerstag, 17.07.03

Kardiotrainer 00:55:32 Std.

Freitag, 18.07.03,

25 km Fahrrad, die Strecken fallen mir schon leichter und ich beginne Spaß zu haben. Stolz versuche ich die Steigungen ohne Pause zu bewältigen und habe immer öfter Erfolg.

Samstag, 19.07.03

01:00:00 Std. Kardiotrainer. Thomas hatte endlich einmal Recht, den Aquajogginggürtel hätte ich nicht mitzunehmen brauchen. Das Wasser wurde und wurde nicht wärmer. Ich bin halt eine Frostbeule, obwohl es mich nervt, dass er jetzt bestätigt wurde. Trotzdem meine ich, dass ich gute Alternativen gefunden habe. Wir sind an den Tagen ohne Training auch noch gewandert und haben einige Tagestouren gemacht. Ich fühle mich gut und habe seit langem keine Beschwerden im rechten Schienbein.

Sonntag, 20.07.03

Die Kinder bleiben noch in Frankreich bei unseren Freunden (www.la.grange.des.plans.free.fr), Thomas und ich fahren nach Berlin zurück, denn unser Urlaub ist zu Ende. Koffer auspacken, und die Waschmaschine läuft auf Hochtouren. Wer kennt das nicht nach dem Urlaub. Zwischendurch zum Kernspintomogramm, denn das sollte ja nach vier Wochen kontrolliert werden.

Dienstag, 22.07.03

Heute bringe ich Thomas ins Krankenhaus, seine Mandel-OP steht an. Ich finde keinen Parkplatz und der Abschied fällt kurz aus. Wir sind beide angespannt, ich würde ihn so gern in den Arm nehmen. Anschließend hole ich die Untersuchungsergebnisse ab und faxe sie an den Orthopäden. Er wird mich abends zurückrufen, um mir zu sagen, ob ich wieder trainieren kann und ob meine Knochenhautentzündung abgeklungen ist.

Ich ziehe die Betten ab, morgen fahre ich nach Damp zum dritten Check-up. Wenn ich zurück bin, kommt mein Mann aus der Klinik und die Kinder aus Frankreich. Außerdem kommen noch unsere zwei Austauschschüler aus Frankreich und Italien. Alles muss gewaschen und gebügelt werden. Der Anruf vom Orthopäden verdirbt mir die Vorfreude auf Damp. Ich soll weiterhin zwei bis drei Wochen mit dem Joggen pausieren. Die Knochenhautentzündung ist abgeklungen, aber das Ödem im Knochen besteht weiter. Ich falle ... mir wird schlecht ... Wie soll ich das alles schaffen? Die Zeit läuft mir davon. Niemand ist da, um mich zu trösten. Keiner nimmt mich in den Arm, dabei brauche ich gerade jetzt meine Familie sehr. Ich rufe Stefanie vom Team an, sie ist in einer Besprechung, nimmt sich aber etwas Zeit, als meine Tränen fließen. Ich teile ihr den Befund mit und sage auch, dass ich am Morgen nicht nach Damp fahren möchte. Das hat doch alles keinen Sinn mehr. Ich kann nicht am 30-km-Testlauf teilnehmen und habe keinen Bock drauf, die anderen hoch motivierten Protagonisten zu treffen. Sie versucht mich zu trösten, will mich später zurückrufen und lässt mich mit meinem Schock allein. Ich weiß nicht weiter, rufe Thomas im Krankenhaus an und heule auch ihm die Ohren voll. Er möchte, dass ich trotzdem fahre. Ich soll mich auf die anderen freuen und ein paar schöne Tage an der Ostsee genießen. Er versteht nicht, warum ich mir wieder Stress mache. Aber ich bin unglücklich und unzufrieden. Warum nur geht bei mir so viel schief? Aus Wut ziehe ich meine Laufschuhe an. So, jetzt erst recht, mein Trotzkopf kommt zum Vorschein. Nach 8 km mehr schlecht als recht komme ich zu mir, beruhige mich und kann wieder etwas klarer denken. Als Stefanie anruft, bestätige ich meine Anreise für den nächsten Tag.

Mittwoch, 23.07.03

Mücke treffe ich am Bahnhof, er hat mein Ticket. Wir begrüßen uns herzlich, aber ich bin diesmal nicht sehr gesprächig. Er bemerkt es und lässt mich in Ruhe. Ich denke immer wieder an das Buch von Armstrong. Man muss sich selbst den Schubs zum Weitermachen geben. Niemals aufgeben! Unsere größte Schwäche ist das Aufgeben. Der sicherste Weg zum Erfolg besteht darin, immer wieder einen neuen Versuch zu wagen. Ich glaube, das hat Thomas Edison einmal gesagt, und daran will ich mich halten.

Als Erstes steht in unserem »Stundenplan« Treffen mit Thomas Wessinghage. Ein vertrautes Einzelgespräch steht an. Ohne Kamera! Er fragt, wie es mir geht. Meine Augen glänzen schon wieder gefährlich, aber ich schlucke die Wut und meine Tränen tapfer herunter. Er verbessert sich. Er meine körperlich, nicht mental. Ich mache meiner schlechten Stimmung Luft, ermahne mich aber immer wieder, sachlich zu bleiben und keine Schuldzuweisungen zu machen. Er sagt, ich muss mich entscheiden, auf wen ich jetzt höre. Er würde mir ein leichtes Training erlauben, um eine aktive Ausheilung zu erreichen. Ich erkläre ihm, wie verunsichert und hilflos ich mich fühle. Es stimmt schon, »viele Köche verderben den Brei«. Aber als Laie hat man es schwer, das ganze »Ärztechinesisch« zu verstehen. Natürlich bin ich glücklich, dass er sich positiv zum Training äußert, das wollte ich ja hören, und dann glaubt man nur zu gerne dran. Außerdem wäre es fatal für seinen Ruf, sollte er mich falsch beraten und ich ernsthaften Schaden nehmen. Er untersucht mich noch einmal eingehend, gibt mir eine Salbe, sagt, dass ich zwei- bis dreimal am Tag kühlen soll und entlässt mich in guter Stimmung. Abends habe ich ein schlechtes Gewissen, nur selten habe ich an Thomas im Krankenhaus gedacht. Als ich ihn abends anrufe, sagt er, ich soll mich öfter melden und ihn auf dem Laufenden halten. Er kann nur schlecht reden, da sein Hals nach der Mandelentfernung schmerzt, also gebe ich ihm einen kurzen Überblick.

Am nächsten Morgen beim Lactatstufentest ist meine Herzfrequenz sehr hoch. Sofort werde ich von Thomas Wessinghage ermahnt, langsamer zu laufen. Wo ich denn hin will, wenn ich jetzt schon bei 160 bin. Mein Laufstil gefällt ihm auch nicht. Ich soll die

Schuhe wechseln, und die Einlagen werden noch einmal kontrolliert.

Freitag, 25.07.03

Ich werde früh wach, 05.30 Uhr, und beginne sofort mit der Vorbereitung für den 30-km-Lauf. Trinken ist angesagt. Bis 06.30 Uhr trinke ich 1,5 l stilles Wasser. Der Körper muss über ausreichend Flüssigkeit verfügen, das habe ich schon gelernt. Da ich davon ausgegangen bin, nicht am Lauf teilnehmen zu können, habe ich mein Trinkfrühstück nicht dabei und auch kein Powergel für diese lange Distanz. Stefanie von Ehrenstein bemüht sich seit gestern in sämtlichen Apotheken und Sportfachgeschäften, so etwas für mich aufzutreiben – ohne Erfolg.

Dr. Riebe rät mir, es mit Toast und Honig zu versuchen, ohne Butter. Dazu nehme ich ein Stück Obst. Für unterwegs hat Steffi mir Energieriegel organisiert. Mücke, der natürlich auf alles vorbereitet ist (er hat viel von »Ecki«, seinem Triathlonkumpel, gelernt), hat schon gestern Abend sein isotonisches Getränkepulver gestreckt, um meine Trinkflaschen mitzufüllen.

Um 08.00 Uhr bekommen wir eine kleine Einweisung von Dr. Riebe, und auch der große Maestro (Dr. Thomas Wessinghage) sagt ein paar einleitende Worte. Ich muss schon wieder aufs Klo. Das kenne ich schon von Mainz, die Aufregung treibt einen ständig dorthin. Auch die anderen verschwinden hin und wieder unauffällig in Richtung WC. Alle 5 km werden wir auf Versorgungsstellen treffen (Getränke, Riegel, Bananen). Er erklärt uns, dass dies ein Testlauf ist und kein Wettkampf. Wir sollen uns selbst auf einer längeren Strecke kennen lernen. Müssen die Männer ihre Brustwarzen abkleben? Werden irgendwelche Beschwerden auftreten? Verträgt man das gewählte Frühstück? Benötigt man Powergel oder Elektrolytgetränke? Bekommt man Hunger? Usw!! Da wir nicht alle auf dem gleichen Leistungsniveau sind, laufen wir nicht von A nach B, sondern mehrere kleine Runden, eine à 12 km und zwei à 9 km. So werden wir einige Punkte mehrmals kreuzen, und jeder kann aussteigen, falls ihn die Kräfte verlassen. Ich frage nach, ob ich mit MP3-Player laufen darf, damit ich nicht immer in mich hineinhorche, kommt der Schmerz oder nicht. Die Musik wird mich ablenken. Der »Big Boss« erteilt seine Erlaubnis, ordnet jedoch an, dass ich sofort aussteige, wenn Schmerzen auftauchen.Die vier Männer werden mit Thomas Wessinghage laufen, Anna-Freda und ich »teilen« uns den neuen Dr.des Teams, Harald Beitat. Dieter Riebe begleitet Anna. Während der ersten Kilometer sehen wir die Männer immer ca. 600 m voraus. Nach 5 km die erste Wasserstelle und das Kamerateam. Ich lasse mich nicht stören, trinke aus meinen eigenen Fläschchen (Trinkgürtel) und laufe locker weiter. Bei Kilometer acht keine Wasserstelle in Sicht. Anna-Freda hat großen Durst, man soll generell trinken, bevor das Durstgefühl kommt, ich helfe mit einer meiner Flaschen aus. Daraus haben wir gelernt, der Trinkgürtel bewahrt uns davor, wenn keine Versorgungsstelle in Sicht ist, mental einzubrechen. Eventuell würde sich das Durstgefühl auf unser allgemeines Wohlbefinden auswirken und unsere Leistung würde sich verschlechtern.

Das mit den Versorgungspunkten ist irgendwie nicht richtig geregelt, statt Wasser gibt es Selters und die Flaschen stehen verschlossen auf dem Tisch. Wir hatten gefüllte Becher erwartet, die man im Vorbeilaufen greifen und leeren kann.

Die erste Runde habe ich prima bewältigt und laufe weiter. Harald und Anna-Freda unterhalten sich angeregt, ich konzentriere mich auf meine Musik und den Rhythmus. Nach der zweiten Runde spüre ich etwas von den Beschwerden im rechten Schienbein, nach Rücksprache mit Dr. Riebe steige ich aus, um den Heilungsprozess nicht zu gefährden. Die anderen haben die dreißig Kilometer geschafft. Ich bin von mir enttäuscht, obwohl alle sagen, ich hätte nach der langen Trainingspause eine große Leistung vollbracht. Vielleicht stelle ich schon wieder zu große Anforderungen an mich. Gelernt habe ich, dass ich im Notfall auch ohne spezielle Nahrungsergänzung auskommen kann und dass ich anscheinend gar nicht so schlecht trainiert bin, bzw. die Kondition nicht so schnell abgebaut wird, wie ich befürchtet habe.

Am Abend grillen wir alle zusammen am Strand. Es gibt Würstchen, Gemüse, Fisch, Wein und Bier. Alle haben gute Stimmung, wir lachen viel und sind entspannt.

Mittags sind wir jetzt nicht mehr unter Aufsicht, d.h. wir essen nicht im Vital-Restaurant den obligatorischen Salat. Wir können à la carte im Ostseerestaurant bestellen. Das nutzen wir auch aus. Neben Currywurst mit Pommes wird auch am Dessert nicht gegeizt. Riesige Eisbecher und leckere Torten finden den Weg an unseren Tisch. Wenn das der Chef vom SWR mitbekommt, werden wir sicher beim nächsten Treff in Damp mit Lunchpaketen vorlieb nehmen müssen.

Samstag, 26.07.03

Heute Morgen findet nach dem Frühstück der Steilküstenlauf statt. Wir werden vom Hubschrauber aus gefilmt. Es ist sehr kühl und ein Nieselregen hat eingesetzt. Bis das Team so weit ist, frieren wir uns wieder einmal zu Tode. Mit Gymnastik versuchen wir uns warm zu halten. Fast alle haben leichten Muskelkater von gestern. Als wir am Strand auf und ab laufen, hinken Frank und ich den anderen hinterher. Er hat immer noch mit seiner Achillesferse zu kämpfen. Er reicht mir die Hand und zieht und stützt mich. Wir kommen uns lächerlich vor. Er meint, wir geben im Film ein prima Beispiel für die Rehaklinik.

Wir sind uns einig, das Team hat wieder einmal nicht an uns Läufer gedacht. Dieser Dreh hätte eigentlich vor dem 30-km-Test stattfinden müssen. Bei der nächsten Einstellung zählen wir bis drei und strecken dem Filmteam im Hubschrauber unsere blanke Kehrseite entgegen. Immer schön locker bleiben und Spaß haben, das ist unser Motto.

Sonntag, 27.07.03

Abreise, der Vormittag schleicht irgendwie so dahin. Wir freuen uns alle auf zu Hause. Im Stillen hoffe ich, dass Thomas schon entlassen wurde und mich vom Bahnhof abholt. Schade, niemand erwartet mich. Die Wohnung ist dunkel und leer. Sofort rufe ich Thomas an. Er wird erst morgen entlassen. Leider kann ich ihn nicht abholen, da ich wieder arbeiten muss.

Im Bett denke ich noch einmal über meine kleine »Läuferfamilie« nach. Mücke hat sich am meisten verändert, körperlich genauso wie mental. Er hat ca. 20 kg abgenommen und viel an Lebenslust und Lebensqualität gewonnen. Ich bin mir sicher, er wird in New York als Erster das Ziel erreichen. Frank, der liebe Knacki mit der ach so rauen Schale, ist in Wirklichkeit hoch sensibel und einfühlsam. Hat den Ernst der Lage erkannt, steckt auch so ein bisschen in einer Zwangsjacke. Er hat zu viel Propaganda, er kann nicht zurück, ohne sein Gesicht zu verlieren, wird die Zähne zusammenbeißen und es auch schaffen. Ich hoffe, seine Achillesferse und sein Bänderriss sind bis zum Start ausgeheilt. Michael, unser kleiner »Maulwurf«, hat sein Teddybärimage verloren. Aus dem kleinen kuscheligen Jungen ist ein schlanker, sportlicher junger Mann geworden, fast schon ein richtiger »Hingucker«. Aber von seinem aufmerksamen freundlichen Wesen hat er zum Glück nichts verloren, und er wird vorn mit dabei sein. Dieter, unser Bierbrauer, nervt ein bisschen mit seinen E-Mails, denen immer ein riesiger Werbeblock seines Gerstensaftes anhängt. Er hat auch abgenommen, und es steht ihm gut. Er verbreitet immer gute Laune, ist aber auch ganz Geschäftsmann (er hängt ewig an seinem Handy), mit Sicherheit kommt er ins Ziel. Anna-Freda, die kühle Blonde, ist mir gegenüber richtig aufgetaut und eine gute Freundin. Ihre distanzierte Art und ihre kleinen Marotten habe ich lieb gewonnen und möchte sie nicht mehr missen. Ich hoffe, wir bleiben auch nach diesem Jahr in Verbindung, sie wird sicherlich am lockersten ankommen und den Lauf in vollen Zügen genießen. Anna, ja was ist mit Anna? Anscheinend ist sie doch nicht ganz so stark, wie ich sie eingeschätzt habe. Sie hat wenig Gewicht verloren und ich glaube, nicht konsequent genug trainiert. Sie hatte genau wie ich gesundheitliche Probleme. Vielleicht hat sie sich ein bisschen dahinter versteckt. Walken könnten wir alle die Marathonstrecke. Ich wünsche ihr, dass sie es schafft, aber ich habe so meine Zweifel. Und ich?? Manchmal habe ich auch Zweifel, ob ich die Strecke bewältigen werde. Ich hatte viele Trainingsausfälle durch Verletzungspausen, habe manchmal ein bisschen geschlust und oftmals nicht den richtigen Biss gehabt. Es fiel mir schwer, mich immer wieder aufzurappeln. Vielleicht bin ich gar nicht so anders als Anna. Aber ich habe den festen Willen, es zu schaffen, und Thomas wird mir zur Seite stehen.

Dienstag, 29.07.03

Thomas holt die Kinder vom Flughafen ab. Sie bringen den Sohn unserer französischen Freunde mit, er soll in den nächsten vier Wochen sein Deutsch bei uns aufbessern. Sein Cousin aus Italien kommt am Freitag nach, auch er will sein Deutsch verbessern. Dann habe ich vier Jugendliche zu versorgen und meinen Mann. Jeden Tag ein warmes Essen. Das werden wir auf den Abend verlegen und alle müssen mit ran, auch die Gastkinder.

In dieser Woche trainiere ich nicht. Zuerst lasse ich die Untersuchungsergebnisse von Dr. Wessinghage hier noch einmal vom Arzt bestätigen und hole das O.K. zum Joggen ein. Am Freitag, dem 01.08.03 hat der Chef uns, das Praxisteam, zu einem verlängerten Wochenende nach Stralsund eingeladen. Das Wetter ist toll, wir machen auch einen Ausflug nach Hiddensee, sind viel und bis spät abends unterwegs, so dass ich auch nicht zum Trainieren komme. Mein schlechtes Gewissen meldet sich nur selten. Wir haben ja auch noch nicht unsere neuen Trainingspläne erhalten. Irgendwie fehlt mir auch die Lust. Es ist unerträglich heiß, über 30°C, nachts kühlt es nicht richtig ab, und in den Straßenschluchten staut sich der Tagesmief.

Montag, 04.08.03

Wieso habe ich eigentlich keine Lust zum Trainieren? Halbherzig und unkonzentriert laufe ich meine Runde. Autsch! Ein Fehltritt, ein stechender Schmerz im Knie und ein »Schnipps«. Ist da was gerissen? Verdammt, ich kann nicht auftreten. Schweiß rinnt mir den Rücken hinab. Jetzt schwitze ich zum ersten Mal richtig heftig beim Training, aber nicht vor Anstrengung, sondern vor Schmerzen. Ich humpele nach Hause. Thomas kriegt einen »Föhn«. Das muss man doch merken! So kann man doch nicht durchtreten, man muss abfedern, usw. usw. Spinnt der denn? Habe ich das mit Absicht gemacht? Schnell unter die Dusche, sonst ist der nächste Ehekrach vorprogrammiert.

Ich beiße die Zähne zusammen und gehe arbeiten. Thomas ist noch krank geschrieben und wird sich um die Kinder und den Haushalt kümmern. Er hat die ganze Wäsche weggebügelt. Die Waschmaschine aber ist ihm noch ein unbekanntes Wesen. Statt die Tür zu öffnen, hat er die Maschine neu gestartet. Alles noch einmal gewaschen, ohne Waschpulver oder Weichspüler. Da das Wetter so super ist, hat er den Trockner übergangen und alles auf der Terrasse zum Trocknen aufgehängt. Leider sind die Handtücher jetzt nur für ein Peeling zu gebrauchen, von Reinkuscheln kann keine Rede sein. Er hat aber alles so wunderbar gemacht, dass ich meine spitze Zunge im Zaum halte.

Mein Chef kann mein »Leiden« nicht mit ansehen und schickt mich zum Arzt. Ein Außenband im Knie ist anscheinend gezerrt und das Fibulaköpfchen blockiert. Ich bekomme eine Spritze und eine Gummibandage (Genu-Train). Die Redakteurin einer Frauenzeitschrift kommt noch einmal, um mich zu interviewen. Als sie die Bandage sieht, fragt sie gleich, ob ich das denn trotzdem schaffen werde. Sie machen nur Reportagen über Frauen, die ihr Ziel auch erreichen, »Loser« würden die Leser runterziehen. Na, wunderbar, nun setze ich mich nicht mehr bloß selbst unter Druck, sondern werde auch noch von ganz anderer Seite bedrängt. Ich werde mein Bestes geben, ich werde in New York am Start sein ... und hoffentlich ankommen. Eventuell müssen sie eben ihre Story in den Müll werfen! Mich wird man da ja auch finden, wenn ich es nicht geschafft habe. Ist nicht mein Problem! Ich habe nicht um die Interviews gebettelt. Als mein Mann sagt, er habe langsam auch leise Zweifel, ob ich es schaffe, bin ich sprachlos. Wie schon mal erwähnt, das kommt selten vor. Ich bin enttäuscht, denn er hat mir bisher stets die Kraft gegeben, wieder aufzustehen und weiterzumachen. Bei den ganzen Rückschlägen hat er immer zu mir gehalten, hat mich wieder aufgebaut und unterstützt. Es gab keine Schuldzuweisungen, wir konnten über alles reden, was mich bedrückt oder unglücklich gemacht hat, wenn auch erst nach einigen Tagen. Er hat nie locker gelassen, hat immer nachgehakt und mir den Rücken frei gehalten. Oft hat mich das genervt, aber eigentlich weiß ich seine Bemühungen, mich, komme was da wolle, zu unterstützen, doch zu schätzen. Schon nach dem Halbmarathon in Mainz habe ich beim Veranstalter eine Startnummer für ihn geordert, denn ich habe mittlerweile erkannt, dass ich ihn dabeihaben möchte, ganz nah bei mir.

Er soll mich nicht nur im Ziel erwarten, sondern die ganze lange Strecke auf meinem wichtigsten Weg als mein Begleiter fungieren. Aufmuntern soll er mich, mir Halt geben, mir notfalls auch in den Hintern treten, und wenn er mich nervt, etwas zurückbleiben, aber immer erreichbar sein für mich. Vielleicht brauche ich ihn auch, damit ich mit jemandem schimpfen kann; einen Schuldigen für irgendwelche Querelen, die mir auf der Strecke geschehen könnten, benötige ich schließlich auch. Egal, ich brauche ihn, ich möchte, dass er mich begleitet, und niemand wird vorher davon erfahren. Es wird mein bestgehütetes Geheimnis bis New York. Keine Interviews dazu vom SWR, warum ich meine Meinung schon wieder geändert habe. Kein Nachbohren der anderen Beteiligten, herrlich!

Mein Knie wird nicht besser, ich traue mich nicht, in Damp anzurufen. Die werden sagen, die spinnt doch. Alle naselang was anderes. Ich werde noch abwarten.

Thomas hat mit meinem Einverständnis die Sache mit dem Buch in die Hand genommen, schreibt Literaturagenten an, vervielfältigt mein Manuskript und erledigt alle anfallenden Telefonate. Er hält mir den Rücken frei zum Trainieren und Schreiben.

Vom 6. bis 8. August jeden Tag morgens um 06.00 Uhr gelaufen, immer nur kurze Strecken, höchstens 10 km.

Mittwoch, 13.08.03

Die Luft ist stickig, verbraucht und abgestanden, auch nachts kühlt es nicht ab. Der lang ersehnte Schweiß kann mir jetzt gestohlen bleiben, er brennt in den Augen, die Haare sind verklebt, und ich habe das Gefühl, der Asphalt klebe an meinen Schuhen. Meine Herzfrequenz ist hoch und das Atmen fällt schwer. Ich denke an Armstrong, an meinen Mann, die Familie und an alle, die an mich glauben. Das gibt mir Mut, und die Beine laufen jetzt wieder von allein, finden ihren Rhythmus und im Nu bin ich zu Hause. Im Nu? Die Zeit ist miserabel. Als ich meine Laufdatenbank öffne, um die Zeit einzugeben, steht an der Stelle, wo sonst die Durchschnittszeit angezeigt wird, »die Durchschnittszeit ist unerheblich«. Mir schwillt der Kamm. Das war wieder einmal mein Göttergatte, denn in den letzten Tagen, wenn ich gejammert habe, wie schlecht ich laufe, hat

er immer gesagt, die Zeit spielt keine Rolle. Ich rufe ihn im Dienst an, mache ihn zur Schnecke (leider meine leichteste Übung), bedanke mich für diese nette Überraschung zum heutigen Hochzeitstag (13.08., unser 19. Hochzeitstag), knalle den Hörer auf die Gabel und ... bin sauer, sauer mit mir, wieso bin ich wieder ausgerastet? Ich wollte doch alles easy angehen!
Abends kommt er mit einem riesigen Blumenstrauß, alles ist vergeben. Er hat mir meinen Ausbruch verziehen, sich insgeheim auch über mich amüsiert. Er kennt mich halt schon lange genug. Ich kann ihm auch nicht böse sein und falle ihm in die Arme ... nachdem er die Datenbank in Ordnung gebracht hat. Die erste Rückmeldung wegen meines Buches. Der Agent ist auch Buchplaner, hat schon viel Erfahrung und möchte sich gern um mich kümmern. Thomas checkt den Vertrag, recherchiert im Internet und erklärt mir alles. Ich bin froh, dass er sich um diese Angelegenheit kümmert, Papierkram liegt mir überhaupt nicht, und im Moment habe ich auch keinen Nerv dafür. Für uns ist das alles fremd, ich bin angespannt und habe wieder einmal den Eindruck, alles wächst mir über den Kopf.

Patricks Bewerbungen für sein High School Year im nächsten Jahr laufen auf Hochtouren, und er ist am Wochenende oft mit Thomas unterwegs für die Bewerbungsgespräche. Der Tag müsste wieder einmal doppelt so viele Stunden haben, damit ich alles erledigen kann. Einkaufen, Waschen, Bügeln, Putzen und, und, und. Die Familie hat jetzt ja noch zwei Mitglieder mehr, und das macht sich schon bemerkbar. Mein Mann tröstet mich damit, dass alles eine Frage der Organisation sei und eine gute Investition in die Zukunft unserer Kinder sei es auch. Was ist eine gute Investition? Dass die Mutter ewig gestresst ist? Nein! Natürlich meint er, multikulturelle Gastkinder im Haus zu haben. Er hat Recht, Sprachen spielen im vereinten Europa eine immer größere Rolle und unsere Kinder werden davon profitieren, dass sie viel Kontakt mit anderen Nationalitäten haben. Sie besuchen die Deutsch-Französische Europaschule, das heißt, sie werden bilingual unterrichtet. Mein Sohn besucht jetzt die 10. Klasse und meine Tochter die 7. Beide haben sich prima zurechtgefunden in der Partnersprache. Da wir kein Französisch sprechen, konnten wir die Fremdsprachenkenntnisse nur durch

Aufnahme von Gastkindern fördern und damit, dass wir viel Zeit in Frankreich mit ihnen verbringen. Ich bin stolz auf meine Kinder und möchte auch, dass sie auf mich stolz sein können, schon deshalb bemühe ich mich, weiterhin regelmäßig zu trainieren.

Jeden Abend warmes Essen und mindestens ein Drei-Gänge-Menü. Thomas schimpft und auch meine Tochter sagt, dass ich mir den Stress selbst auferlege. Wir sind hier in Deutschland und ich soll genauso zum Abendbrot »Stulle mit Brot« herrichten, wie wir es gewohnt sind. Ich bemerke aber, dass die Gastkinder davon nicht begeistert sind, und mache jeden Abend weiterhin Brimborium.

Sonntag, 17.08.03

Erster Lauf mit den Männern nach dem Urlaub. Sie wollen eine längere Strecke von 25 km angehen. Ich laufe erst einmal mit, Hansi sagt, man kann die Strecke jederzeit abkürzen. Schon nach wenigen Kilometern beginnt der Schmerz im Knie. Ich überlege abzubrechen. Hans beginnt mir den Heimweg zu erklären, bricht jedoch ab, den findest du sowieso nicht allein. Also Zähne zusammenbeißen und weiter. Hansi hat zum ersten Mal auch einen Trinkgürtel um, bislang ist er immer ohne gelaufen. Letzte Woche bei einem Trainingslauf, die Temperaturen waren ja recht hoch, hat er einen Kreislaufzusammenbruch erlitten. Er konnte sich gerade noch in ein Lokal schleppen, und die haben dann die Feuerwehr gerufen. Er ist schon zehn Mal Marathon gelaufen, also ein erfahrener Läufer, und der Arzt hat ihm den Kopf zurechtgerückt, wie er ohne Flüssigkeitsaufnahme 20 km laufen kann.Völlig unverantwortlich! Auch auf kürzeren Strecken ist Trinken unabdingbar. Nun ja, er hat daraus gelernt, und zum Glück ist er noch glimpflich davongekommen. Endlich, auch Hans und Thomas wollen abkürzen und weichen von der geplanten Strecke ab. Den letzten Kilometer lege ich zwischen Gehen und Humpeln zurück. Zu Hause wird gleich wieder mit Eis gekühlt. Trotz der neuen Beschwerden habe ich in dieser Woche 54 km zurückgelegt und bin fast sechs Stunden unterwegs gewesen. Die langen langsamen Läufe traue ich mir jedoch immer noch nicht zu. Nach 6 km kommen meistens schon die Schmerzen.

Dienstag, 19.08.03

Die Kinder müssen um 06.00 Uhr aufstehen, Zeit für mich, eine Trainingseinheit zu absolvieren. Um 08.30 Uhr muss ich auf der Arbeit sein. Verdammt, irgendwie habe ich mich verschätzt, es ist sehr schwül, die Wiesen und Felder dampfen richtig, außerdem hat ein leichter Nieselregen eingesetzt, und ich bin schon viel zu lange unterwegs. Aber es macht mir großen Spaß, meinen Gedanken nachzuhängen. Je älter ich werde, desto kostbarer erscheint mir meine Zeit, und die will ich immer mehr für mich verwenden. Ich überlege, wie ich aus Freizeit Erholung machen kann. Oft überfordere ich mich, mit dem Training, dem Haushalt und all dem, was noch zu erledigen ist. Bemerkt habe ich in den letzten Monaten während der Marathonvorbereitung, dass nicht alles, was ich erledigen will, sofort und noch am gleichen Tag geschehen kann. Mein Leben hat jetzt eine andere Ordnung, auf einen Tag früher oder später kommt es nicht an, viel wichtiger ist, dass ich ausgeglichen bin und mir Zeit nehme für mich und meine Interessen, natürlich auch für die Familie. Wie oft habe ich den Kindern nur halb zugehört und abwesend genickt, wenn sie mir von ihren großen und kleinen Problemen oder den Begebenheiten des Schulalltages berichtet haben. Nun unterbreche ich mein Tun, nehme mir Zeit, schenke ihnen mehr Aufmerksamkeit und beginne das zu genießen. Ich gönne meinem Körper jetzt ab und zu Ruhe, sonst holt er sich die irgendwann von selbst. Das habe ich ja erlebt. Ich bin von einem Frust in den nächsten gefallen. An manchen Tagen geht einfach nichts mehr, dennoch sage ich mir, du hast gut trainiert, und fühle mich wohl dabei. Heute laufe ich allerdings schneller, als es mir gut tut, um nicht zu spät zur Arbeit zu erscheinen. Es hilft nichts, zu Hause muss ich wieder erst kühlen, dann etwas essen, duschen und zur Arbeit. Natürlich komme ich zu spät. Die Kolleginnen sind amüsiert, der Chef etwas verwundert. Und ich, ich bin ausgeglichen und erfrischt, auch wenn mir das Knie Beschwerden bereitet.

Deshalb muss ich am Nachmittag wieder zum Orthopäden. Er vermutet einen Meniskusschaden, Alarmglocken schrillen in meinem Kopf, als er von einer OP spricht. Das Kernspintomogramm gibt aber Entwarnung. Angeblich eine Zerrung der Bänder und eine Schleimbeutelentzündung. Die Schmerzen würden von der Flüssigkeit kommen, die sich im Entzündungsgebiet sammelt und bei jeder Bewegung zusammengepresst wird. Einige Spritzen, Kühlen und Entlastung, dann kann das Training fortgeführt werden. Allerdings soll ich es bis dahin eins zu eins im Wasser umsetzen.

Montag, 25.08.03

Ab heute greift der neue Trainingsplan von Thomas Wessinghage. Er trägt die Überschrift »Iris läuft NY« und sieht gar nicht so schlimm aus, wie ich erwartet habe. Keine Kilometervorgaben mehr, nur Zeiten und die Herzfrequenz, daraus ergibt sich dann die Kilometerleistung von selbst. Am Freitag habe ich meine Mutter besucht, sie fühlt sich immer noch vernachlässigt. Wir sehen uns auch höchstens alle vier bis fünf Wochen, früher, vor dem Marathonjahr, haben wir uns fast wöchentlich gesehen. Sie versucht aber nicht mehr, mir das Projekt auszureden. Sie ruft auch nur noch selten an, sagt, nach dem 2. November wird sie sich wieder regelmäßig melden, in der Hoffnung, ich wäre dann wieder »normal«. Wir umschiffen die strittigen Themen und wenden uns anderen Dingen zu.

Auch mit Thomas war ich schon ewig nicht mehr aus, weder im Kino noch im Restaurant oder einer Cocktailbar. Wenn kein Training ansteht, bin ich froh, zu Hause sein zu können.

Dienstag, 26.08.03

Zweiter Trainingstag im Wasser, Aquajogging. Das Wasser ist kalt, trotzdem stürze ich mich mutig hinein und beginne, hin und her zu laufen. Einige Leute gucken wieder blöd, aber daran bin ich schon vom letzten Mal gewöhnt. Plötzlich ein Krampf in der Fußsohle, meine Zehen spreizen sich ab, ein freundlicher Bademeister kommt mir zu Hilfe und zeigt mir, wie ich den Krampf besiegen kann. Nach 45 Minuten treten Probleme bei der Atmung auf, hustend klammere ich mich am Beckenrand fest. Der freundliche Bademeister empfiehlt mir, für heute Schluss zu machen. Auch unter der Dusche beruhigt sich der quälende Hustenreiz nicht, und es fühlt sich an, als drücke irgendetwas meine Brust zusammen. Einatmen geht, aber beim Ausatmen rasselt und fiept es ganz schrecklich. Zu Hause, wie üblich, mein Mann mit erhobenem Zeigefinger: Du hast dich übernommen, ich hatte dich doch vorher gewarnt, nimm das Asthmaspray von Patrick, dann wird es bestimmt besser. Denkste!! Langsam bekomme ich Panik zu ersticken. Meinen Hausarzt kann ich um diese Zeit nicht mehr erreichen, also versuche ich, Dieter Riebe über Handy anzurufen. Nach langem Klingeln nimmt er ab. Er rät mir, ins Krankenhaus zu fahren. Mittlerweile bin ich schon ganz erschöpft, wir müssen auch nicht warten, wie sonst in der Ersten Hilfe. Sofort werde ich in einen Untersuchungsraum geführt, auf eine Trage gelegt ... Moment – gesetzt, denn wenn ich liege, bekomme ich gar keine Luft mehr. Ein dünner Schlauch mit Sauerstoff wird in meine Nase gesteckt, dann das ganze Programm abgespielt. Venöser Zugang, über den ich Cortison erhalte, EKG, Blutwerte, Lunge röntgen usw. Langsam kann ich wieder etwas ruhiger atmen und auf die Fragen der Ärzte antworten. Sie vermuten, dass ich zu heftig trainiert habe und der Druck auf den Brustkorb zu groß war, oder dass ich zu tief und zu viel Chlor inhaliert habe oder aber eine allergische Reaktion auf die Spritzen und Medikamente, oder aber evtl. Belastungsasthma. Das alles »baut« mich ja mal wieder total auf. Alleingelassen, in einem kalten Untersuchungsraum, überkommen mich merkwürdige Gedanken. Was mache ich hier eigentlich? Warum streikt mein Körper schon wieder? Überhöre ich irgendwelche Warnsignale, die er aussendet? Habe ich das nötig? Heute in der Praxis hat eine Kollegin mich gefragt, ob ich meinen Körper in diesem Jahr an seine Grenzen treibe oder ihn gar zerstöre. So oft hat sie mich noch nie krank gesehen, mit Magenschmerzen (vom Diclophenac) oder total erschöpft vom Training. Ich habe sie beschwichtigt und behauptet, dass es mir gut ginge (bis auf den Magen), dass das Laufen mir Freude mache und ich gern trainiere. Stimmt das überhaupt? Fühle ich mich wohl? Im Augenblick ja wohl nicht! Nachdem sich mein Allgemeinzustand wieder stabilisiert hat, bieten sie mir eine Übernachtungsmöglichkeit auf der Station an, auf die ich aber gerne verzichte. Morgen soll ich meinen Hausarzt aufsuchen. Der ist auch ein wenig ratlos, möchte mich krank schreiben, wegen Erschöpfung und so. Ich lehne ab, denn auch heute werde ich mit dem Aquajogging fortfahren.

Mittwoch, 27.08.03

Ich bin sehr vorsichtig, laufe langsam und mache immer wieder kleine Pausen. Der gestrige Zwischenfall hat mich ganz schön erschreckt. Heute am frühen Nachmittag sind viele Jugendliche im Bad. Sie springen vom Beckenrand und kraulen wild an mir vorüber, ich werde mit Wasserwellen überschüttet und oftmals an den Beckenrand gedrückt. Es macht wirklich gar keinen Spaß, aber ich werde auch das überleben.

Donnerstag, 28.08.03

Heute nur Rentner im Becken, na da passe ich ja prima rein. Alles verläuft ruhig und in geregelten Bahnen, keiner spritzt, niemand schubst, und trotzdem fühle ich mich nicht dazugehörig.

Freitag, 29.08.03

Wieder Aquajogging, und ich kämpfe mit dem inneren Schweinehund, ob ich wirklich 70 Min. im Wasser aushalte. Ich gewinne, meine Haut ist schon ganz schrumpelig, und ich bin froh, dass ich für heute fertig bin. Morgen werde ich versuchen, wieder richtig auf der Straße zu trainieren.

Samstag, 30.08.03

Mit Thomas locker und langsam losgetrabt. Wir unterhalten uns, und das Thema kommt immer wieder auf New York. Thomas ist besorgt, er sagt, es wäre ein Wunder, wenn ich die Marathonstrecke wirklich bewältigen würde. Bei dem unregelmäßigen Training und den vielen Beeinträchtigungen. Na, super! Das wollte ich bestimmt nicht hören, ich habe schon genug eigene Zweifel. Nimmt er mich wieder nicht für voll? Ob er vielleicht denkt, dass ich nur halbherzig trainiere. Das verletzt mich, aber ich möchte nicht mit ihm darüber diskutieren, also verschweige ich ihm, was mich bewegt. Langsam verliere ich mein neugewonnenes Selbstvertrauen wieder. Ich bin verunsichert und Zweifel plagen mich sowieso schon seit geraumer Zeit. Nach 6 km habe ich wieder heftige Schmerzen im Knie. Thomas bemerkt, wie verkrampft ich laufe und meckert. Ich sage ihm, er solle weiterlaufen, und ich laufe humpelnd nach

Hause zurück. Ich versuche immer wieder anzutraben, doch nach einigen Metern wird der Schmerz übermächtig und ich muss gehen. Den Rückweg lege ich zwischen Gehen und Walken zurück – ohne Probleme. Nur wenn ich jogge, setzt der Schmerz ein.
Die Gastkinder sind abgereist, und endlich kehrt wieder Ruhe ein. Jeder hat sein eigenes Zimmer zurück. Abends gibt es wieder öfters Stulle mit Brot, und morgens herrscht nicht so ein Gedränge im Bad.

Sonntag, 31.08.03

Thomas läuft heute mit »seinen Männern«, ich würde sie so gerne begleiten. Sie haben mich immer aufgebaut und unterstützt. Zumindest haben sie mir immer das Gefühl vermittelt, dass sie an mich glauben und sicher sind, dass ich NY schaffe. Ich traue mich nicht, mit ihnen zu laufen. Ich möchte sie nicht enttäuschen oder runterziehen, sie bereiten sich alle auf den Berlin-Marathon vor. Also laufe ich allein. Aber auch heute wird der Schmerz nach 5 bis 6 km übermächtig und mir steigen Tränen in die Augen. Zum Glück sind so früh am Morgen noch keine Passanten unterwegs. Langsam hinke ich zurück. Was ist nur los? Wieso kommt der Schmerz erst nach ein paar Kilometern? Anna Pal Singh hat in einer Mail geschrieben, sie glaube, ich hätte Angst vor NY, und deshalb flüchte sich mein Körper in Wehwehchen. Tausend Fragezeichen wirbeln durch meinen Kopf. Ich habe keine Angst! Ich habe großen Respekt vor der Distanz, aber keine Angst!! Und verdammt noch mal, ich möchte sie laufen. Ich würde auch vorher Spritzen und Medikamente nehmen, die den Schmerz betäuben. Ich würde es in Kauf nehmen, hinterher wochenlang an Krücken zu hinken, aber ich möchte laufen. Mein Körper soll schweigen, der Schmerz soll betäubt werden. Mein größter Wunsch ist es, für mich zu laufen, ich wollte ja nicht vor mir davonlaufen, ich wollte stolz auf mich sein, ich wollte für mich etwas erreichen, und wenn mir das versagt bleibt, werde ich mich nie mehr von dem Schock erholen. Das macht mir Angst, was wird dann sein, in mir, meinem Inneren? Ich stehe am Fahrbahnrand und merke, wie ich unbeherrscht schluchze, meine Schultern beben, ich muss mich beruhigen. Harold fällt mir ein: »Alles wird gut.« Ein netter Autofahrer hält an und bringt mich fast bis vor die Haustür. Zum Glück schlafen die Kinder noch, Thomas ist auch noch nicht zurück, so kann ich ein entspannendes Wannenbad nehmen und meine Fassung zurückgewinnen.

Montag, 01.09.03

Endlich ist Thomas Wessinghage aus dem Urlaub zurück. Ich habe ihm alles erzählt, und er bemüht sich, der Sache mit dem Knie auf den Grund zu gehen. Ob ich wenigstens ein paar Stunden nach Damp kommen könnte? Nein, denn ich habe keinen einzigen Urlaubstag mehr und möchte meine Arbeitsstelle nicht verlieren. Außerdem, wie stellt er sich das vor? Ein paar Stunden, mein Hubschrauber steht mir diese Woche ausnahmsweise mal nicht zur Verfügung! Er empfiehlt mir ein Reha-Zentrum in Pankow, dort würden mich ein Arzt und ein Physiotherapeut noch einmal richtig untersuchen, mit ihm Rücksprache nehmen und dann über die weiteren Behandlungsmöglichkeiten entscheiden. Den Termin habe ich erst für Donnerstag bekommen. Also versuche ich es weiter mit Zähne zusammenbeißen und markiere die Harte.

Dienstag, 02.09.03

40 Min. Quälerei, unrund und kein bisschen Freude dabei.

Mittwoch, 03.09.03

Dito.

Donnerstag, 04.09.03

Der Termin steht an, zuvor habe ich wieder 40 Min. zu Laufen versucht, starke Schmerzen, miese Laune, kurze Dusche und dann zum Reha-Zentrum. Ich werde sehr freundlich aufgenommen, gründlich untersucht, und es wird auch sofort mit der Behandlung begonnen. Anscheinend doch alles Beschwerden auf Grund von Fehlbelastungen, die sich jetzt summiert haben und die ich nicht mehr kompensieren kann. Nun heißt es wieder mindestens dreimal die Woche Krankengymnastik und abwechselnd medizinische Trainingstherapie. Ich bekomme Dehnungsübungen als Hausaufgabe, außerdem soll ich wieder das Lauftraining eins zu eins im Wasser umsetzen und wenn die Schmerzen einsetzen, den Rest der Zeit auf dem Kardiotrainer oder dem Fahrrad absolvieren. Die Familie muss wieder zurückstecken, und eine Menge Hausarbeit wird unerledigt bleiben. Ich zucke die Achseln, was früher undenkbar gewesen wäre und zücke meinen Terminplaner, um alles zu organisieren.

Sonnabend, 02.09.03

Ich telefoniere mit Thomas Wessinghage, befrage ihn noch einmal zu den Alternativen und frage nebenbei, ob ich wohl am Sonntag, dem 07.09., einen Halbmarathon laufen könnte. Nun wird mir gehörig der Kopf gewaschen. Richtig wütend fragt er, ob ich immer noch nicht begriffen habe, dass Schmerz ein Warnsignal sei und man mit Schmerzen auf keinen Fall laufen sollte. In seiner letzten E-Mail hat er mir das schon erklärt, aber so etwas wollte ich nicht akzeptieren.

Hallo Iris, wie bereits mehrfach mitgeteilt, darfst du nicht laufen, solange der Schmerz so intensiv ist. Sonst kann niemand abschätzen, was passiert und welche Folgeschäden auftreten können. Zumal dir ein Training unter Schmerzen keinen wirklichen Nutzen bringt. Also solltest du stattdessen Aquajoggen, Rad fahren und alles andere tun, was schmerzfrei möglich ist. Ich warte auf deine Rückmeldung. Gruß Thomas

Er macht mich richtig zur Schnecke, und ich merke, es ist ihm Ernst. Wenn ich in New York laufen möchte, muss ich vernünftig sein und auf den ärztlichen Rat hören. Es fällt mir natürlich schwer, das zu akzeptieren, und ich beende das Gespräch, bevor die Tränen fließen. Mein Mann hat nun wieder Oberwasser und setzt noch einen drauf, nimmt mich aber auch in den Arm, um mich zu trösten, denn er weiß, wie viel mir das Joggen mittlerweile bedeutet. Trotzdem taucht an diesem »schwarzen Samstag« noch ein Lichtblick auf: Herr Pöllinger, ein pensionierter Polizeizeichner, hat mein Bild fertig gestellt. Thomas hat ihn gebeten, eine Bleistiftkarikatur von mir auf dem Weg nach NY anzufertigen. Wir fahren sofort los, denn ich kann es nicht erwarten, das Bild zu sehen. Super!! Ich bin hin und weg. Er hat mich gut getroffen und die Botschaft, die das Bild ausdrücken sollte, einfach klasse umgesetzt. Auf meinen Wunsch hin hat er sogar geschummelt und ein paar Fältchen weggelassen.

Montag, 08.09.03

Aquajogging und anschließend ins Rehazentrum, um Dehnübungen und Krankengymnastik zu machen. Die Tage haben viel zu wenig Stunden. Ich bin immer in Hetze. Die Kolleginnen ermahnen mich, da ich bei der Arbeit sehr unkonzentriert bin. Ich bin auch wieder sehr angespannt, da sich noch keine Besserung eingestellt hat. Vielleicht bin ich wieder mal zu ungeduldig, aber NY sitzt mir im Nacken.

Dienstag, 09.09.03

Um 12.30 Uhr habe ich Dienstschluss und die Kolleginnen sollten mich eigentlich pünktlich ablösen, da ich um 13.00 Uhr in der Reha sein muss. Irgendetwas läuft schief. Ich habe das Gefühl, sie lassen mich hängen. Ich springe auf, streife Mundschutz und Handschuhe ab, renne wie von Furien gehetzt an ihnen vorüber, schnauze sie an und verlasse die Praxis. Ich bin im Moment sehr nahe am Wasser gebaut. Schon wieder heule ich, als ich völlig abgehetzt in der Reha ankomme. Mein Therapeut macht ein paar Vorschläge, wie ich mich anschließend entspannen könnte. Von Entspannung keine Rede, sofort geht es weiter ins Fitness-Studio. Eine Stunde auf dem Crosstrainer und eine halbe auf dem Fahrrad. Die Kinder machen sich schon Sorgen, wo ich bleibe. Thomas ist sehr besorgt um mein Befinden. Er möchte mich unterstützen und mir Sorgen abnehmen. Er telefoniert mit dem SWR und fragt, ob sie mich wohl nach Damp schicken könnten, damit ich bei Thomas Wessinghage behandelt werden könne. Leider ist das Budget schon erschöpft. Mein Mann bietet mir an, auf unsere Kosten dorthin zu fahren. Das möchte ich nicht annehmen, denn unser Budget ist auch schon ausgereizt. Der Amerikaaufenthalt unseres Sohnes steht an, und da mein Mann mich nach NY begleiten soll, kommen seine Reisekosten auch noch auf uns zu. Er ignoriert meine Einwände und versucht im Alleingang alle Probleme zu lösen. Er besucht meinen Chef und appelliert an seine Bereitschaft, mich zu unterstützen, bittet ihn, mir für die Reha freizugeben, da ich trotz sorgfältiger Planung nicht alle Termine in meiner Freizeit unterbringen könne. Der Chef ist verwundert, dass ich nicht für mich selber spreche, und so erzählt Thomas ihm von meiner Befürchtung, seine Gutmütigkeit auszunutzen. Auch hätte ich das Gefühl, ihn und meine Kolleginnen in diesem Jahr schon zu oft belastet zu haben.

Mittwoch, 10.09.03

Ich bin immer noch sauer, ignoriere die Kolleginnen und sie mich. Der Chef stellt mich zur Rede, ich bin unzugänglich, gereizt und lehne seine Hilfe ab (total idiotisch, aber im Augenblick verhalte ich mich nicht mehr rational). Er gibt mir Zeit und sagt, ich solle meine Entscheidung noch einmal überdenken.

Donnerstag, 11.09.03

Ich habe für die Mittagspause eine leckere Suppe vorbereitet und möchte mich mit den Kolleginnen versöhnen. Am Vormittag spreche ich noch einmal mit dem Chef und entschuldige mich für meine Frechheiten. Er hat Verständnis, da er weiß, wie sehr ich unter Druck stehe, erklärt mir aber, dass hier jeder sein Päckchen zu tragen habe und ich mit meinem Projekt nicht die ganze Praxis belasten könne. Meine Tränen fließen wieder, ich schätze, ich bin gar nicht mehr belastbar. Die Kolleginnen geben mir keine Gelegenheit, mich zu entschuldigen, sie lehnen es ab, mit mir zu Mittag zu essen. Wutentbrannt rausche ich mit dem gesamten Kochgeschirr aus der Praxis. Auch dem Chef gebe ich keine Gelegenheit, mit mir zu sprechen. Was ist nur los? Ich bin verstockt und bockig. Ich heule immerzu. Keiner kann es mir recht machen. Ich kann nicht mehr schlafen, bin morgens wie gerädert und kann abends nicht einschlafen. Mein Magen spielt wieder verrückt, ich übergebe mich am Morgen und kann nicht ordentlich essen. Meine Muskeln sind verspannt, meine Zähne schmerzen vom Knirschen und mein Kiefergelenk knackt beim Essen. Ich fühle mich nicht wohl in meiner Haut, die Haare kann ich nicht bändigen und überhaupt. – Ich sehe mit Verlaub beschissen aus und fühle mich auch so. Am Nachmittag versucht der Chef noch einmal die Wogen zu glätten und nimmt sich Zeit, um mit mir ein Gespräch zu führen. Ich heule, bin fix und fertig, und er meint, ich wäre urlaubsreif. Er würde mir in den Herbstferien freigeben wollen, damit ich mich erholen und trainieren kann, um mich auf New York vorzubereiten. Ich bin immer noch bockig, will mir nichts schenken lassen und lehne erst einmal ab. Nach der Sprechstunde sprechen wir Kolleginnen uns aus. Mir ist mein Ausbruch und der ganze Stress natürlich sehr peinlich, aber ich glaube, die beiden werden es mir nachsehen. Sie bemerken ja auch, unter welchem Druck ich stehe.

Freitag, 12.09.03

Heute ist es in der Praxis wieder etwas freundlicher, aber noch immer verkrampft, ich habe den Bogen anscheinend ganz schön überspannt. Mit meinem Chef bespreche ich die Reha-Termine, die in meiner Arbeitszeit liegen. Thomas holt mich von der Arbeit ab, er hat die Faxen dicke und schleppt mich zu einer Bewegungsanalyse. Dort erfahre ich, dass ich die letzten Monate mit falsch gearbeiteten Einlagen gelaufen bin, die meine leichte Fehlstellung noch verstärkt haben, anstatt ihr entgegenzuwirken. Gibt es das? Ich bin wieder völlig verunsichert, obwohl mir die computergestützten Aussagen einleuchten. Ich werde wieder neue Einlagen bekommen, die hoffentlich mein Knieproblem beseitigen. Die Therapeuten in der Reha sind ratlos und sehen eigentlich keine Chance für mich, bis New York gesund zu werden. Ich werde mich über alle gut gemeinten Ratschläge hinwegsetzen, denn ich will unbedingt laufen. Ich habe so viel Stress, Schmerzen und Behandlungen in diesem Jahr in Kauf genommen und mich immer wieder aufgerappelt, hart trainiert, mir ein großes Ziel gesetzt, den New York City Marathon, und ich hoffe es geht auch diesmal gut.

Montag, 15.09.03

Vor der Arbeit zur Reha, in der Mittagspause einkaufen, nach der Arbeit kurz nach Hause, den Kindern Hallo und gleich wieder Tschüss gesagt, zum Aquajogging und total groggy ins Bett.

Dienstag, 16.09.03

In der Mittagspause Reha, die Zeit läuft mir davon, abgehetzt komme ich in die Praxis und anschließend wieder ins Schwimmbad zum Aquajogging. Mit den Kindern kommuniziere ich nur noch über kleine Briefchen, und Thomas ist leider auf einer Dienstreise.

Mittwoch, 17.09.03

Die Kinder geweckt, gefrühstückt, und als die Kinder die Wohnung verlassen, schnell noch vor der Arbeit die Fenster geputzt. Mittags wieder in die Reha und abends noch die Gardinen gewaschen. Das sind Arbeiten, die ich leider nicht an die Kinder delegieren kann. Sie helfen mir schon, wo sie können, räumen den Geschirrspüler, den Trockner und die Waschmaschine aus, gehen einkaufen oder wischen Staub und saugen, um den Müll und die Altpapierentsorgung kümmern sie sich sowieso.

Donnerstag, 18.09.03

Es geht mir richtig gut, und nach dem Frühstück mache ich einen kleinen Lauf. Meine Stimmung ist super, das Wetter sehr angenehm, die Sonne scheint und ich bin endlich wieder einmal glücklich. Ich wage mich auf die 8-km-Runde. Peng!!!! Nach 6 km, ca. 30 Min. wieder der Schmerz im linken Knie. Erst dezent, dann immer heftiger. Ich bin wütend und enttäuscht. Hysterie? Erschöpfung?

Aquajogging muss ich wegen der Schmerzen ausfallen lassen. Ein Blick auf den Kalender sagt mir, dass nach der Arbeit auch noch ein Elternabend ansteht.

Freitag, 19.09.03

Ich quäle mich durch den Vormittag in der Praxis und fahre anschließend in die Reha. Mein Therapeut sieht sofort, dass ich einen Laufversuch unternommen habe. Alles ist verspannt und jede Maßnahme, die er mir angedeihen lässt, schmerzt. Ich breche in Tränen aus, da ich langsam keine Hoffnung mehr auf Besserung habe. Nächste Woche will das Filmteam zum letzten Dreh für die Homestory kommen und ich habe null Bock.

Als letzte Hoffnung schicke ich die Befunde und die Röntgenaufnahmen nach Freiburg in die Uniklinik, die haben ja auch mein Schienbein richtig behandelt bzw. die Problematik erkannt und mir geholfen. Thomas ist von seiner Dienstreise zurück und auch niedergeschlagen, da sich bei mir immer noch keine Besserung eingestellt hat. Ich gehe weiter zum Aquajogging, denn aufgeben kann ich meinen großen Traum noch nicht. Ablenkung werde ich am Dienstag haben, da wollen wir mit den Kolleginnen in eine Cocktailbar gehen und uns amüsieren.

Dienstag, 23.09.03

Die Katze meiner Kollegin ist sehr krank und muss eingeschläfert werden, weshalb sie jetzt natürlich keine Lust mehr auf Cocktails hat. Meine beste Freundin ist im Urlaub. In der Mittagspause telefoniere ich mit Thomas. Er soll sämtliche Freundinnen abtelefonieren und für heute Abend zwei von ihnen aktivieren.

Um 18.00 Uhr kommt das Filmteam zur Praxis. Sie interviewen den Chef, während ich die Praxis für den morgigen Tag vorbereite. Es klingelt und Thomas erscheint mit Elke und Sylvia. Unsere Entspannungsparty in der Cocktailbar ist gerettet.

Wir gehen zu »Billy Wilders«, der nette Barkeeper empfiehlt uns erst einmal einen leichten fruchtigen Einsteiger. Dazu genehmigen wir uns ein Ciabatta-Sandwich mit Thunfisch bzw. Putenbrust. Jetzt, wo wir eine Grundlage haben, gönnen wir uns einen weiteren Cocktail. Ich bin seit langem locker und entspannt. Wir amüsieren uns königlich und reden viel Unsinn. Die Rede kommt auf New York, und beide sind sich sicher, dass ich es trotz der Trainingsausfälle schaffen werde, auch wenn es schwer werden wird. Aller guten Dinge sind drei, und wir bemühen den Barkeeper noch einmal.

Mittwoch, 24.09.03

Das Team begleitet mich zum Lungenfacharzt. Er soll abklären, was der Zwischenfall beim Aquajogging zu bedeuten hatte. War es Belastungsasthma? Ein Infekt? Nach zahlreichen Untersuchungen und einem Provokationstest erhalte ich grünes Licht für den Marathon. Keine Anzeichen für Asthma oder andere Unregelmäßigkeiten.

Wahrscheinlich war ein Infekt im Anmarsch, ich hatte ja auch erhöhte Temperatur, und das hätte mich außer Gefecht gesetzt. Prima, endlich wieder eine positive Nachricht. Nun müssen wir schnell nach Hause, dort wartet schon Oliver Stoll, der Sportpsychologe. Er soll mir wieder einmal den Druck nehmen. Wir reden lange, und ich fühle mich trotzdem nicht verstanden, lenke aber ein, als er mir erklärt, dass ich den Trainingsrückstand sowieso nicht mehr aufholen könne. Ich muss es als gegeben hinnehmen und versuchen, das Beste daraus zu machen, auch wenn es weh tut. Und es tut verdammt weh, ganz tief drinnen. Und meinem Ego schadet es auch. Ich kann den Schmerz im Knie nicht »wegdenken«, wie er es mir vorschlägt. Einige Zeit kann ich den Schmerz bezwingen, aber doch nicht über die gesamte Marathonstrecke. Ich bin ja schon oft mit Schmerzen gelaufen, aber wenn zu diesen Beschwerden bei Kilometer 36 noch der Hammermann kommt, bin ich dem sicher nicht gewachsen. Er schenkt mir ein Buch, Psychologie in Ausdauersportarten, in dem ich einen Artikel von Werner Sonntag lesen soll. Viel über Motivation, extrinsische und intrinsische, über Stress vor dem Wettkampf und darüber, dass alle Ausdauersportarten eigentlich nur mit dem Kopf zu bewältigen sind. Um 17.00 Uhr treffen Thomas' Männer ein. Wir wollen zusammen eine kleine Trainingseinheit absolvieren. Sie sind wie immer sehr nett, beteuern, dass sie alle an mich glauben, und hoffen, dass ich in New York »finishen« werde. Peter ist auch schon einmal bei einem Marathon ausgestiegen und erklärt, Stärke und Schwäche seien kein Widerspruch. Denn immer zeuge es von Stärke, Schwäche zu zeigen und auch dazu zu stehen. Als er aufgeben musste, fühlte er sich sehr schlecht, trotzdem war er stolz, so viel Stärke besessen zu haben, obwohl einige Zuschauer Unverständnis zeigten.

Donnerstag, 25.09.03

Eine Mail von Oliver. *Hallo Iris! Wie geht es dir nach dem gestrigen Drehtag ... und der »Lauferei«. Unser Gespräch hat mich noch lange beschäftigt. Man redet halt doch anders, wenn die Kamera dabei ist. Was mir richtig zu denken gibt, ist die Tatsache, dass du wirklich alles für einen Start in New York tun würdest. Eben auch Sachen, die dir eindeutig schweren Schaden zufügen können. Sich »schmerzfrei« zu spritzen ist keine Lösung. Diese Analgetika sind auf Dauer richtig schädlich. Darüber hinaus fallen sie unter das Doping-Gesetz (bei nicht vorhandener medizinischer Indikation), und ich könnte mir vorstellen, dass der SWR dich nicht starten lässt, wenn die das rausbekommen.*

Ich habe ein paar Fragen:

1.) Hast du das Kapitel im Buch von Werner Sonntag gelesen? Was hältst du davon. Kannst du dich teilweise in seinen Worten wieder finden?

2.) Als gestern die Tränen geflossen sind, da habe ich so eine tiefe Traurigkeit in dir gespürt. Ist das richtig? Kannst du mir erklären, welche meiner Worte dazu geführt haben?

Ich wünsche dir trotz allem »Stress« eine muntere Restwoche und hoffe, dass du ein wenig abschalten konntest?

Ganz liebe Grüße, dein Oliver

Hallo Oliver,

es geht mir nicht gut. Obwohl ich mir deine Worte zu Herzen genommen und während des Laufs viel mit den Männern geredet habe, um mich abzulenken, wurde der Schmerz wieder so stark, dass alle es sehen konnten, obwohl ich gar nichts gesagt habe. Ich verspüre große Hilflosigkeit, wie soll ich den Schmerz besiegen? Bei Kilometer dreißig, sagen alle, kommen sowieso Schmerzen, damit rechne ich auch fest und die könnte ich mental sicher besiegen. Aber wenn ich schon nach einer halben Stunde solche Schmerzen verspüre, kann ich nicht 25 km später die anderen auch noch bekämpfen. Ja, ich würde auch meine Gesundheit aufs Spiel setzen, ich glaube, keiner versteht, was dieser Lauf für mein Selbstwertgefühl bedeutet. Die anderen Menschen sind mir wirklich egal. Ich habe in deinem Buch gelesen und mich auch stellenweise wiedererkannt, konnte aber noch nicht alles verstehen. Wenn ich so überreizt bin, muss ich alles zweimal lesen. Es stimmt, ich war tief traurig, weil du gesagt hast, ich muss es als unabänderlich hinnehmen. Dass mein Trainingsrückstand nicht aufzuholen ist, kann ich akzeptieren, aber nicht diesen Schmerz, und ich habe jetzt Angst vor mir selbst und meiner Reak-

tion, wenn ich wirklich scheitere. Ich denke, da ist es das kleinere Risiko, mir vor dem Start eine Spritze verpassen zu lassen. Ich würde ja nicht schon jetzt oder die ganze Zeit bis NY Spritzen nehmen, nur an diesem einen Tag. Ich hoffe für mich und klammere mich an diesen Strohhalm, dort jemanden zu finden, der dazu bereit ist.

Viele Grüße Iris

Freitag, 26.09.03

Wir gehen auf die Berliner Marathonmesse. Die Atmosphäre ist super, total kribbelig, man merkt die Anspannung und Vorfreude der Läufer. Thomas lässt einen Lactatstufentest machen und ist völlig aus dem Häuschen, als der sehr gut ausfällt. Er würde den Marathon unter vier Stunden laufen können. Sein Trainingszustand ist ausgezeichnet. Ich begebe mich zur Vital Station. Hier beraten Physiotherapeuten und Ärzte die Läufer. Ich lasse mein Knie nochmals untersuchen. Ich soll mich weiter in physiotherapeutische Behandlung begeben. Meine Biomechanik stimmt nicht, und so würde ich nicht mal einen 10-km-Lauf überstehen. Das muntert mich nicht gerade auf, obwohl man beteuert, dass ein guter Physiotherapeut mich innerhalb der letzten vier Wochen fit bekommen kann.

Samstag, 27.09.03

Am Samstagmorgen besuchen wir Thomas Wessinghage in seinem Hotel. Er wird beim morgigen Berlin-Marathon Co-Moderator sein. Er untersucht mich auch gründlich, versteht nicht, warum immer mein rechtes Bein behandelt wurde, und meint, New York wäre vom Herzkreislaufsystem kein Thema für mich. Durch das Ersatztraining allerdings würde ich nach dem Marathon wahrscheinlich massive muskuläre Probleme haben, da mir die langen Läufe gänzlich fehlen. Trotzdem glaubt er fest daran, dass ich finishen werde. Will er mir nur Mut machen? Schmiert er mir Honig ums Maul oder ist er wirklich überzeugt? Er kann den Schmerz während der Untersuchung auslösen und zeigt mir einige Übungen, mit welchen ich dem entgegenwirken kann. Ich soll weiter Aquajogging, Kardiotrainer und alle Trainingsformen wählen, die keine Beschwerden auslösen. Auch wenn ich bis New York nicht mehr laufe, werde ich es seiner Ansicht nach schaffen. Sein Wort in Gottes Ohr.

Sonntag, 28.09.03

Ganz Berlin im Marathonfieber. Unsere Kinder laufen den Minimarathon, und Thomas' Männern werden wir an der Strecke die Daumen drücken. Wir radeln als erstes ins Startgebiet. Ich möchte das Feeling und die Erregung der Sportler hautnah mitbekommen. Nach dem Start der Rollis begeben wir uns zum Kilometerpunkt 6. Auf einem Bewagkasten kann ich die gesamte Fahrbahnbreite überblicken. Als Erster passiert uns Jens, dann folgt Michael, Peter und Hans sind auch endlich da und wir fahren weiter zum Kilometer 21. Hier sieht man schon einige Läufer/innen, die ganz schön kämpfen müssen, aber auch einige, die total locker und kaum verschwitzt sind. Unsere Männer sind alle noch ganz relaxt. Jens mit einer sehr guten Zwischenzeit, Micha ca. 20 Min. hinter ihm. Hans und Peter haben sich im Gedränge verloren und kämpfen jetzt auch jeder für sich. Ich glaub, ich spinne, Mücke, unser Mücke »von Null auf 42«, rennt an mir vorbei. Ich schreie ihn enttäuscht an. Seine Freundin Gisela zuckt zusammen. Schon sind sie vorbei. Wir Probanden wollten doch alle in New York unseren ersten Marathon laufen. Ich bin verärgert und im höchsten Maße erregt. Thomas versucht, mich zu beruhigen. Wir radeln weiter, doch Mücke spukt in meinem Kopf herum. Bei Kilometer 36 spielen sich die verrücktesten Szenen ab. Einige Läufer/innen winken, sind sich des Sieges sicher, meinen, jetzt steigen sie nicht mehr aus, andere werden von Muskelkrämpfen geschüttelt, einer Frau läuft Blut an den Schenkeln hinab, einigen Männern bluten die Brustwarzen, viele Gesichter sind schmerzverzerrt, aber bei den meisten zeigt sich der eiserne Wille, diesen Marathon zu überstehen. Ich habe Gänsehaut, stelle mir New York vor, bin melancholisch, glücklich und aufgeregt. Dann kommt Jens, er ist schon ganz schön fertig. Sieht er uns überhaupt? Thomas begleitet ihn ein Stück. Er wird seine Bestzeit erreichen (03:42:50). Michael ist noch locker, kann mit uns rumflachsen und kommt nach 04:09:43 rein. Jetzt sehe ich Mücke wieder. Er und Gisela haben die Straßenseite gewechselt, laufen jetzt links. Will er sich vor mir verstecken? Mücke! Du Verräter, schreie ich über die Menge. Ich glaube, er hört mich nicht. Gisela aber scheint zu reagieren. Tränen, schon wieder Tränen. Ich bin traurig, er läuft mal eben im Training den Berlin-Marathon, und ich kann schon wochenlang nicht mehr trainieren. Hansi ist nur fünf Sekunden langsamer als letztes Jahr (04:45:19). Er hat eben seinen eingebauten Tempomat, das merke ich auch immer beim Training. Peter folgt als Letzter, ist aber auch noch locker und entspannt (04:59:25). Alle haben gefinisht, und ich bin stolz auf sie. Später stellt sich heraus, dass Mücke erst bei Kilometer 10 eingestiegen ist, um einen längeren Trainingslauf zu absolvieren.

Ich kann immer noch nicht laufen, die Schmerzen im Knie werden einfach nicht besser. In diesem Jahr ist irgendwo der Wurm drin, oder doch Murphys Gesetz? Alles, was ich beginne, geht schief oder läuft anders als erwartet. Ist ein Trainingslauf super und schmerzfrei, verläuft der nächste schlecht oder schmerzhaft. Gehen wir ins Restaurant, ist das Gericht, das ich bestelle, aus. Möchte ich eine heiße Schokolade, ist die Milch alle. Will ich bei Sonne laufen, regnet es usw. Selbst als wir in der Cocktailbar waren, ging die Laterne aus, sobald ich sie passierte. Habe ich etwas bei Puma bestellt, war es in meiner Größe vergriffen und nicht mehr lieferbar. Meine Untersuchungsberichte, die ich nach Freiburg an die Uniklinik geschickt habe, gingen mit der Post verloren, wenn ich einen Arzt aufsuchen wollte, war der gerade im Urlaub oder zu einer Fortbildung, und als Angehöriger einer gesetzlichen Krankenkasse war es sehr schwer oder nur mit Fürsprache oder durch Beziehungen möglich, Termine zu bekommen. Ganz zu Anfang des Projekts hatte ich ja die Probleme mit dem Schienbein (Tibiakante) und war schon so weit, zu einem »Wunderheiler« zu gehen. Freunde hatten mir einen Inder empfohlen, der Reiki beherrrscht. Reiki wirkt angeblich als innere Heilquelle, die für körperliche Gesundheit und seelische Ausgeglichenheit sorgt. Reiki fördert den eigenen Entwicklungsprozess, aktiviert die körpereigenen Selbstheilungskräfte und harmonisiert und gleicht das seelische Wohlbefinden aus. Es löst Blockaden und entgiftet den Körper von Schlacken. Dabei gleicht Reiki Energiedifferenzen aus, die sich als Erschöpfung, Verspannung,

Stress, Unruhe und Stimmungsschwankung bemerkbar machen. Reiki wirkt entspannend, kann Schmerzen und akute Symptome erleichtern, und es wirkt fördernd auf Heilungsprozesse bzw. unterstützt Therapien und medizinische Behandlungen. Ich allerdings als »ungläubiger Thomas« und immer ziemlich realitätsnah, fühlte mich bei diesem Besuch äußerst unwohl in meiner Haut und lehnte nach dem ersten Gesprächstermin eine Behandlung ab. Jetzt kommt mir der Gedanke, dass die neuen Beschwerden vielleicht darauf zurückzuführen sind. Sicherlich war der Inder ein Voodooman und hat sofort eine kleine Puppe von mir angefertigt. Jetzt pikt er immerzu mit einer kleinen Nadel in das linke Knie der Puppe und deshalb der Schmerz, den sich niemand von den Ärzten erklären kann. Wenn ich laufe, zappelt sicherlich die Voodoopuppe, und schon pikst er mich. Oh, Gott! Ich glaube, ich drehe durch, habe Wahnvorstellungen oder einfach zu viel Phantasie.

Freitag, 03.10.03

Jetzt, Anfang Oktober, ist der E-Mail-Verkehr zwischen uns Probanden fast zum Erliegen gekommen. Die anderen mailen sehr spärlich und antworten auch nicht mehr sofort. Bisher wurde man tagtäglich mit E-Mails bombardiert und wusste genau über die Erfolge oder Widrigkeiten der anderen Teilnehmer Bescheid. Vielleicht machen jetzt alle ein Geheimnis aus ihrem Trainingszustand. Werden wir jetzt wieder zu Konkurrenten? Ich hoffe doch nicht. Wir sitzen alle im gleichen Boot, haben uns viel vorgenommen und wollen auch alle ins Ziel. Vielleicht sind die anderen ja genauso angespannt wie ich, oder der Winter-Blues hat den einen oder anderen schon gepackt.

Montag, 06.10.03

Die Kinder fahren auf eine Sportreise. Thomas und ich haben Urlaub und wollen diese kinderlose Woche genießen. Ich sagte genießen, und das habe ich mir so vorgestellt: kuscheln, im Bett frühstücken, gemeinsam trainieren und entspannen. Aber schon Montagfrüh habe ich wieder starke Schmerzen im Knie, und die Spritze, die ich mir geben lasse, wirkt überhaupt nicht. Thomas macht seine Läufe, ich bin frustriert und trainiere im Wasser. Das Wetter ist trist und grau, und immer wieder kommt es wegen meiner schlechten Laune zu Reibereien. Da auch er enttäuscht ist und gut kontern kann, wird diese Woche nicht gerade harmonisch. Wir reißen uns zwar immer wieder zusammen, aber ein leicht bitterer Geschmack bleibt.

Mittwoch, 08.10.03

Als wir unsere Reiseunterlagen bekommen und überprüfen, bemerken wir, dass wir mit einem anderen Veranstalter pro Person 200 Euro billiger gereist wären. Wir versuchen umzubuchen, der Veranstalter zeigt sich jedoch nicht gerade kooperativ und droht unsere Flüge insgesamt zu stornieren. Also beißen wir gefrustet in den sauren Apfel. Der Streit mit dem Veranstalter, die Schmerzen und die Aussage meines Therapeuten, dass er mit seinem Latein am Ende sei, ziehen mich ganz weit nach unten. Abends im Bett beginnen die Tränen zu fließen und Thomas ist hilflos, er kann mich nicht trösten. Ich bin am Ende und verzweifelt, verliere den Mut und mein Selbstvertrauen. Ich nehme eine Schlaftablette und schicke eine SMS an Stefanie und Harold. »Ich kann nicht mehr, ich gebe auf.« Thomas hat kein Verständnis und ist verärgert. Die Tablette beginnt zu wirken, von ferne klingelt ein Handy, ich bin so leicht, so leicht wie eine Feder, ich schwebe ins Reich der Träume.

Nein, ich habe nicht geträumt, es war Stefanie. Auch mitten in der Nacht ist unsere »Gouvernante« für mich da. Sie telefoniert mit Thomas, denn ich bin schon irgendwo in der Entspannung und bekomme alles nur sehr entfernt mit. Am nächsten Morgen hat sie schon mächtig rotiert. Ich soll wieder nach Freiburg. Irgendwer muss doch diese Schmerzen in den Griff bekommen. So kurz vor dem Ziel soll ich nicht aufgeben. Auch Harold meldet sich, sagt, es muss etwas geschehen, will Steffi aktivieren und erfährt, dass sie schon alles in die Wege geleitet hat. Mein letzter Strohhalm – und ich greife zu! Am Samstag kommt per TNT mein Ticket. Auch ein Päckchen vom SWR sorgt für Freude, unser Trinkgürtel und ein kleines Handy für New York, damit wir schon mal das Gewicht während des Trainings testen können.

Sonntag, 12.10.03

Thomas bringt mich zum Nachtzug. Ich bin angespannt und aufgeregt. Können die »Freiburger« mir helfen? Der Abschied von Thomas fällt mir schwer, am liebsten würde ich ihn mitnehmen. In der letzten Zeit hat er mir viel Halt gegeben und mich immer wieder aufgefangen. Ich klammere mich an ihn, als der Zug einfährt, will ihn gar nicht loslassen, er drückt mich und schiebt mich vorsichtig, aber mit Nachdruck in das Abteil.

Ein freundlicher Zugbegleiter macht mir das Bett zurecht, nimmt meine Tickets und wünscht mir eine gute Nacht. Nachdem ich bettfertig bin, kuschele ich mich unter die Decke. Der Zug fährt an und die Räder rattern unter meinem Kopf – nur noch drei Wochen, nur noch drei Wochen, nur noch drei Wochen. Ich kann nicht abschalten, ärgere mich über mich selbst. Doch die Räder wollen nicht schweigen. Neben dem Zahnputzbecher finde ich Ohropax, die Geräuschkulisse ist jetzt etwas gedämpft, aber die Gedanken bringe ich nicht zur Ruhe.

Montag, 13.10.03

Um 06.00 Uhr kommt der Zugbegleiter mit dem Frühstück, ein kleines Croissant, Tee, ein Apfel und eine kleine Schokolade. Ich bekomme meine Tickets zurück und pünktlich um 07.05 Uhr erreiche ich Freiburg Hauptbahnhof. Harold holt mich ab. Da unser Termin erst um 11.00 Uhr ist, wollen wir noch irgendwo frühstücken. Aus einem Stadtführer sucht er ein Café aus. Wir haben viel Zeit, also nehmen wir die Tram. Nach vier Stationen steigen wir aus, noch eine Querstraße, dann auf der Parallelstraße dazu soll das Café sein. Wir laufen und laufen, kein Café in Sicht, auch keine Passanten. Dann kommt eine Frau mit einem kleinen Mädchen aus einem Haus. Wir fragen nach dem Weg. Erste links, zweite rechts und dann … überqueren, dann parallel usw. Entnervt stöhnen wir auf, die Frau hat Erbarmen, es würde auf ihrem Weg liegen und sie könne uns hinfahren. Von so viel Freundlichkeit überrascht, nehmen wir dankend an.

Hilfe, wo hat Harold mich hingebracht? Hätte mein Mann so eine Spelunke zum Frühstück ausgesucht, wären die Fetzen geflogen, schmutzig, verraucht, Schnapsleichen an der Bar und ein Hinweis: »Aus gegebenem Anlass, weisen wir darauf hin, dass ab 08.00h kein Alkohol mehr ausgeschenkt wird.« Ich bin schockiert und habe auch keine rechte Lust, hier etwas zu bestellen. Harold ist das sichtlich peinlich. Wir trinken lediglich einen Kaffee, er erledigt seine Telefonate und bestellt anschließend ein Taxi. Der Fahrer empfiehlt uns das beste Café der Stadt. Dort angekommen, bestaune ich die schönen Kuchen und die gediegene Atmosphäre, aber mit Schrecken sehe ich nur alte Damen mit grauem, dauergewelltem Haar. Ich überrede Harold, gegenüber in eine Studentenkneipe zu gehen. Hier ist das Publikum gemischt, und ich fühle mich wohl. Nachdem wir ein kleines Frühstück bestellt haben, wird die Kamera eingeschaltet. Ich lasse wieder einmal alle tief in mein zerrüttetes Seelenleben schauen. Wahrscheinlich werde ich doch noch die Heulsuse der Nation.

Mit der Tram fahren wir zur Uni-Klinik. Nach kurzer Wartezeit empfängt uns Dr. Birnesser. Er betrachtet die Aufnahmen und die Befunde, anschließend untersucht er gründlich mein Knie. Er berät sich mit seinem Mitarbeiter Dr. Peters und erklärt mir, welche Ursachen für den Schmerz in Frage kommen. Wenn ich gleich im August Kontakt aufgenommen hätte, wäre eine Spiegelung noch möglich gewesen, jetzt, 14 Tage vor New York, kann ich das vergessen. Er rät mir zu Hyaronsäurespritzen, die die Gelenkflüssigkeit ersetzen, außerdem bekomme ich eine Injektion mit Volon A. Die Hyalartspritzen soll ich mir wöchentlich weiter geben lassen. Am Donnerstag einen neuen Laufversuch starten und mich dann bei ihm melden. Er sagt, er hätte bis jetzt fast alle Knie hinbekommen und wäre auch bei mir zuversichtlich. Nach dem Marathon, sofern weiter Schmerzen bestehen, sollte ich aber eine Spiegelung vornehmen lassen. Die Anspannung fällt ab, ich habe wieder Hoffnung. Der Wochenanfang verläuft ruhig. Ich habe keine Beschwerden, setze aber auch das Training aus.

Donnerstag, 16.10.03

Stunde der Wahrheit. Ich laufe die kleine 5,5-km-Runde. Das Wetter ist schön, die Sonne scheint, kein Wind und keine Schmerzen. Ich bin entspannt und locker, trotzdem ist die Herzfrequenz relativ hoch, 155. Dann nach 20 Min. Unbehagen, langsame Steigerung zum Schmerz, ab Kilometer 4 Gehpause, leichtes Antraben und wieder Gehpause. Ich bin enttäuscht, habe wieder einmal zu viel erwartet. Frustriert schicke ich meinem Mann eine SMS und rufe Dr. Birnesser an. Er bedauert, dass er mir mit den Spritzen nicht richtig helfen konnte. Ich soll meinen Berliner Arzt aufsuchen und dann möchte er mit ihm reden, um weitere Therapien zu erörtern. Na toll!! Mein Arzt ist im Urlaub, Thomas' Orthopäde ebenfalls. Da ich ja auch die nächste Spritze heute bekommen soll, rufe ich einige Ärzte aus dem Telefonbuch an. Nur bei einigen komme ich an den Sprechstundenhilfen vorbei, aber keiner ist bereit, mir so ohne weiteres die Injektion zu geben. Wenn ich von dem Marathonprojekt berichte, zeigen die meisten Unverständnis, wenn der Körper nicht will oder kann, dann kann er eben nicht. Warum ich mir die Spritzen nicht in Freiburg geben lasse? Soll ich denn wegen jeder Spritze nach Freiburg reisen? Murphys Gesetz oder Frust? Ich hasse wieder einmal alle. Thomas tröstet mich, versucht mir Mut zu machen und fragt, wie er mir noch helfen kann. Ich bitte ihn, die ganzen Hinweise auf den Marathon zu entfernen, da mich das alles zu sehr unter Druck setzt. Auch das tolle Bild vom Polizeizeichner wandert in den Keller.

Freitag, 17.10.03

Der Kompagnon meines Berliner Arztes gibt mir die Hyaloronspritze, ist allerdings etwas ungehalten, als ich ihn auch noch um Rat frage. Ich soll bei meinen »Champ-Ärzten« bleiben. Er wäre nur ein »normaler« Arzt und mische sich nicht ein.

Samstag, 18.10.03

Die letzte Damp-Staffel steht an, und Thomas bringt mich zum Zug. Ich bin immer noch sehr traurig wegen meines Knies und möchte gar nicht einsteigen. Er schiebt mich zu Mücke in das Abteil, ein dicker Kuss, eine heftige Umarmung, und als die Tränen kullern, verabschiedet er sich schnell. Mücke gibt sich große Mühe, mich zum Lächeln zu bringen, und lenkt mich mit kleinen Anekdoten aus seinen Trainingstagen ab. Ich habe in der letzten Nacht wenig geschlafen und döse immer wieder ein. 14.00 Uhr im Ostseehotel treffen wir Michael, der sich gerade aufmacht, eine kleine Runde zu laufen. Anna und Frank stehen irgendwo im Stau, wir checken ein, packen unsere Koffer aus, ruhen ein wenig, denn um 16.00 Uhr sollen schon wieder Laufaufnahmen am Strand gemacht werden. Anschließend habe ich mit Michael einen Termin beim Physiotherapeuten, der befasst sich eingehend mit unseren Problemen, und wir schaffen es gerade so, pünktlich zum Abendbrot zu erscheinen.

Sonntag, 19.10.03

Nach dem Frühstück treffen wir uns wieder zum Lactat-Feldtest. Meine Herzfrequenz ist schon zum Anfang extrem hoch. Seit Mitte August habe ich schon nicht mehr richtig trainiert. Ich muss gehen, beim Joggen bin ich sofort über der geforderten Herzfrequenz. Die anderen sind vollkommen locker, ich bin unzufrieden und unglücklich. Trotzdem mache ich weiter. Dr. Riebe spricht mir Mut zu und fragt, wo mein Ehrgeiz geblieben ist. Mehr schlecht als recht schaffe ich alle vier Stufen, die letzten hundert Meter humpele ich. Vor Wut kommen mir wieder die Tränen, alle anderen bereiten sich für den Testlauf »N.Y. in Damp« vor. Sie probieren die neuen Shirts für NY, die Trinkgürtel, die Tonaufzeichnungsgeräte und das Handy. Nachdem alle verkabelt und umgezogen sind, geht es los.

Während die anderen laufen, bin ich wieder einmal im Wasser zum Aquajogging. Die Gruppe, der ich zugeteilt wurde, ist sehr nett, und endlich nach langer Zeit bin ich mal schneller als die anderen. Anscheinend hat das Training in Berlin doch etwas gebracht. Mittagessen findet im Ostseerestaurant statt, und Anna überreicht mir ein kleines Geschenk, eine »Viel-Glück-Dose« mit Gummibärchen, dazu eine Karte mit den Worten »Du bist nur so groß wie die Träume, die du wagst zu leben!«. Ich bedanke mich artig, rühre aber die Gummibonbons nicht an. Nach dem Mittagessen werden die FBI-Fotos gemacht, bei Mücke, Michael und Anna sieht man ordentlich, wie die Pfunde geschmolzen sind. Bei uns anderen, denke ich, sind die Unterschiede nicht so spektakulär. Jetzt haben wir Freizeit, die nutze ich für einen langen Spaziergang am Strand.

Um 18.00 Uhr treffen wir uns für die Laufaufnahmen in der Blue Box im Kongresszentrum. Das Laufband wurde für diesen Einsatz gänzlich demontiert, der Handlauf und der Vorbau wurden entfernt. Es ist für uns alle etwas ungewöhnlich, so zu laufen. Mücke kann sich gar nicht damit anfreunden, er findet einfach nicht seinen gewohnten Rhythmus. In einem der anderen Säle findet irgendein Empfang oder Vortrag statt. Es wird Sekt mit Orangensaft ausgeschenkt. Frank, unser galanter »Knacki«, geht für mich betteln und kommt prompt mit einem Glas zurück. Jetzt wollen die anderen auch, doch die Bedienung ist zugeknöpft und lehnt ab. Nicht einmal gegen Bares gibt es für die anderen Sekt. Stefanie findet das unmöglich und besorgt von nebenan aus dem Restaurant für Anna-Freda und Anna auch einen Sekt. Frank hatte die gleiche Idee und kommt gleich mit zwei Flaschen zurück. Wir sind durch unser diszipliniertes Training keinen Alkohol mehr gewohnt und schon nach ein paar Schlucken angeschickert. Anna-Freda findet das Laufband auch blöd, versucht aber locker zu bleiben. Draußen hören wir sie kichern, scheint sehr lustig zu sein. Plötzlich wird die Tür aufgerissen, Eis, Eis, Anna-Freda ist fehlgetreten und vorn über das Laufband gestürzt. An ihrem Unterarm zeichnet sich schon eine starke Schwellung ab. Die ausgelassene Stimmung schlägt in Betroffenheit um, hoffentlich nichts Ernstes. Steffi und Harold begleiten sie in die Erste Hilfe. Vorsichtshalber wird eine Röntgenaufnahme gemacht, dann bekommt sie einen Salbenverband, zum Glück ist es nur eine Weichteilverletzung.

Montag, 20.10.03

Um 08.00 Uhr wird uns wieder einmal Blut entnommen, Ruhe-, Belastungs-EKG und die Lungenfunktionsprüfung stehen an. Wir werden noch einmal auf Herz und Nieren geprüft, damit in New York keiner auf der Strecke bleibt. Nebenbei dürfen wir uns alle vom Masseur verwöhnen lassen. In unseren Interviews müssen wir wieder Statements abgeben, was sich in diesem Jahr für uns verändert hat, wie die Familie damit umgeht und was alles so passiert ist. Obwohl ich viel Pech hatte, nur sehr unregelmäßig trainieren konnte und dadurch oft in ein seelisches Tief gefallen bin, habe auch ich von diesem Jahr profitiert. Ich denke, mein Mann achtet mich jetzt mehr und bevormundet mich nicht mehr so viel. Er hat begriffen, dass ich eine eigenständige Persönlichkeit bin, er kann mich bei Problemen beraten, kann mir Argumente vor Augen führen, aber die Entscheidungsfindung obliegt letztendlich mir. Er musste in diesem Jahr viele Extremsituationen mit mir meistern, aber wir haben auch näher zueinander gefunden. Ich weiß jetzt, er ist immer für mich da, wir haben ein neues gemeinsames Hobby, werden sicherlich noch viele gemeinsame Laufevents erleben, und oftmals, wenn wir zurückblicken, können wir über einiges lachen, was uns noch vor einigen Wochen zum Weinen brachte. Er findet es mittlerweile o.k., dass ich meine Bedürfnisse nicht mehr hintenan stelle, die Hausarbeit delegiere, um mir Freiräume zu schaffen, und auch einmal einfach abschalte und gar nichts mache, ohne ein schlechtes Gewissen.

Beim Essen lässt Harold wieder einmal sein Handy liegen. Wir knacken seinen Pincode in wenigen Minuten. Schon der zweite Versuch bringt uns zum Erfolg, Harold hat eben keine Phantasie. Als Erstes verstellen wir seinen Klingelton und den Bildschirm. Die Katze auf seinem Display ersetzen wir durch einen schönen Busen aus der Bildzeitung, die Sprache ändern wir in Englisch, seine Weckzeit stellen wir auf 05.30 Uhr und die Pin, die ändern wir natürlich auch.

Während wir im Kongresszentrum auf Thomas Wessinghage warten und einige Instruktionen zum Ablauf in New York erhalten, geben wir Harold sein Handy zurück. Er versucht sofort, es zu aktivieren, natürlich klappt das mit seinem Pincode nicht mehr. Bevor er es mehrmals versucht, beichten wir ihm, dass sein Handy von uns schon auf Amerika getunt wurde und die Pin jetzt in anderer Reihenfolge getippt werden muss. Nachdem er das Gerät endlich eingeschaltet hat, amüsieren wir uns köstlich, als er hinter unsere kleinen Gemeinheiten kommt.

Dr. Wessinghage stimmt uns mit einem Diavortrag auf New York ein, beantwortet unsere Fragen und teilt uns die Auswertung vom Lactattest mit und gibt über jeden von uns ein kurzes Feedback. Als ich an der Reihe bin, empfinde ich Unbehagen. Ich habe das Gefühl, durch mein unregelmäßiges Training hat er mich abgeschrieben. Er sagt, ich müsse das Beste daraus machen und notfalls walken. Auch würde er keine Schmerzmedikamentation befürworten. Ich fühle mich von ihm im Stich gelassen und verlasse sauer die Veranstaltung.

Draußen tobt der Wind, die See ist aufgewühlt, genau wie ich. Ich weiß nicht, zittere ich vor Kälte oder vor Wut? Bin ich wütend auf mich, weil ich das »Klassenziel« nicht erreicht habe? Oder auf ihn, weil er mir die zuvor in Aussicht gestellte Unterstützung versagt? Ich gehe auf die Mole, bis zum Ende, ich möchte, dass der Wind mir durchs Gehirn fegt. Alle Gedanken von Versagen und Verzweiflung soll er fortwehen. Ich wünschte, der Wind trüge mich davon, nur nicht mehr denken müssen. Erst jetzt bemerke ich Rolf, leider hat er mich verfolgt. Er möchte mit mir reden, stellt Fragen, die ich im Augenblick nicht beantworten kann und auch nicht will. Unglücklich möchte ich mich dem Schmerz hingeben und – allein sein. Er überredet mich, noch einmal mit Thomas Wessinghage zu reden, ihn zu fragen, warum er eine schmerzstillende Injektion ablehnt, und mich mit ihm auszusprechen. Ich willige ein, aber nur, damit ich meine Ruhe habe. Ich finde das Gespräch oberflächlich und fühle mich unverstanden, versuche aber einsichtig zu wirken. Aufs gemeinsame Abendessen verzichte ich, keinen will ich sehen, den anderen Protagonisten Rede und Antwort stehen schon gar nicht, Hunger verspüre ich keinen. Nur meinen Mann, den möchte ich anrufen, schade, dass er nicht hier ist, um mich in den Arm zu nehmen. Er tröstet mich, streichelt meine Seele und hat Verständnis für meine Enttäuschung. Ich bin glücklich, dass er zu mir hält.

Beim Frühstück schweige ich, nicht weil ich immer noch böse bin, ich bin verunsichert. Was denken die anderen von mir? Ich schäme mich. Lockerer Dauerlauf steht auf dem Programm. Die anderen traben locker los. Ich muss eine neue Strategie probieren, denn in dieser Nacht ist mir klar geworden, joggen kann ich diesen Marathon nicht. Ich muss das Beste draus machen, das heißt laufen, bis der Schmerz kommt, dann gehen, bis er verschwunden ist, dann wieder joggen, gehen usw. Mein Mann wird an meiner Seite sein, und jetzt bin ich froh darüber. Gemeinsam werden wir es schaffen.

Rolf bleibt heute immer in meiner Nähe, damit ich meine Strategie verwirkliche und mich nicht übernehme. Immer wieder beiße ich die Zähne zusammen, nicht nur vor Schmerz, nein, es tut auch weh, wenn ich die anderen weit vor mir aus den Augen verliere. Sie laufen alle ganz locker, wirken sehr relaxt, manchmal kommt es mir so vor, als würden sie mir zuliebe auch Gehpausen einlegen, damit ich wieder aufschließen kann. Es kratzt an meinem Selbstbewusstsein, dass ich nicht mithalten kann, aber so wird es auch in New York für mich laufen, also kann ich mich schon mal daran gewöhnen. Rolf lässt sich auch manchmal zurückfallen, damit ich meinen eigenen Rhythmus nicht verliere. Dennoch wirkt der gestrige Abend noch immer nach und ich bin recht unwirsch. Ich überstehe den Testlauf und gehe gleich anschließend zum Aquajogging. Lorenz, unser Kameramann, begleitet mich, und ich gebe mir Mühe, ihm die Vielfalt der Trainingsmöglichkeiten im Wasser zu zeigen. Wir haben viel Spaß, und meine Herzfrequenz geht manchmal sogar auf 180.

Die anderen sind schon im Restaurant, um beim Mittagessen Abschied zu nehmen. Rolf Schlenker fängt mich in der Hotellobby ab, um noch einmal mit mir zu reden. Als er zuerst die negativen Seiten anspricht, verschließe ich mich innerlich. Er betont, dass er schon zwei Jahre in dieses Projekt investiert habe, ich dagegen erst eines. Er lässt es sich von mir nicht kaputtmachen, indem ich irgendeinen Unsinn mache und Schmerzcocktails zu mir nehme, deshalb möchte er demnächst über jede Injektion oder Tabletteneinnahme informiert werden. Zumindest soll ich alles mit den Damper Ärzten absprechen. Ich denke mir meinen Teil, denn Dr. Riebe fährt schon dieses Wochenende nach New York, und Thomas Wessinghage ist ja selten erreichbar. Dann kommt er auf die erfreulichen Aspekte zu sprechen, er lobt mich, dass ich trotz der vielen Schwierigkeiten bei der Stange geblieben bin, sagt, dass er stolz auf mich sei, wie ich alles gemeistert habe und immer wieder aufgestanden bin. Er meint, der Iris in 2010 wird es egal sein, in welcher Zeit sie in New York gelaufen ist, und dass ich noch viele weitere Läufe mit meinem Mann bestreiten werde. Vielleicht hat er Recht, er möchte jetzt von mir eine Antwort haben, wie ich bis zum Marathon mit den Schmerzen umgehen werde. Unter Umständen würde er mir höchstpersönlich die Startnummer vom Trikot reißen, wenn sich herausstellt, dass ich Mist gebaut habe. Ich bin verunsichert und verärgert, für mich war dieses Jahr auch nicht einfach. Ich habe auch viel Zeit und Herzblut geopfert. Ich sage, dass ich darüber nachdenken werde. Er möchte eine Antwort, noch heute und hier in Damp. Zum Glück muss er nach dem Essen zu einer Besprechung mit Dr. Wessinghage,so komme ich noch einmal um die Antwort herum und reise mit Mücke zusammen ab.

Donnerstag, 23.10.03

Auf der Arbeit habe ich nicht viel Zeit nachzudenken, wir haben viel zu tun, und jede Ablenkung vom Thema Marathon ist mir recht. Ich bitte Stefanie, den Termin mit der Frauenzeitschrift am nächsten Tag zu stornieren. Ich bin zu angespannt, möchte jetzt so kurz vorm Rennen nicht mehr Rede und Antwort stehen, nicht mehr über Schmerzen diskutieren und Spekulationen über den Lauf aus dem Weg gehen.

Ich denke, es ist an der Zeit, Thomas zu sagen, dass auch er eine Startnummer hat. Er ist überrascht, fragt, ob ich mir diese Entscheidung auch gut überlegt habe und ob es wirklich mein Wunsch sei; er könnte sich nichts Schöneres vorstellen, als mit mir in New York zu laufen und mich zu unterstützen. Ich sage ihm, dass mir noch manchmal leise Zweifel kommen,ich aber fühle, dass ich ihn bei mir auf der Strecke brauche. Wenn nicht all die Rückschläge gewesen wären, hätte er mich nur am Ziel erwarten dürfen. Fanden ja viele unserer Freunde gemein von mir, nun, jetzt haben sie ihren Willen, er wird mich begleiten. Hoch und heilig verspricht er mir, nicht sein »Ding« durchzuziehen, obwohl ihn das sicherlich reizt, und bei mir zu bleiben. Ich glaube, ich habe meinen Mann sehr glücklich gemacht, und habe jetzt auch wieder genug Zuversicht, diesen Lauf mit seiner Hilfe zu beenden.

Freitag, 24.10.03

Thomas und Elke haben uns heute zum Kochen eingeladen, auch das ist in diesem Jahr viel zu kurz gekommen. Die Männer bereiten ein köstliches Mahl, Hähnchenbrust mit Mirabellen und Reisnudeln. Elke und ich quatschen über alles Mögliche, wir sind aufgeregt wegen New York und stellen uns immer wieder vor, wie es sein wird, wenn ich finishe. Die beiden werden mir auch ihren Laptop leihen, damit ich weiter an meinem Buch schreiben kann und die Eindrücke frisch verarbeitet werden. Ich habe ein T-Shirt mitgebracht, darauf sollen sie mir Glückwünsche für New York schreiben, das wird mein Schlafshirt sein, für die Nacht vor dem Lauf, und ihre Wünsche sollen mich begleiten.

Sonntag, 26.10.03

Ich begleite Thomas am Morgen zum Treffpunkt mit den Männern. Bevor sie ihre Runde starten, möchte ich, dass auch sie etwas auf mein T-Shirt schreiben. Sie sind nicht gerade einfallsreich: »Lauf, Iris, lauf!« Aber ich denke, es kommt von Herzen und wird mich ins Ziel tragen. Außerdem regnet es heftig, und bevor sie zu frieren anfangen, laufen sie los. Ich beginne ein wenig mit Kofferpacken, habe aber nicht wirklich Lust dazu. Meine Freundin Birgit ruft an und will mir Glück wünschen, das Telefonat wird jedoch völlig verkrampft, vor Enttäuschung muss ich immer wieder weinen. Sie wird schließlich richtig sauer, ich solle einmal überlegen, was ich schon in diesem Jahr geleistet habe, froh darüber sein und den Marathon vergessen. Was heißt vergessen, deswegen fahre ich doch nur nach New York. Er ist so ungeheuer wichtig für mich und mein Selbstwertgefühl. Sie sagt, alle meine Freunde mögen mich, egal, ob ich es schaffe oder nicht. Alle sind stolz auf mich und bewundern mich, doch ich kann nicht aufhören zu weinen, und wir beenden das Gespräch. Gleich darauf ruft eine andere Freundin an – das gleiche Spiel. Als Thomas vom Joggen kommt, sind meine Augen rot und verquollen. Er weiß, was los ist, und schweigt zum Glück. Wir vertrödeln den ganzen Sonntag, plötzlich, am späten Nachmittag, möchte ich noch zu meiner Mama fahren, auch sie soll gute Wünsche auf mein T-Shirt schreiben. Sie ist verwundert, dass ich so kurzfristig zu Besuch komme. Ihre Freundin Jutta schreibt mir auch ein nettes Gedicht aufs Shirt. Beide küssen und umarmen mich zum Abschied und irgendwie bin ich bewegt, vielleicht hat der

Marathon auch hier Positives bewirkt. Anschließend fahre ich noch bei Birgit vorbei. Hier bekomme ich Vitamine, frisch gepressten Orangensaft und Galiamelone und natürlich viele gute Wünsche von ihr und ihrem Andi. Thomas ruft auf dem Handy an, ist sichtlich genervt, dass ich immer noch nicht nach Hause komme, und begreift gar nicht, wieviel mir diese kleine »Rundreise« bedeutet. Als sich beide auf dem Shirt verewigt haben, bin ich zufrieden. Thomas schläft schon, und ich schleiche leise ins Bett, um ihn nicht zu wecken. Er schläft doch noch nicht, kuschelt sich an mich und murmelt eine Entschuldigung. Anscheinend hat er doch realisiert, dass er vorhin am Telefon etwas egoistisch war.

Dienstag, 28.10.03

Nach dem Frühdienst haben wir Urlaubsbesprechung. Ich gebe ein Frühstück aus, für die Kolleginnen und den Chef. Sie alle haben mich so gut es ging in diesem Jahr unterstützt und immer wieder meine Launen ertragen. Yvonne und Silvia haben ein kleines Geschenk für mich, einen Luftballon mit guten Wünschen für New York, Marzipan als Nervennahrung und eine Karte, die den Nagel auf den Kopf trifft: *Heute ist der Tag, um glücklich zu sein! Gestern: schon vorbei! Morgen: kommt erst noch. 02.11.03: Heute ist der einzige Tag, den du in der Hand hast. Mach daraus deinen besten Tag!*

Ich habe mich sehr gefreut, denn sie haben mir aus dem Herzen gesprochen, jetzt kann nur noch ich meinen besten Tag daraus machen, und das werde ich auch! Am Mittwoch große Abschiedsszene in der Praxis, alle wünschen mir Glück, spucken mir symbolisch über die Schulter, und selbst der Chef umarmt mich andeutungsweise. Als ich nach Hause komme, hat Thomas schon die Koffer gepackt. Irgendwie erscheinen sie mir etwas überdimensioniert, nun gut, er wird schon wissen, was wir brauchen. Wir wissen ja auch nicht, wie das Wetter in New York sein wird.

3. Teil:

New York

Donnerstag, 30.10.03

Als wir das Haus verlassen, schlafen die Kinder noch. Jens und Yvonne (einer von Thomas' Männern uns seine Freundin) erwarten uns schon mit dem Taxi. Am Flughafen Tegel treffen wir Mücke, er hat seine Familie und Freunde bereits mit der RBB-Laufbewegung auf die Reise geschickt, denn sie haben einen anderen Flieger gechartert. Wir geben das Gepäck auf und warten ungeduldig auf den Abflug. Jens und Yvonne studieren im Flieger ihren New York-Reiseführer, Mücke sitzt ziemlich ruhig in der vorletzten Reihe und Thomas und ich sind sehr aufgeregt und harren der Dinge, die uns in New York erwarten.

In Frankfurt treffen wir Harold, Manni und Lorenz vom Team und die anderen Protagonisten. Unsere Maschine hatte Verspätung, und wir müssen uns beeilen. Endlich sitzen wir im Flugzeug nach New York, alle sind mehr oder weniger aufgeregt und in übermütiger Stimmung. Noch vor einem Jahr wussten wir nicht, ob wir an diesem Tag dabei sein werden. Jeder von uns verbringt die nächsten sechs Stunden auf seine Weise. »Knacki« Frank beschäftigt sich mit dem Bildschirm und den Spielen, Anna-Freda entspannt, Mücke schläft, Anna redet mit ihrem Mann Suri, Michael liest, Dieter erwartet sehnsüchtig seine Frau Katja, die er am Flughafen Newark treffen wird, und ich schreibe am Laptop an meinem Buch. Zwischendurch werden wieder einmal alle interviewt. Ich packe mein T-Shirt aus, jeder aus diesem Projekt soll mir gute Wünsche darauf schreiben. Anna-Freda, gar nicht bescheiden: Das Beste im Norden = Anna-Freda, Laufen und laufen lassen! Dieter kontert: Das Beste im Süden = Dieter. Wo bleiben da die Wünsche für mich? Michael wünscht mir Glück und ist sich sicher, ich werde es schaffen. Frank betont locker: Ich wünsche, dass dein süßer Ar... immer vor mir läuft! Ich hoffe, ich kann seinen Wunsch erfüllen. Harold vermischt mit Bruce Springsteen: Baby we are born to run! Selbst ein völlig Fremder, der alles mitbekommt, verewigt sich mit guten Wünschen zum ersten Marathon. Er selbst hatte schon mehrere absolviert. Nach und nach haben alle etwas drauf geschrieben, und ich bin zufrieden. Die Stimmung ist super, wir alle freuen uns auf unser großes Abenteuer.

Nach 6,5 Stunden Flug der Landeanflug auf New York. Unter uns sehen wir die Skyline von Manhattan, die beiden Türme fehlen, rechts davon Ellis Island, »Miss Liberty« heißt uns willkommen. Die Bäume zeigen mir den Indian Summer, gelbgold und rotbraun leuchten die Blätter in der Sonne. Fasziniert blicke ich aus dem Fenster. Diese Stadt ist riesig, mein Berlin kann man darin verstecken. Mein Herz hüpft, und glücklich drücke ich Thomas' Hand.

Mit viel Hallo wird Katja, die Frau von Dieter, begrüßt. Frank, ganz gentlemanlike, überreicht jeder Frau eine Rose. Eine tolle sentimentale Geste unseres Knackis. Wusste ich's doch, raue Schale, weicher Kern. Durch die Zeitverschiebung von sechs Stunden ist es erst 14.15 Uhr, obwohl wir in Deutschland schon 20.15 Uhr hätten. Unser Reiseveranstalter sorgt für Unmut. Der Transfer zum Hotel klappt irgendwie nicht, wir müssen ewig auf den Bus warten. Als der nach knapp einer Stunde endlich kommt, lehnt der Fahrer es ab, das ganze Equipment der Kameraleute mitzunehmen. Frank, der bereits auf 180 ist, rauscht mit seinem Gepäck zum Taxistand ab. Er, Dieter, Katja und die Kameraleute fahren mit dem Großraumtaxi zum Hotel. Das Hickhack ist uns unverständlich, denn nachdem die Koffer und Reisetaschen verstaut sind, ist im Bus noch genug Platz, so dass alle hätten mitfahren können. Während der Fahrt zum Hotel erfahren wir von unserem Reiseführer einiges über New York und die Rushhour, in der wir uns befinden – hier in New York ist anscheinend immer Rushhour. Nur Stop and go, aber die Stadtbewohner scheinen ruhig und ausgeglichen zu reagieren. Nach dem Einchecken machen wir uns mit unseren Freunden auf den Weg zur Marathon-Messe, um unsere Startunterlagen abzuholen. Wir haben Glück, es ist ganz leer, und es haben sich nur kurze Schlangen an den Schaltern für die Startunterlagen gebildet. Stolz zeige ich meinen Pass und die blaue »registration card« vor und erhalte meine Startnummer. **34049**. Hey! Moment mal, ich bin als »male« registriert. Beim Trouble Desk reklamiere ich. Zum Beweis lüpfe ich mein T-Shirt etwas an, damit die freundlichen Helfer sehen, dass ich »female« bin. Über Nacht soll dies im Zentralcomputer geändert werden. Wir werden mit Produktangeboten überschüttet, überall steckt man uns Powerriegel und Reklamezettel zu. Polandspring, der größte

Trinkwasseranbieter, und Gatoradestände sorgen dafür, dass wir schon heute damit beginnen, unsere Wasserreserven im Körper zu speichern. Vom Schweißband bis zum Brustwarzenpflaster wird alles angeboten. Man kann sich mit Laufbekleidung und Erinnerungs-T-Shirts eindecken. Vom Schlüsselanhänger bis zum kompletten Outfit ist alles vorhanden. Vor dem Eingangsplakat werden Fotos für zu Hause gemacht. Ich genieße es, in die Menge einzutauchen, und die Vorfreude auf Sonntag steigt. Da unser Hotel in Midtown liegt und das Empire State Building nicht zu übersehen ist, entschließen wir uns, es zu besichtigen. Es ist seit dem 11. September 2001 wieder das höchste Gebäude New Yorks und ein Wahrzeichen der Stadt. Die Art deco-Lobby ist marmorverkleidet. Wir fahren in den 86. Stock, um die atemberaubende Aussicht zu genießen. Die Fahrt im »Express Elevator« geht schneller als bei uns bis zum 5. Stockwerk. Ich dachte, mein Berlin wäre eine große Stadt, denkste, ich bin überwältigt von dem Lichtermeer, das sich uns bietet, und der gigantischen Weite dieser Stadt. Obwohl es schon nach Mitternacht ist, sind wahnsinnig viele Menschen unterwegs. Nicht umsonst heißt es von New York: the city never sleeps! Das Leben pulsiert hier Tag und Nacht. Leider habe ich das auch heute Nacht zu spüren bekommen. Unser Hotel an der Seventh Avenue, Ecke 31. Straße liegt unmittelbar am Madison Square Garden, die Taxis hupen die ganze Nacht, der Verkehr kommt nicht zum Ruhen und die schrillen Sirenen von Polizei und Feuerwehr verstummen nie. Ich denke, ich sollte mir so schnell wie möglich Ohropax besorgen.

Freitag, 31.10.03

Heute ist Halloween, das ja hier einen hohen Stellenwert hat. Wir sind schon früh wach und gehen über die Straße, um in einem Coffee Shop zu frühstücken. Ich weiß nicht, wo die viel gelobte Esskultur anzutreffen ist, aber hier jedenfalls nicht. Ungefähr 15 verschiedene Kaffeesorten werden angeboten, Haselnuss, Zimt, Vanille usw. sind nur einige Aromen. Bagels und Muffins in jeder Geschmacksrichtung und natürlich Eier mit Speck, sogar Steak gibt es schon zum Frühstück. Angewidert entscheide ich mich für einen Bagel mit Tee. Thomas langt kräftig zu, ein riesiges Teil aus klebrigem Zucker, Zimt

und Apfel, Kaffee und ein Bagel mit Cremecheese. Ich habe keine Lust, hier zu essen mit Papptellern und Plastikbechern, also alles für »to go«. So frühstücken wir in Ruhe und mit etwas mehr Kultur in unserem Hotelzimmer. Um 08.30 Uhr treffen wir uns in der Hotellobby. Wir fahren die wichtigsten Streckenpunkte ab und bekommen die Kilometerpunkte 10, 20, 30 und 35 gezeigt. Hier werden uns die Streckenposten vom SWR erwarten. Mit Luftballons gekennzeichnet, schon weithin sichtbar für uns, werden sie uns mit Isogetränken, Riegeln, Bananen und Gel versorgen. Selbstverständlich werden sie auch sofort an die »Leitstelle« Stefanie von Ehrenstein melden, wenn wir passiert haben. An diesem Punkt in der Bronx überquert eine Kindergartengruppe die Straße, lauter kleine, putzige Gesichtchen, manche von Rastalocken und abenteuerlichen Frisuren umrahmt, dahinter hoch aufgeschossen unser blondes, kühles Nordlicht Anna-Freda. Der Kontrast ist einfach phantastisch und ich bedaure, dass ich keine Kamera dabeihabe.
Bevor es weitergeht, warten wir wieder einmal auf Anna-Freda. Sie hat es in diesem Jahr jedenfalls nicht gelernt, pünktlich zu sein bzw. sich irgendwelchen Regeln zu unterwerfen und bei der Gruppe zu bleiben. Irgendwo hier ist sie zum Shoppen verschwunden und kehrt erst nach einer Weile frohgemut zurück. Kein schlechtes Gewissen, ausgelassene Stimmung über ihre Einkäufe, so ein dickes Fell hätte ich auch gern. An der Pulaski Bridge beim Halbmarathonpunkt erahne ich, was mich Sonntag erwartet. Die Brücke steigt steil an und vibriert unter dem dichten Straßenverkehr, der dann zum Glück umgeleitet wird. Wenn ich es bis hier schaffe, bin ich schon glücklich. Die Angst sitzt mir schon im Nacken. Was sind 25 oder 30 km? Alle anderen haben diese Erfahrung bereits im Training gemacht. Ich bin einen Halbmarathon als längste Trainingseinheit gelaufen. Was kommt auf mich zu? Wo treffe ich den weltbekannten »Hammermann«? Was sagen meine Beine? Was die Muskulatur? Reicht Aquajogging wirklich aus, um einen Marathon zu laufen? Fragen über Fragen lenken mich ab. Im Central Park besichtigen wir das Ziel. Alle sind aufgekratzt, bald werden wir hier finishen. Mit Schrecken registriere ich, dass so kurz vor dem Ziel wieder ein Anstieg liegt, bis man die Statue von Fred Lebow hinter der Ziellinie erreicht. Er ist

der geistige Vater des New York Marathons und erwartet die Läufer im Ziel.

Die Gruppe wird bei der Marathon Expo abgesetzt, um ihre Startnummern zu holen. Ich schlendere langsam zum Hotel zurück, genieße den Trubel und nehme die Hektik und das Lebensgefühl der New Yorker auf. Thomas ist schon von seiner Stadtrundfahrt mit der RBB-Laufbewegung zurück. Er hat erfahren, dass wir noch unsere Startnummern für den Friendship-Run abholen müssen. Unsere Freunde begleiten uns, denn auch sie haben nur die Nummern für den Lauf am Sonntag abgeholt. Anschließend gehen wir in ein kleines Schnellrestaurant, sorry, wieder kalte Neonbeleuchtung, Alustühle, keine Tischdecken und Geschirr aus Pappe, aber die Pizza, das muss ich zugeben, ist klasse. Auch die Getränke werden immer wieder nachgefüllt, sobald der Becher leer ist. Wir wollen mit der Subway nach Greenwich Village fahren, dort findet heute Abend die Halloween Parade statt. Wir sollen den Zug von der Pennsylvania Station nehmen. Der Bahnhof liegt unmittelbar unter dem Madison Square Garden und ist der größte der Stadt. Als wir die Rolltreppe hinabfahren, befinden wir uns in einer großen Einkaufspassage, Restaurants, Geschäfte, endlose Gänge und unheimlich viele Bahnsteige. Wir sind verwirrt, wir hatten einen Bahnsteig mit zwei Gleisanlagen für jede Richtung erwartet und nun ein Shoppingcenter mit einem Wirrwarr an Bahnsteigen in die verschiedensten Richtungen vorgefunden. Ein netter junger Mann erklärt uns, wie wir zu der Parade kommen. Als wir aussteigen, Himmel und Menschen. Thomas ist ja etwas größer und kann über die Massen blicken, ich habe keine Chance, auch nur einen Fitzel der Parade zu sehen. Um mich herum gruselige und ausgeflippte Amerikaner, die selbst auf den Gartenzäunen oder den Laternen stehen, um etwas zu sehen. Die Parade ist sehr originell und wird von der Lesben-, Schwulen- und Travestieszene New Yorks veranstaltet. Die Amerikaner lieben Halloween, jeder versucht jeden zu erschrecken und die Subway ist voll von bunt Kostümierten.

Das bunte Treiben ermüdet mich schnell und ich möchte ins Hotel zurück, das ist aber gar nicht so einfach. Etliche der Subway-Eingänge sind wegen Überfüllung von der Polizei mit Flatterleinen abgesperrt. Wir müssen endlos laufen. Ich quängele herum. Schließlich wollte ich erst Sonntag den Marathon laufen und nicht schon heute. Im Hotel angekommen, legen wir unsere Laufbekleidung für den morgigen Freundschaftslauf heraus, befestigen die Startnummern und gehen schlafen.

Samstag, 01.11.2003

Morgens um 07.00 Uhr sind wir mit Taxis zum UNO-Gebäude gefahren. Ca. 10.000 Läufer aus fast allen Ländern der Erde haben sich hier versammelt. Lärmende Italiener, wild gestikulierende Spanier oder Brasilianer, die ihre Nationalhymnen zum Besten geben. Ich bin sehr beeindruckt von den vielen Nationen und habe eine richtige Gänsehaut. Sie alle sind gekommen, um am traditionellen Friendship-Run teilzunehmen. Er startet 1st Avenue, 45th Street und führt dann in den Central Park. Der UN Friendship-Run ist stets der Auftakt zum NYC-Marathon. Viele der Teilnehmer kommen in Verkleidungen oder Nationaltrachten. Der Lauf ist auch für die Angehörigen, die nicht am Marathon teilnehmen, deshalb geht es unheimlich locker und lustig zu. Es werden Fotos geschossen, T-Shirts getauscht und Kontakte zu Läufern aus anderen Ländern aufgebaut. Niemand entwickelt sportlichen Ehrgeiz. Es wird keine Zeit genommen, ankommen und Spaß haben, das zählt hier und heute. Wir sind entlang der 42nd Street gelaufen. Vor uns hunderte von Läufern, und als ich zurückblicke, genauso viele und ich mitten drin. Als wir eine Unterführung passieren, rollt von hinten eine Welle über uns herein. Ganz am Ende fangen die Menschen an zu rufen und zu johlen, es hört sich an, als ob ein Zug anrollt, wir wissen nicht, was das ist, aber wir schreien mit den anderen. Als es über uns hinwegschwappt, haben wir ein unsäglich glückliches Gefühl. Das also war eine La-Ohla-Welle. Ich bekomme eine Ahnung, was mich am nächsten Tag erwartet. Als die Läufer in die 6th Avenue in Richtung Central Park abbiegen, verlassen wir den Pulk. Wir sparen unsere Kräfte für The Big One.

Im Hotel machen wir uns frisch, dann geht's mit den Angehörigen zur Staten Island Ferry. Auf der Fahrt durch den Hafen können wir den lebhaften Seeverkehr beobachten und die immer kleiner werdende Skyline von Manhattan, die sich aus den Wellen erhebt. Wir fahren direkt an Ellis Island vorbei und haben einen phantastischen Blick auf die Freiheitsstatue, die mir trotz ihrer 93 m recht klein erscheint. Ich hatte mir diese Lady gigantischer vorgestellt. Harold sorgt für Stress. Er kauft für mich ein Stück Schokoladenbrownie, so richtig süß und dick mit fettiger Schokoladenglasur überzogen. Eigentlich genauso, wie ich es liebe. Thomas' Miene verdunkelt sich, als ich zugreife: »Das willst du ja wohl jetzt nicht essen??!!« Meine Gabel nähert sich bereits dem Ungetüm. »Nur ein kleines Stückchen.« Böse reißt er mir die Gabel aus der Hand. »Das ist ja wohl nicht die richtige Marathonvorbereitung!« »Ich möchte nur mal kosten.« Ein Wort gibt das andere. »Lauf doch deinen Marathon allein, wenn du so unvernünftig bist.« »Mach ich auch. Du kannst fünf Meter Abstand zu mir halten!« Die anderen finden diese Situation komisch, doch ich muss die aufsteigenden Tränen unterdrücken. Nie hätte ich das ganze Stück vernascht. Ich wollte wirklich nur kosten. Dass Thomas mich wieder vor allen Leuten bevormundet hat, regt mich tierisch auf, und ich wende mich von ihm ab. Meine positive Stimmung ist verdorben. In der Ferne sehen wir die Verrazano Narrows Bridge. Jetzt erst wird mir bewusst, wie weit der Start vom Ziel entfernt ist. Diese ganze Strecke werden wir morgen zurücklegen. Ich bin mir nicht sicher, ob es gut für meine Psyche ist, diese Entfernung vorab gesehen zu haben.

Ein Korrespondent von der ARD führt uns zum »Ground Zero«. Ein Metallzaun umschließt die Baustelle, den Ort, an dem einmal das World Trade Center gestanden hat. Ein unwirklicher Ort, die Subway fährt schon wieder, aber eigentlich fährt sie über ein Massengrab. Ich denke, dass diese Wunde noch lange nicht verheilen wird. Mit tödlicher Präzision wurden hier tausende Menschenleben ausgelöscht. Ich kann das Grauen noch fühlen, eine kalte Hand greift nach mir. Als ich die Bilder am 11. September im Fernsehen sah, hatte ich zuerst an einen schlechten Actionfilm gedacht. Ich konnte nicht glauben, was ich da sah. Viele Menschen, sinnlos aus dem Leben gerissen, pulverisiert, keine Spur hinterlassend, außer im Herzen ihrer Angehörigen. Ein leeres dumpfes Gefühl steigt in mir auf, als die Bilder wieder lebendig werden und ich die Gedenktafeln lese. Ich finde es schockierend, dass Andenkenverkäufer Fotos der brennenden Türme anbieten. Ich möchte hier weg. Ich möchte heute nicht mehr laufen. Ich möchte nicht essen gehen. Ich möchte zurück ins Hotel. Ich brauche Ruhe. Am Abend treffen wir uns im Hotel. Dr. Thomas Wessinghage gibt noch einmal Tipps, lobt uns für unsere Mühen im vergangenen Jahr, unser Durchhaltevermögen und wünscht uns viel Glück. Bevor ich mich zu ihm durcharbeiten kann, ist er verschwunden. Was ist mit der Injektion, die ich mir heute von ihm erhofft hatte? Ich bin enttäuscht, aber ich hatte damit gerechnet.

Wir werden noch den Streckenposten vorgestellt. Ich lerne das Motorradkamerateam kennen, denn sie werden mich ab dem sechsten Kilometer begleiten. Dann füllen wir unsere Tüten, die bei den Streckenposten auf uns warten, mit Riegeln, Powergel, Bananen und Gatorade. Anschließend untersucht uns noch Dr. Riebe. Die Blutwerte hatten wir ihm ja gefaxt, er schaut in unseren Hals, befragt uns zu unserem Befinden, teilt Salben aus oder Halstabletten und wünscht viel Erfolg. Wir wollen jetzt alle nicht mehr weit laufen und verabreden uns zur Pastaparty beim Italiener nicht weit von unserem Hotel. Es bestellen alle Nudeln, um die Kohlenhydratspeicher nochmals richtig aufzufüllen. Wahrscheinlich hilft es eh nicht mehr, aber allein der Gedanke, lässt uns alle brav aufessen. Es ist schon spät, und der morgige Tag wird uns alles abverlangen, wir zahlen und brechen auf.

Sonntag, 02.11.03

Der große Tag ist da. Der Wecker klingelt um 05.00 Uhr. Ich mische mir mein Trinkfrühstück und esse eine halbe Banane, auf meinen Tee möchte ich nicht verzichten, und bis zum Start vergehen ja noch ein paar Stunden. Da es auch heute wieder ungewöhnlich warm für diese Jahreszeit werden soll, entscheiden wir uns für kurze Hosen und ein dünnes Shirt, das Trägerhemdchen vom SWR ist ja sowieso ein Muss. Unsere Trinkflaschen hat Thomas gestern Abend schon angemischt und gefüllt. Auf den Hotelgängen ist ein lebhaftes Gewusel, man bemerkt überall die große Anspannung. Die Läufer grüßen sich höflich, voller Vorfreude werden Glückwünsche ausgesprochen und viele Hände geschüttelt, selbst von Wildfremden. Um 06.30 Uhr geht's los. Alle Läufer werden nach ihren Startfarben auf die Busse verteilt, die uns zum Startbereich nach Staten Island bringen. Im Bus verteilt Rolf Isomatten und Wolldecken an uns Protagonisten. Er ist auch aufgeregt und gibt noch einmal Anweisungen, wie, wo und wann sich wer entfernen darf, dass wir uns abmelden müssen, wenn wir zum Klo möchten oder irgendwo hinschlendern wollen, und selbstverständlich auch wieder anmelden, sobald wir zurück sind. Kommt mir irgendwie bekannt vor, Kindergarten? Schule?! Nun ja, in diesem Jahr hat er gelernt, einen Sack Flöhe zu hüten. Im Fort Wadsworth angekommen, ist die Organisation perfekt. Hat man das Camp betreten, orientiert man sich nach Farben und Startnummern. Es ist höchst ratsam, die Dixiklos gleich am Anfang aufzusuchen, denn je näher der Start rückt, desto länger werden die Schlangen davor. Unsere Männer haben es da schon einfacher, die längste Pinkelrinne der Welt wartet auf sie.

Ich schlendere mit Thomas und Jens über die große Wiese. Hier wird man gut versorgt, Bagels, Kaffee, Tee, »Poland Spring Water«, Gatorade, Trinkjoghurt und Riegel jeder Geschmacksrichtung stehen den Läufern kostenlos zur Verfügung. Einige von uns haben ihre Isomatten ausgerollt und machen es sich bequem. Nur die Beine schonen und noch etwas entspannen. Wir alle haben über die normale Laufbekleidung alte Sachen angezogen. Olle dicke Wollpullover, alte Jogginghosen oder aber einfach nur aufgeschnittene Müllsäcke. Es bietet sich ein buntes, quirliges Bild. Ich genieße die Atmosphäre. Toll, so viele verschiedene Nationen friedlich nebeneinander zu sehen. Man kommt schnell ins Gespräch, Adressen werden ausgetauscht und so mancher Joke wird gerissen.

Anna hat die Nase voll vom Anstehen an den Toilettenhäuschen. Hinter Mülltonnen hat sie eine ruhige Ecke gefunden, wo sie sich schneller erleichtern kann. Ich habe gut trainiert und fülle diskret die leeren Gatoradeflaschen, deren Öffnungen groß genug sind, damit auch Damen sie nutzen können. Dann wandern sie ab in den Mülleimer. Thomas hat derweil die Pinkelrinne aufgesucht. Dort, wo die einzelnen Teile zusammengesteckt sind, schwappt es zuweilen über, und so wurde sein Schuh mit internationalem Pipi getränkt. Na, wenn das kein Glück bringt?! Anna-Freda ist auch schon ganz unruhig und möchte nicht so lange anstehen. Wir breiten eine der Decken aus, sie versteckt sich darunter und das »Bächlein« fließt über die Wiese. Wir sind sehr albern und ausgelassen, und dann bringen wir unsere Tüten mit der Kleidung und den Utensilien, die wir nach dem Lauf brauchen, zu den UPS-Fahrzeugen. Auch diese sind mit den Startfarben gekennzeichnet und mit dem Anfangsbuchstaben des Nachnamens. Manni und Lorenz verkabeln uns und schalten die Recorder ein, die Handys werden noch einmal ausprobiert, alle scharren aufgeregt mit den Füßen, der große Pulk setzt sich in Bewegung zum Vorstartbereich und Rolf ermahnt uns immerzu, zusammenzubleiben. Hubschrauber knattern über uns hinweg, erste Kleidungsstücke fliegen in Richtung der Container (sie werden später an Obdachlose verschenkt), und dann ein Knall, wie ein Kanonenschuss: Das war der **STARTSCHUSS!** Die Massen setzen sich in Bewegung, alle sind froh, sich bewegen zu können, doch dann wieder Stop and go, denn die einzelnen »Corrals« werden nacheinander zusammengeführt. Ganz hinten sehen wir die Verazzano-Brücke und die vielen, vielen Menschen, die jubelnd und applaudierend die Startlinie überqueren. Diese Brücke ist mit ihren vier Kilometern Länge eine der größten Spannbrücken der Welt. Sie ist die Verbindung zwischen Staten Island und Brooklyn. Hier stehen noch keine Zuschauer, trotzdem rieselt es mir kalt den Rücken hinunter, als ich mit Thomas die Startlinie überquere. Mücke und sein ganzer Tross tauchen schnell in der Menge unter, auch Michael, Anna-Freda, Frank und Dieter verliere ich sehr schnell aus den Augen. Nur keine Eile, ermahne ich mich im Stillen, Hauptsache, Anna bleibt hinter mir. Thomas fragt, ob wir nicht joggen wollen, barsch erwidere ich, dass ich diese erste Steigung auf jeden Fall im Gehen nehmen muss. Erstaunlich schnell zieht sich das Feld der Läufer auseinander. Nach wenigen Metern ist genug Platz vorhanden, so dass jeder seinen eigenen Rhythmus finden kann. Die Brücke hat einen Höhenunterschied von achtzig Metern. Doch das Panorama, linker Hand die Skyline von Manhattan und die Feuerlöschboote in der Bay, lenkt mich ab. Riesige Wasserfontänen spritzen von den Booten in den Himmel, in den Farben der Stars und Stripes. Ich blicke nach vorn und sehe den Läuferstrom, der sich Brooklyn entgegenschlängelt. Am Ende der Rampe begrüßen uns die ersten Zuschauer, und ich beginne zu laufen. Die ersten zehn Kilometer empfinde ich als easy, obwohl die Straßen ein wenig wellig sind. Die farbenfrohen Menschen am Straßenrand und die unzähligen kleinen klebrigen Händchen, die sich mir entgegenstrecken und abgeklatscht werden wollen, geben mir Mut weiterzulaufen, trotz der Gehpausen, die ich immer wieder einlegen muss. Längst hat mich die Motorradkamera aufgenommen und fährt im Schneckentempo vor mir her. Nachdem wir uns seitlich versetzt zum Motorrad vorwärts bewegen, ist es mit den Auspuffabgasen auszuhalten. Der Himmel ist strahlend blau und die Temperatur für einen Marathon mit 20°C fast schon zu hoch. Während meiner Gehpausen feuern mich immer wieder wildfremde Menschen an. »Iris, go. You can do it!« Es ist grandios, wenn die Menge begeistert meinen Namen ruft, um mich anzuspornen und mir Mut zu machen. Ich bewege mich im letzten Drittel des Läuferfeldes, und trotzdem sind noch genug begeisterte Zuschauer vorhanden. Wenn ich mich umdrehe und zurückblicke, sehe ich noch viele, viele Läufer hinter mir, aber ein Blick nach vorn zeigt mir tausende, die vor mir im Central Park ankommen werden. Ich muss mich wieder ermahnen, dass nur das Ankommen für mich zählt, die Zeit ist unerheblich. Ich darf mich heute nicht unter Druck setzen. Eine dicke Frau reicht den Läufern ein Tablett mit Doughnuts. Schokoguss und bunte Streusel würden mich an jedem anderen Tag sofort dort stoppen lassen, aber heute verkneife ich mir diese Leckerei. Der Stress mit meinem Mann auf der Fähre um den Brownie hat mir gereicht. Außerdem bin ich randvoll mit Gatorade und Wasser. Bei jedem Schritt habe ich das Gefühl überzuschwappen. Die Dixiklos am Straßenrand sind anscheinend gut besucht, denn auch dort stehen einige Läufer artig in der Schlange. Ich verlasse ab und zu die Laufstrecke und stürze in ein Restaurant und frage, ob ich den Restroom nutzen dürfe, um mich zu erleichtern. Eine Band spielt einen Square Dance, und obwohl das Knie schmerzt, reiße ich Thomas an mich und er muss mit mir das Tanzbein schwingen. Wir hoppeln zu der Musik weiter und er schwenkt mich im Kreis. Er ist froh, dass uns hier niemand kennt, so etwas findet er peinlich. Ich jedoch kann so meiner Freude Ausdruck verleihen. Ein Glück, dass es mir noch gut geht, mittlerweile verlässt mich sogar die Angst vor dem Versagen. Bei Meile 12 in Williamsburg wird es ruhiger. Die Geräuschkulisse der Bands und der Zuschauer scheint zu verstummen. Man sieht plötzlich nur noch Männer mit schwarzen Mänteln, weißen Hemden, merkwürdigen Hüten, Bärten und ungewöhnlicher Haartracht. Kleine Mädchen aufgereiht wie Orgelpfeifen, flankieren die Rennstrecke in ihren Sonntagskleidchen und bestaunen reglos und mit großen Augen das Läuferfeld. Keine lauten Anfeuerungsrufe, kein Klatschen, nur das Getrappel der Läufer ist zu hören. Thomas und ich wundern uns, wo wohl die Jungen sind. Vielleicht besuchen sie eine Sonntagsschule? Eindrücklicher wurde mir die architektonische Vielfalt der Metropole auf der gesamten Strecke nicht vor Augen geführt, alte Häuser und Kirchen neben Wolkenkratzern und futuristischen Bauwerken.

Wir überqueren die Pulaski-Bridge, den Halbmarathon-Punkt, den Übergang nach Queens. Man sieht wieder Manhattan, und es liegt schon viel näher. Hier ist einer unserer Verpflegungspunkte. Meine Brutto-Durchgangszeit beträgt 2:54:16, und damit liege ich schon weit hinter unserem angestrebten Schnitt von 11 Minuten pro Meile. Wir gönnen uns eine Banane, und Thomas sorgt dafür, dass ich ein weiteres Mal Powergel zu mir nehme. Zum Glück habe ich meinen Mann an meiner Seite. Er kümmert sich rührend um mich. An keiner Wasserstelle oder Verpflegungsstation muss ich stehen bleiben, er versorgt mich und trägt mir die Becher hinterher. Wir erfahren, dass die anderen weit vor mir liegen, doch das kann mich heute nicht erschüttern. Ich bin dabei, ich genieße die Atmosphäre, und Anna ist ja zum Glück noch hinter mir. Bis hierher bin ich für alle Freunde und Bekannten gelaufen, die keine Jogger sind oder nur sehr kurze Distanzen laufen. Für uns Protagonisten zählt der Halbmarathon eigentlich nur als eine weitere Trainingseinheit, die mir heute aber erhebliche Schwierigkeiten bereitet. Ein Dudelsackpfeifer sorgt für ungewöhnliche Töne. Die nächste Brücke, die Queensborough Bridge, verlangt mir schon sehr viel mehr ab. Ich muss wieder gehen. Ich sehe mich um, einige der anderen Teilnehmer sind auch schon am Ende ihrer Kräfte. Jetzt habe ich sehr starke Schmerzen, Versagensangst kriecht in mir hoch, umklammert mich und macht mir das Laufen noch schwerer, obwohl ich, wie auf fast jeder Brücke, eine Gehpause mache. Wir überholen einige Handicap-Läufer, und ich bin beschämt. Ein Mann mit nur einem Bein, eine alte Frau auf Krücken und selbst ein Mann ohne Arme, sie alle sind wirklich benachteiligt, und doch laufen sie voller Stolz, ohne zu klagen und mit glücklichen Gesichtern einen Marathon. Wie klein wirken auf einmal meine Schmerzen! Diese Menschen, auf deren Shirts »we try harder« steht, geben mir Antrieb, neuen Mut und zeigen mir, man kann alles schaffen, wenn man nur an sich glaubt und sich nicht unterkriegen lässt. Diese Meilen, die jetzt kommen, laufe ich für alle Freunde, die mich auf dem langen, steinigen Weg nach NY unterstützt haben, für die Ärzte, die ihr Bestes gaben und immer an mich geglaubt haben, und für meine Familie, die mich in den Tälern aufgefangen und gestützt und auf den Gipfeln mit mir gejubelt hat.

Also unverzagt weiterlaufen. Auch bergab ist für meine gepeinigte Muskulatur sehr anstrengend. Unten angekommen hört man den Herzschlag New Yorks. Tausende begeisterte Zuschauer stehen an der First Avenue und feuern mit lautem Geschrei die Läufer an. Diese Straße erscheint mir wahnsinnig breit und mit ihren ca. drei Meilen unendlich lang. Scheinbar nehmen die Anstiege kein Ende, denn auch diese Straße führt wieder leicht bergan. Thomas bemerkt, wie ich mich langsam quälen muss. Die Gehpausen erleichtern mir den Schmerz nur geringfügig und ich humple eher, als dass ich gehe. Da vorn in der Menge, ein gelbes Leibchen! Das kann nur jemand vom Team oder einer der Protagonisten sein. Der Schmerz rückt etwas in die Ferne. Da vorne, den muss ich mir holen. Ich hatte Anna-Freda erwartet, doch es ist Frank, der allerliebste »Knacki«. Die Freude ist groß und wir umarmen uns. Er berichtet mir, dass er seit Kilometer 23 starke Muskelkrämpfe in den hinteren Oberschenkeln verspürt. Thomas bietet ihm eine unserer Magnesiumdirekt-Ampullen an. Wir laufen ca. zwei Meilen zusammen, dann erfülle ich ihm den Wunsch, den er mir im Flugzeug auf mein Glücks-T-Shirt geschrieben hat, nämlich dass mein süßer Arsch immer vor ihm laufen soll. Nun ja, nach 30 Kilometern wird der nicht mehr ganz so süß aussehen, aber er wird vor ihm herwackeln. Dr. Riebe läuft auf uns zu, das ist der letzte Verpflegungspunkt. Er fragt nach dem »Hammermann«, aber mir geht es gut und ich verweise ihn an Frank, der kurz hinter uns läuft. Meine Strategie, Gehen und laufen im Wechsel, sich keinesfalls mitreißen lassen und nie am Limit laufen, ist voll und ganz aufgegangen. Ich hatte natürlich Angst vor dem Mann mit dem Hammer, noch nie war ich im Training mehr als einen Halbmarathon gelaufen. Ich hatte schreckliche Angst davor, was mich bei Kilometer 25 und erst recht bei Kilometer 35 erwarten würde. Aber die Zuschauer und die Mitstreiter tragen einen, New York trägt einen, und natürlich hat mich mein Mann getragen, also nicht wirklich, nur im übertragenen Sinn. Er hat mich während des gesamten Laufs mit Getränken versorgt, hat aufgepasst, dass ich mein Powergel und mein Magnesium regelmäßig einnehme, und mir immer wieder gesagt, wie stolz er auf mich sei und wie dankbar, dass er diese Erfahrung mit mir teilen darf. Leider zwickt es jetzt auch mächtig in meinem hinteren Oberschenkel. Ein Krampf deutet sich an. Ich habe das Gefühl, ein Stein breitet sich dort aus. Kurz entschlossen lege ich mich auf den Bürgersteig, Thomas ergreift meinen Fuß und versucht, den Muskel durch Schütteln zu lockern. Nach kurzer Zeit laufen wir weiter, doch ich muss zu einem der First Aid Points gehen, dort werden meine beiden Beine von zwei Rotkreuz-Helfern mit einem Fluid eingerieben und massiert. Wärme durchströmt die Oberschenkel, und ich kann vorsichtig weiterlaufen.

In der Bronx gibt es einige wilde Bands und ebenso wilde Gestalten. Auch hier feuern uns die Menschen frenetisch an. Diese merkwürdige Gegend würde man auch ohne Marathon im Laufschritt durchqueren. Nach ca. 22 Meilen gehören wir zu den Glücklichen, die den letzten der fünf Stadtteile erreicht haben. Die Läufer umkurven den Marcus Park und biegen in die Fifth Avenue ein, die letzte lange Gerade. Eigentlich kann mir hier nichts mehr passieren. Doch da soll ich mich täuschen! Erfahrene Marathonis wissen, hier entscheidet sich, wer Power hat und wer nicht. Am Metropolitan Museum of Arts biegen wir zum ersten Mal in den Central Park ein, doch ich habe keinen Blick für die Bäume, deren Laub in den schönsten Farben des Indian Summer leuchtet. Ich will nur noch ankommen, will, dass es endlich zu Ende ist. Mein Mann macht mich auf die Zuschauer aufmerksam, sieh nach vorn, denk nur bis zum nächsten Luftballon, konzentriere dich auf den nächsten Baum, klatsche noch einmal die vielen Hände ab und denke nicht ans Aufgeben. Die Zuschauer rufen uns zu: »You'll make it!« oder »You finish soon!« und »You look very good!«, obwohl hier schon die Mehrheit schmerzverzerrte, salzverkrustete und dehydrierte Gesichtszüge aufweist, genau wie ich. Danach geht es noch einmal kurz aus dem Park hinaus und man läuft ein paar hundert Meter auf der Straße. Ich flehe das Publikum an: »Please, help me!« Tränen laufen über mein Gesicht, aber noch keine Freudentränen, nein, Tränen der Angst, der Wut und der Verzweiflung, Mein Bein schmerzt jetzt sehr stark, und ich denke, ich schaffe es nicht mehr. Es ist schrecklich, so kurz vor meinem Ziel. Nein, das wäre zu schrecklich! Das Eisspray, mit dem Thomas schon seit einigen Kilometern versucht, den Schmerz zu betäuben, scheint nicht mehr zu helfen, und noch einmal werde ich angefeuert. Die Menschen sehen meine Qual und applaudieren, rufen meinen Namen und tragen mich nun wirklich. Ich erinnere mich an Thomas Wessinghage, dessen Worte bei mir den (falschen) Eindruck erweckt haben, er würde nicht mehr mit mir rechnen. Aber ein Feindbild kann an so einem Punkt sehr hilfreich sein. Gerade ihm will ich beweisen, dass ich es schaffe. Wenn er das erreichen wollte, ok. Allen zum Trotz, die glauben, ich könne nicht finishen, werde ich es beweisen, der Sieg wird meiner sein. Mein ganz persönlicher Sieg über mich, meine Schwächen und ein Sieg über meine Schmerzen, die mich seit fast vier Monaten gebremst haben. Am Columbus Circle geht es wieder in den Park und leicht bergab. Ich höre alles gedämpft, wie durch Watte. Dann wieder ein Anstieg, ich kann die Finishline sehen und die Uhr, die Uhr! Das Ziel ist greifbar nahe, und die Zeit sollte mir ja eigentlich egal sein, doch ich denke nur: Bitte! Bitte! Nur keine sechs. Lieber Gott, lass keine sechs Stunden vergangen sein. Ich bin wie in Trance, habe sogar meinen Mann vergessen und mobilisiere noch einmal alle Reserven, dann spurte ich los. Ich habe es geschafft. Irgendjemand hängt mir die Medaille um, und dann sind dort auf einmal Fotografen. Allseits Glückwünsche, ich werde umarmt und fotografiert. Marcus vom Team überreicht meinem Mann irgendetwas, und dann endlich nach Aufforderung der erste Kuss. Thomas hat für mich in Berlin ein Finishershirt anfertigen lassen. Auf dem Rücken stehen mein Name und meine Startnummer und vorn ist das Bild zu sehen, das unser Polizeizeichner für mich entworfen hat: »Iris auf dem Weg nach NY«. Ich bin überglücklich. Trotzdem ist alles unwirklich und irgendwie unspektakulär. Später bekommen wir eine Wärmefolie aus Aluminium und einen Verpflegungsbeutel in die Hand gedrückt. ICH habe es geschafft! ALLES ist möglich. Für mich ist ein Traum in Erfüllung gegangen. Meine Zeit ist grottenschlecht, aber die Zeit soll unerheblich sein. Rolf Schlenker hat mir gesagt, die Iris 2010 wird sich nicht an die Zeit erinnern, sondern nur daran, dass sie es geschafft hat. 05:40:21, unter den Umständen gebe ich mich damit zufrieden. Richtig bewusst wird mir das Ganze erst bei unserem anschließenden Urlaub in Florida. Mein Ehemann hat mich überrascht und mir diese Anschlussreise geschenkt. Immer wieder krame ich die Medaille hervor, sehe sie mir an und freue mich. ICH habe es wirklich geschafft! Ich habe alles gegeben. Michael Reufsteck hatte Recht. Diese faszinierende Stadt, dieser Schmelztiegel lässt einen nicht mehr los. Jetzt weiß ich, es musste New York sein, in keiner anderen Stadt hätte ich meinen ersten Marathon laufen wollen.

Sonntag, 16.11.03

Meine Tochter hatte die Idee, an unserem Ankunftstag aus Amerika eine Welcome-Party zu organisieren. Patrick, unser Sohn, dämpfte ihren Enthusiasmus. Wer soll die Gäste bewirten, sich um Essen und Trinken kümmern? Nachdem sie mit der Oma Rücksprache gehalten hatten, wurde die Party auf den Flughafen verlegt. Wer will schon nach dem Jetlag die Wohnung voller Gäste haben? Am Flughafen überrascht uns die gesamte Familie mit einem großen Transparent und Sekt. Auch unsere Freunde erwarteten uns dort mit einem selbst gemalten Plakat: »Iris & Thomas – Our Champions!« Natürlich hatten sie auch für die passende Musik gesorgt. Aus einem Kassettenrecorder erklang: *Stand up for the Champions.* Der Karton mit Doughnuts, die wir aus Amerika mitgebracht hatten, wurde sofort geplündert. Damit hatten wir nicht gerechnet, die Überraschung war gelungen und die Freude riesengroß.

Was ist mir geblieben von diesem Jahr, was hat sich verändert? Sicherlich bin ich durch die Ereignisse selbstbewusster geworden. Ich habe mich selbst an meine Grenzen getrieben. Obwohl ich dabei viele Schwächen erkennen musste, habe ich auf diese Weise auch meine Stärke ausgetestet und gelernt, besser mit Niederlagen umzugehen. Die Beziehung zu meinen Kindern ist souveräner geworden. Auch für sie war es eine neue Erfahrung, dass ihre Mutter eigenen Projekten nachgeht und dabei sogar ihre Unterstützung einfordert. Ein Glück, dass sie stolz auf mich sind und mich daher gerne unterstützen wollten! Sie erscheinen mir nun selbstständiger und verantwortungsbewußter.

Im Gegensatz zu früher überlasse ich heute nicht mehr alle wichtigen Entscheidungen meinem Mann. Wer immer hintenan steht, wird einmal rebellieren. Nach meiner »Rebellion« akzeptiert er jetzt, dass ich eine eigenständige Persönlichkeit bin und einen eigenen Willen habe, der auch mal von seinen Wünschen abweichen kann. Gerne lasse ich mich bei Problemen von ihm beraten, da ich ihm vertraue und weiss, dass er nur mein Bestes will, doch die Entscheidungsfindung liegt letztendlich bei mir.

Dieses Jahr hat mich befreit, nicht von der Familie, das war auch nie mein Wunsch, nein, von den anerzogenen Regeln. Festgefahrene Strukturen haben sich gelöst, die Rollen- und Aufgabenverteilung wurde zumindest neu durchdacht. Mir ist nun klar, dass eine Familie nur glücklich sein kann, wenn alle Mitglieder ihre Bedürfnisse befriedigen können und Rücksicht aufeinander nehmen.

Und nicht zuletzt habe ich ein wunderbares Hobby für mich entdeckt. Ich laufe weiter, und es ist schön, dass ich dieses Hobby mit meinem Mann teilen kann. Wir werden hoffentlich noch viele gemeinsame Laufevents erleben, und wenn wir auf dieses schwierige Jahr zurückblicken, gemeinsam über einiges lachen, das uns noch vor wenigen Wochen zum Weinen gebracht hat.

Ich denke, mein Ehemann sieht mich nach diesem harten Jahr auch ein wenig mit anderen Augen. Wir sind irgendwie alle wieder ein bisschen zusammengerückt, und das ist ein schönes Gefühl.

Mit den anderen Protagonisten besteht noch regelmäßiger Emailkontakt. Auch sie sind dem Laufen treu geblieben. Bei einigen haben auch die Ehepartner Lust bekommen und schließen sich dem Training an und so werden wir sicherlich in Zukunft so manchen Volkslauf gemeinsam bestreiten, der dann hoffentlich jedes Mal mit einer tollen Wiedersehensparty gefeiert wird. Oder aber wir werden in den regionalen Finisherlisten den einen oder anderen Namen suchen und finden.

Alle, die mich kennen, erahnen schon mein nächstes Projekt. Ich werde den Berlin-Marathon 2004 laufen, so laufen, wie ich es auch in NY vorhatte, hoffentlich gesund und in einer Zeit, die ich mir eigentlich für NY vorgenommen hatte. Schon heute freue ich mich auf dieses Ereignis, ohne Angst, denn was soll schon passieren? Ich weiss ja jetzt, ich kann es schaffen. Man soll seine Träume leben und sich von nichts abhalten lassen.

WWW.IRIS-GEHRMANN.DE

Weiterführende Informationen zu diesem Buch finden Sie auf der Website von Iris Gehrmann! Dazu gehören die Trainingspläne der Autorin bis zum Marathon in New York sowie Lactat-Stufentests und Trainingsempfehlungen von Dr. Thomas Wessinghage. Auf der Website WWW.IRIS-GEHRMANN.DE können Sie auch mit der Autorin in Kontakt treten und Fragen stellen.

DANKSAGUNG

Ich bin glücklich, dass ich diese Erfahrung machen konnte, und danke an dieser Stelle den Machern Rolf Schlenker, Harald Woetzel (Mr. Bean), Marcus Vetter, Stefanie von Ehrenstein und Walter Sucher sowie den Kameraleuten Ullrich Nissler, Lorenz Pagés und Manfred Karl Schuck, die mich an diesem Projekt teilhaben ließen. Auch all jenen, die still und leise im Hintergrund wirkten, organisierten und Unmögliches möglich machten, wie Tine (Christine Kamm-Nicolosi) und Susanne Fiss. Ich danke Dr. Thomas Wessinghage und Dr. Heinz Birnesser, die es nicht immer leicht mit mir hatten, und allen anderen Ärzten und Therapeuten, die sich rührend um mich kümmerten, und natürlich meinen Mitstreitern: »Mücke«, dessen »Weinstube« durchgehend für mich geöffnet war; Anna-Freda, die mir gezeigt hat, wie man es »laufen lassen« sollte; dem »Knacki« Frank, der mit seinen frechen Sprüchen immer gute Laune verbreitet hat; Michael, der ein ruhiger Pol in diesem hektischen Jahr war; Anna, die immer ein liebes Wort für mich hatte und Dieter, der mir stets riet: »Take it easy!« Ich danke meinen »Männern«, Freunden, Kollegen und Verwandten. Sie und alle anderen, die ich hier aufzuführen vergaß, haben dazu beigetragen, dass es ein unvergessliches Jahr für mich wurde. Ich danke meinem Verleger Oliver Schwarzkopf und seinen Mitarbeitern für ihre geduldige Unterstützung, die es erst möglich machte, dass Sie dieses Buch nun lesen können. *Iris Gehrmann*

IMPRESSUM

Iris Gehrmann: EINMAL MARATHON IN NEW YORK!

Von Null auf Zweiundvierzig – Wie ich in einem Jahr zur Marathonläuferin wurde

Mit einem Vorwort von Dr. Thomas Wessinghage

ISBN 3-89602-608-9 – © Schwarzkopf & Schwarzkopf Verlag GmbH, Berlin 2004

 Herausgegeben in Zusammenarbeit mit der Literatur-Agentur Axel Poldner Media GmbH. Lektorat: Linn Schumacher.

BILDNACHWEIS

Titelbild: Fotos von Thomas Gehrmann, Fotocomposing von Eike R. Gall • Karikatur auf S. 189 von Peter Pöllinger • Bildteil: S. 1, 2 oben, 4, 6, 7, 8, 9, 10 oben, 15 oben: Thomas Gehrmann • S. 2 unten, 3, 11, 12 unten, 13 unten rechts und links: Bildagentur WAG's • S. 5: Lorenz Pagés • S. 10 unten, 13 oben: Frank Hof • 12 oben: Jens Offermann • 14 oben: Dieter Schmid • 14 unten: SWR • 15 unten: Lutz Ohnemüller

KATALOG

Wir senden Ihnen gern unseren kostenlosen Katalog.

Schwarzkopf & Schwarzkopf Verlag GmbH / Abt. Service

Kastanienallee 32, 10435 Berlin

Telefon: 030 – 44 33 63 00 / Fax: 030 – 44 33 63 044

INTERNET

Ausführliche Informationen zum Verlagsprogramm finden Sie im Internet

www.schwarzkopf-schwarzkopf.de

E-MAIL

info@schwarzkopf-schwarzkopf.de

EINMAL MARATHON IN NEW YORK!